달인시리즈 03
언어의 달인 호모 로퀜스

발행일 개정증보판3쇄 2022년 10월 15일 | **지은이** 윤세진 | **펴낸곳** 북드라망 | **펴낸이** 김현경 |
주소 서울시 종로구 사직로8길 24 1221호(내수동, 경희궁의아침 2단지) | **전화** 02-739-9918 |
이메일 bookdramang@gmail.com

ISBN 978-89-97969-03-6 04800 | 이 도서의 국립중앙도서관 출판시도서목록(CIP)은 서지정보유통지원시스템 홈페이지(http://seoji.nl.go.kr)와 국가자료공동목록시스템(http://www.nl.go.kr/kolisnet)에서 이용하실 수 있습니다.(CIP제어번호: CIP2013000941) | **Copyright ©** 윤세진 저작권자와의 협의에 따라 인지는 생략했습니다. 이 책은 지은이와 북드라망의 독점계약에 의해 출간되었으므로 무단전재와 무단복제를 금합니다. 잘못 만들어진 책은 서점에서 바꿔 드립니다.

책으로 여는 지혜의 인드라망, 북드라망 **www.bookdramang.com**

언어의 달인
호모 로퀜스

| 개정증보판 |

윤세진 지음

개정증보판 머리말

흔히 불교경전을 팔만사천 법문(八萬四千法門)이라고 한다. 황벽선사에 따르면, 팔만사천 법문은 곧 팔만사천 번뇌다. 번뇌가 각양각색이듯 그 번뇌를 다스려 깨달음으로 이끄는 법의 문(門) 역시 하나일 수 없는 것. 붓다는 중생의 번뇌를 다스리는 방편으로서 다양한 언어를 자유자재로 구사한, '설법(說法)의 달인'이었다.

원래 붓다 당시 인도에는 상류의 지식계급이 사용하는 언어인 베다어(베다 경전의 언어)가 있었다. 그러나 붓다는 인도사회의 위계질서를 고착화하는 베다어를 거부하고, 각 지역의 일상어로 법문을 펼쳤다. 꿈가 만인의 문제인 이상 해탈 또한 만인의 문제다. 그렇다면, 해탈로 이끄는 가르침은 중생이 쉽게 이해할 수 있는 일상어로 되어야 한다는 것. 붓다의 가르침엔 경계가 없고, 붓다의 설법은 어렵지 않다. 구체적 상황과 살아있는 비유가 있기 때문이다. 세상에서 가장 깊은 가르침을 담은 가장 쉬운 언어.

붓다가 설법을 펼치던 때와 비슷한 시기 그리스. 타오르는 불에서 만물의 근원을 통찰했던 철학자 헤라클레이토스는 독설의 대가였다. 무분별한 사치에 말만 앞서는 에페토스 사람들이 영 마뜩잖았던 그는 말 대신 침묵했고, 말하고자 하는 것은 행동으로 직접 보여줬다. 이를테면, 그릇에 찬물을 붓고 보릿가루를 넣어 손가락으로 휘휘 저은 후 마시기. 그게 에페소스인들의 사치에 대해 그가 발언하는 방식이었다. 말의 시대에 침묵하는 철학자라니. 사람들은 그에게 물었다. 왜 침묵을 지키느냐고. "그래야 당신들이 직접 말할 수 있을 게 아닌가."

붓다의 설법과 헤라클레이토스의 침묵. 이 사이에 언어의 모든 것이 있지 않을까. 붓다는 다수의 일상어들로 최고의 진리를 설파했고, 헤라클레이토스는 침묵으로 모든 것을 말했다. 이후 붓다의 설법은 수많은 해석들을 낳았고, 헤라클레이토스의 침묵은 다른 이들의 말을 열었다. 언어는 그렇게 시간과 더불어 무수한 주름을 펼쳐낸다.

읽고 말하고 쓰는 언어활동은 일종의 수수께끼 놀이다. 신들만이 알 수 있다던 스핑크스의 수수께끼처럼, 모든 수수께끼는 답을 알고 나면 시시하기 짝이 없다. 그러나 알 때까지는 도무지 알 수 없는 게 바로 수수께끼다. 너무 잘 알고 있지만, 불투명하고 엉뚱한 각도에서 제시되기 때문에 도무지 알 수 없는 것. 수수께끼는 언어놀이임과 동시에 사유를 가지고 벌이는 유희다. 진리가 그러하듯, 언어의 의미도 표면에 숨김없이 드러나 있다. 우리의 편견과 믿음 때문에 그걸 보지 못할 뿐이다.

이 책을 처음 쓸 당시 많은 도움을 받았던 비트겐슈타인을 최근에 다시 읽으면서 언어에 대해 많은 생각을 하게 됐다. 언어는 사고의 한계요, 사고는 언어의 한계다. 사고가 아무리 빨라도 언어는 늘 동시에 거기 도착해 있다. '언어 바깥'이란 없는 셈이다. 그러나 달리 생각해보면, 바로 그 때문에 언어와 사고는 서로의 한계를 붕괴시키고 재구축하기를 반복한다. 언어는 사고를 변형, 확장하고, 사고 또한 언어에 대해 그렇다.

하늘 아래 새로운 생각이 있으랴. 언어의 새로운 용법들과 그로 인해 펼쳐지는 복수(複數)의 관점들이 있을 뿐. 수수께끼를 만들고 푸는 과정을 통해 생각하는 즐거움을 만끽하고, 그 과정에서 언어를 복수화하기. 내가 이 책에 꾹꾹 눌러쓰고 싶었던 바다.

최근 들어 읽고 쓴다는 것에 대해 많은 생각을 한다. 읽는다는 것, 쓴다는 것은 무엇인가. 나는 왜 읽는가, 왜 쓰는가. 책이 거기에 있다. 하여 우리는 읽는다. 내가 읽는 것은 누군가의 글쓰기요, 우리는 그 글쓰기의 행간을 가로지르며 '이미' 또 다른 글쓰기를 시작한다. 읽기와 쓰기는 그렇게 겹치고 상호증폭된다. 이 고민이 좀더 무르익으면 글쓰기의 문제를 들고 독자를 만나고 싶다(개인적 소망을 가장한, 공공연한 약속이다. 약속의 힘을 빌린 자기최면이기도 하고).

이 책이 나온 후로 여러 곳을 다니며 적지 않은 강의를 했다. 공교육 현장에는 학생들과 뭔가 하나라도 더 시도해보려는 열정적 교사들이 어김없이 있었고, 강의하는 내내 내 멘털을 붕괴시킨 중고생들 중에서도 내 말에 무심한 듯 귀기울여준 친구들이 한둘은 있었다(고 믿는다). 그들의 모든 시도를 응원한다. 이 책이 그 시도에 작은 힌트가 될 수 있다면 더없이 기쁠 것이다.

북드라망 친구들의 탁월함은 무엇인가. 명랑하고 무구(無垢)한 웃음, 그러나 그 웃음 사이로 번뜩이는, 저자를 위압하는 내공과 촌철살인의 편집안! 하여…… 그들이 쓰라면, 쓰리라. 이게 내가 그들에게 할 수 있는 최대한의 감사표현이다. 아울러, 흉중의 너절한 이야기를 기꺼이 경청해주는 현경에게, 깊은 고마움을 전한다.

해피 투게더!

2013년 입춘으로 들어가는 길목에서

윤세진 쓰다

개정판 머리말

이 책은 몇 해 전에 나왔던 『신국어독본』의 개정판이다. 교사 생활을 그만두고 공부를 시작한 지 얼마 안 된 차에 우연히 기회가 닿아, 그래, 이 참에 교사시절 학생들에게 못했던 얘기들을 한번 해보자, 하는 맘으로 책을 썼다. 그로부터 꼭 7년이 지났다. 그동안 책의 존재도 잊고 있었는데, 그린비 출판사의 관심과 배려로 다시 개정판을 내게 되었다. 아마도, 책의 운이 좋았던 것일 게다.

7년 동안 이 책은 어떻게 살아왔는지 모르지만, 내게는 많은 변화들이 있었다. 가장 큰 변화를 들자면, 함께 공부하는 기쁨과 '고전'이라는 새로운 세계를 알게 되었다는 거다. 몇 년간 근대를 공부하고 근대적인 것에 관한 글을 쓰면서 조금씩 답답함을 느끼기 시작할 즈음, 〈연구공간 수유+너머〉에서 동아시아의 고전 텍스트를 공부할 수 있는 기회가 왔다. 연구실에 있는 한문의 대가들로부터 사서(四書)를 배우고, 말로만 듣던 주자와 양명의 텍스트를 읽고, 그 어려운 불교의 텍스트들을 (겉핥기식으로나마) 공부하면서, 얼핏이나마 이전에 보지 못했던 새로운 언어와 사유의 세계를 보고 말았다. 공부가 더 절실해지기 시작했다.

　집에 있는 『논어』나 『맹자』, 『장자』 등의 텍스트를 펼쳤을 때 여기저기서 내 필흔을 발견하고는 흠칫흠칫 놀란다. 생각해보니, 직장생활을 하는 동안에도 언젠가는 공부를 하겠다는 맘으로 여기저기 기웃거리며 간간이 수업을 듣곤 했다. 그런데도 그때 배웠던 건 하나도 기억나지 않을뿐더러, 감흥은 물론 느낌조차 남아 있지 않았던 것이다. 하지만 연구실에서 그 고전들을 다시 공부하면서, 거기서 그토록 눈부신 비전과 근대의 출구를 발견하게 되다니, 그러고 보면 책과의 만남이라는 것도 다 때가 있지 싶다.

　이번 개정판에서는 그렇게 새로 공부한 것들을 조금 더 보충했다. 물론 갈 길이 아직 한없이 멀지만, 공부란 나누면 배가 되는 법이니, 내가 기쁘게 배운 것들을 더 많은 사람들과 나누고 싶은 마음에서 많이 낡은 것들은 빼고 대신 새로운 몇 가지 문제들을 덧붙여 넣었다. 책으로서는 약간의 성형을 한 셈이다.

　흐르고 변한 것이 나뿐이겠는가. 7년이 흘러, 책은 지금 청소년이(혹은 선생님이, 혹은 학부형이) 된 새로운 독자들을 만나게 되었다. 그러니 책의 운명과 작동 또한 전과는 다르리라. 세상은 훨씬 더 빨리 돌아가고 있고, 가끔씩은 요즘 청소년들의 감성을 따라가기엔 역부족이란 생각이 들기도 한다. '그럼에도 불구하고'(!) 내가 믿는 구석이 있다면, 예나 지금이나 청소년들에겐 출구가 필요하다는 거! 하지만 그 출구가 꼭 공부에 저항하는 무엇이어야 할 이유는 없다. 오히려 공부를 통해 출구를 찾을 수 있다면, 지금보다 훨씬 자유로워지리라 믿는다. 여하튼 중요한 건, 자신의 언어를 갖는 것, 부지런히 무언가를 하는 것, 그 과정에서 친구를 사귀는 것이다.

이 책이 삶의 출구를 찾는 친구들에게 작은 '자극'이 되었으면 좋겠다. 책을 덮고 난 후, 뭔가를 읽고 뭔가를 쓰고 싶게 만들었으면 좋겠다. 또 다른 질문을 던지고, 또 다른 얘기들을 하고 싶게 만들었으면 좋겠다. 독자들이 그렇게 이 책-기계를 만지고 고장나게 해주면 좋겠다. 단 몇 사람에게만이라도, 이 책이 그런 식으로 작동할 수 있으면, 참 좋겠다.

늘 감사하게 생각하는 거지만, 난 인복이 많은 사람이다. 연구실의 후덕한 친구들과 선생님들이 아니었다면, 공부도 만남도 글쓰기도 모두 불가능했을 거다. 연구실의 사우(師友)들이 아니었다면, 아마도 "어디 간들 도(道) 아닌 것 없으며, 어디 간들 공부 아닌 것이 없다"(왕양명)는 구절을 끝내 체득(體得)하지 못했으리라. 공부할 것들과 공부할 수 있는 곳이 있어 기쁘다.

2007년 5월 1일
윤세진

차례

개정증보판 머리말 · 5 | 개정판 머리말 · 9
프롤로그_언어의 풍경들 · 16

1부 언어의 삶, 삶의 언어

즐거운 언어게임 · 26
낯익은 풍경 · 26 | 언어게임 · 27 | 사랑해! 사랑해? 사랑한다니까?! · 30 |
변수와 언어게임 · 32 | 문법은 필수가 아니라 선택 · 34 | 언어게임들의 닮음 · 36

언어와 언어 사이 · 41
말과 행위 · 41 | 회화, 다양한 요소들의 배열 · 44 | 언어와 권력 · 46 | 내 안에 너 있다 · 50 |
여러 개의 목소리, 여러 개의 언어 · 52 | 내가 누구인지 말할 수 있는 자 누구인가 · 54 |
목소리에 세계를 담기 · 58

흔들리는 나, 흔들리는 의미 · 62
파이프가 아닌 파이프 · 62 | 그림으로 된 언어 · 64 | 말과 대상 사이의 '틈' · 68 |
의미의 생성 · 71 | 뫼비우스의 언어 · 76 | 이쪽이냐 저쪽이냐, 그것이 의미로다! · 81 |
권위적인 의미, 무서운 언어게임 · 85 | 꿈은 무엇이고, 꿈 아닌 것은 무엇인가 · 88 |
말하는 얼굴 · 91 | 말하는 몸 · 96 | 언어의 탈주 · 100

언어의 달인을 만나다_경계를 허무는 언어의 달인, 장자 · 106

2부 국어의 빗장을 열어라!

모국어와 외국어 · 120

태초에 방언이 있었나니 · **120** | 출판문화의 발달과 모국어 · **122** |
책과 신문, 그리고 모국어 · **124** | 모국어의 탄생 · **127** | 김삿갓의 한시 게임 · **129** |
언어의 경계 흐리기 · **131** | 순수하지 않은 언어의 내숭 · **136** | 국어의 빗장 열기 · **139** |
한글 창제를 보는 다른 눈 · **141** | 제국의 언어와 저항의 언어 · **144** |
국어를 오염시켜라! · **147**

표준어와 방언 · 150

전라도엔 전라도 말이 없다? · **150** | 표준어 탄생의 비밀 · **152** |
방언을 위한 국어 교육으로! · **154**

노래가 되고 시가 되는 언어 · 157

은어와 속어 · **157** | 저항의 언어, 무기로서의 언어 · **160** |
한마디 욕이 시가 되고 노래가 되고 · **168** | 언어를 더듬거리게 하기 · **171**

언어의 달인을 만나다_솔직해서 불순한 언어의 달인, 이옥 · **173**

3부 행복한 책읽기

책의 무한한 공간 · 186
느림의 기쁨 · 188 | 책 읽는 초상화 · 192 | 책 읽어주는 여자 · 195 | 책읽기의 지옥에서 보낸 한때 · 196 | 보이는 라디오 천국 · 199 | 허공에 새겨진 소리 · 202 | 천국에서의 책읽기 · 206 | 미식가적 책읽기 · 209

책-기계, 독서-기계 · 213
책읽기, 그 강렬한 사랑 · 213 | 책-기계, 독서-기계의 의미 · 215 | 말라르메의 책-기계, 『책』· 218 | 판소리와 콜라주 · 219

책에서 텍스트로 · 225
만지는 눈, 보는 귀, 읽는 손 · 225 | 텍스트로의 초대 · 228 | 열린 텍스트로의 초대 · 230 | 텍스트 안으로의 여행 · 233

저자의 죽음과 독자의 탄생 · 235
저자의 독재, 닫힌 책읽기 · 235 | 저자'들'의 텍스트 · 237 | 됐어, 됐어, 이제 그런 질문은 됐어! · 239

창조적 독서, 텍스트 읽기의 무한함 · 244
중세의 책읽기와 우리들의 교과서 읽기 · 244 | 유한한 텍스트의 무한한 공간 · 246 | 텍스트와 독자의 무한 접속 · 248 | 독자, 그리고 텍스트의 부활 · 252 | 괴물-독자 · 255

미래의 책 · 257
가장 오래된 미래 · 257 | 세상에서 가장 위험한 책 · 260 | 익숙함의 함정 · 263 | 책을 사랑하는 세 가지 방식 · 265

언어의 달인을 만나다_다종다양한 접속의 달인, 루쉰 · 268

4부 펜을 들고 세상 속으로

글쓰기의 즐거움을 위하여 · 284
백지 앞에만 서면 나는 왜 작아지는가 · 285 | 글은 나다 · 287 | 형식을 넘쳐흐르는 언어들 · 288 | 글쓰기라는 전투 · 291 | 세상 속에서 언어를 길어내다 · 293 | 공명하는 글쓰기 · 298

언어의 변주로서의 문체 · 303
스타일에 산다 · 303 | 글과 문체 · 305 | 내용이 머무는 그곳, 형식 · 309 | 문체, 언어의 리듬과 색채 · 313 | 리듬과 속도, 그리고 스타일 · 315

글쓰기와 변신 · 321
천의 얼굴로 천의 삶 살기 · 321 | 글, 그 무한 변신의 공간 · 322 | 선적인 글과 회화적인 글 · 327 | 춤추는 논리, 술 취한 스토리 · 332 | 멋을 부린 글과 멋이 나는 글 · 335 | 여러 겹의 세계가 펼쳐지는 공간 · 338 | 글쓰기와 예술가 되기 · 340

언어의 달인을 만나다_천의 글쓰기의 달인, 카프카 · 342

에필로그_ 언어를 통해 세상 속으로 · 352
인물 찾아보기 · 357

프롤로그

언어의 풍경들

풍경 하나 | 영화 「고양이를 부탁해」(2001, 감독 정재은)에서는 스무 살 처녀들이 주고받는 문자메시지가 빈번하게 화면을 채운다. 개봉 당시, 80자 내외의 짤막한 문자와 이모티콘으로 감정을 소통하는 젊은 세대의 문화를 신선하게 그려 냈다는 평가를 받았던 것으로 기억한다. 그런데 불과 10년 만에 문자도 낡은 것이 되고 말았다. 요즘 세대는 카톡, 트윗, 페북 등을 통해 앉은 자리에서 세상의 모든 정보를 주고받는다. 그야말로 모든 길은 휴대폰으로 통하는 세상이 되었다.

이제 중학생이 될 내 조카의 문자는 거의 다섯 자를 넘지 않는다. 아무리 구구절절하게 메시지를 날려 봐야 돌아오는 답은 'ㅇㅇ' 아니면 'ㅋㅋ', 'ㄱㅅ' 정도다. 어디에서든 스마트폰을 들고 다른 사람들과 문자를 주고받는 풍경은 더 이상 낯설지 않다. 무료한 이동 시간을 달래기 위해 나누는 시시콜콜한 대화와 쉼없는 '지저귐'twitter들. 정치적 사안들에 대한 논쟁부터 내밀한 개인적 감정까지 모든 생각을 주고받으며 꼬리에 꼬리를 무는 팔로잉의 행렬. 생각의 속도가 말의 속도를 따라잡을 수 있을지 의심이 들 정도로 초스피드로 이루어지는 실시간 소통.

이 스피디한 시대에 말이 긴 건 참을 수 없다. 기상천외한 줄임말들과 신조어들은 현재 우리 언어의 한 축을 이루며 명멸하고 있다. 신상에 밀려 시시각각 뒤로 밀려나는 패션의 풍경처럼 말의 유행과 유통속도 또한 점점 가속화되는 시대. '미디어가 메시지'라는 맥루한의 오래 전 통찰력에 또 한번 감탄하게 된다.

SNS는 이제 우리 언어생활을 규정하는 주요한 환경이 되었다. 물론, 여전히 사방에 책은 넘쳐나고 TV나 라디오 같은 고전적 미디어들의 영향력 역시 아직까지 막강하지만, 틈새로 넘쳐흐르는 SNS의 소통방식이 우리의 언어 풍경을 전례 없이 엄청난 파워로 변화시키고 있음은 분명해 보인다. 이런 시대에 읽고 쓴다는 건 어떤 의미가 있을까. 우리는 어떻게 이 환경 속에서 새로운 언어의 풍경을, 나아가 새로운 사유의 지도를 그려낼 수 있을까.

풍경 둘 | 중국의 조선족 감독인 장률의 영화 「망종」(芒種)에 나오는 주인공 최순희는 아들에게 억지로 한글을 가르친다. 조선인이면 당연히 조선말을 배워야 하지 않겠느냐고 아들에게 강요하지만, 아들은 왜 그래야 하는지 이해하지 못할 뿐 아니라, 엄마와 있을 때를 제외하면 조선어를 절대로 쓰지 않는다. 최순희 자신도 굳이 조선어를 사용하면서 조선인임을 드러내고자 하지 않는다. 그러던 그녀에게 조선말을 건네며 다가온 사내가 있었다. 조선어로 대화한다는 건 마음을 연다는 거다. 그러나 그 사내는 아내에게 관계가 들통나자 그녀를 가리키며 '창녀'라고 말한다. 이제 그녀는 더 이상 아들에게 조선어를 공부하라고 하지 않는다. 되려, 아들이 가지고 있는 조선어 카드를 찢어버리며 말한다. "이런 건 배워 뭐하니?"

같은 언어를 쓴다는 데서 느껴지는 동질감이 있다. 영어 같은 제국의 언어가 아닌 제3세계의 소수언어들은 특히 그런 유대감을 강하게 만들어주기도 한다. 하지만 그 동질감의 이면에는 다른 언어에 대한 배타적인 폭력성이 도사리고 있을 때가 많다. 예컨대, 이주노동자들이 우리말에 서툴다는 걸 악용한다든지, 말을 더듬는 외국인을 웃음거리로 만드는 경우가 얼마나 많은가. 혹은 교양이 뚝뚝 떨어지는 고품격 서울말을 쓰는 사람들이 방언이나 욕설을 쓰는 사람들의 말을 '상스럽다'고 치부하고 멸시하는 경우가 얼마나 많은가.

법칙을 강조하는 사람들에게는 법칙에 어긋나는 모든 것이 예외이고 그른 것이지만, 작동하고 변화하는 현실 언어의 차원에서 보자면 '올바른 언어'와 '순수한 언어'라는 개념이야말로 예외적인 것에 불과하다. '모국어'나 '표준어'는 언어의 절대적인 표준이 될 수 없을뿐더러 말하는 주체의 지표가 될 수도 없다. 중요한 건, 어떤 언어냐가 아니라, 어떻게 표현하고 어떻게 소통하고, 어떻게 공명하느냐다.

풍경 셋 | 대학 강의를 하게 되며 한 학기에 한번은 학생들에게 서평 과제를 내준다. 개중에는, 다소 황당하긴 해도 아주 독창적인 독해를 펼치는 학생들이 있었다. 그런데 언젠가부터는 그 과제를 내지 않는다. 과제가 모두들 엇비슷한 느낌이 들어 검색해 보았더니, 각종 리포트 사이트와 책 소개 사이트에 내용이며 해석, 작가에 대한 정보까지가 넘쳐나는 게 아닌가. 망연자실. 인터넷 서평 실력이 변변찮은 나로서는, 그 사실을 알고 난 후 혼자 공연한 배신감에 떨었더

랬다. 그렇다고 인터넷 문화를 혐오하는 건 아니다. 오히려 다른 방식으로 책을 긍정하게 되었다.

사진이 처음 등장했을 때, 이제 회화는 죽었다며 오버하는 화가들이 있었다. 인터넷 보급이 보편화되자, 책이나 음반 같은 오프라인 매체들은 끝났다면서 출판·음반 시장의 미래를 비관하는 이들이 적지 않다. 외국에 가보면 알지만 우리나라는 정말 '인터넷 강국'이다. 우리나라만큼 언제 어디서든 인터넷에 자유롭게 접속할 수 있는 나라는 거의 없다. 그래서 때론, 이러다가 잘하면 책도 음반도 영화도 모두 망하겠다, 싶을 때도 있다. 하지만 사진과 회화가 자신의 자리를 찾으면서 공존했던 것처럼, 인터넷 문화도 오프라인의 문화와 공존할 수 있지 않을까? 우리에게 필요한 건 성급한 비관이 아니라 그 공존의 가능성에 대한 모색일 터.

책은 책만의 고유한 속도와 기능을 가지고 있다. 때문에 책은 다른 매체를 배척하는 게 아니라 다른 매체와 접속하는 능력을 증대시킨다. 온라인 매체 역시 오프라인 상의 활동과 접속할 수 없다면 고립되기는 마찬가지. 온라인 공간을 자유롭게 활공하기 위해서라도 독서는 필수다. 영화, 미술, 음악 등등 가르침을 얻을 수 있는 텍스트는 여기저기 많지만, 난 책보다 훌륭한 스승은 알지 못하며, 책보다 더 판타스틱한 여행지는 가본 적이 없고, 책보다 더 다양한 속도를 품은 세계는 경험한 적이 없다. 게다가 책은 도처에, 손 닿는 바로 거기에 있지 않은가. 그리고 그 세계에서의 경험이 나를 글쓰기로 인도한다. 매체가 뭐든, 우리를 때리고 찌르고 움직이게 만드는 글들은 우리 안의 언어를 꿈틀거리게 만든다.

이 책은 크게 언어, 국어, 읽기, 쓰기로 이루어졌다. 겉으로 보면 현행 국어교과서 체계를 따르고 있지만, 그 각각의 '법칙'이나 '표준'을 설명하는 일에는 관심이 없다. 다른 사람들의 언어활동에서 무엇을 배우고, 어떻게 나의 언어를 만들어낼 것인가? 무엇을 어떻게 읽고, 어떻게 쓸 것인가? 이것이 이 책의 질문이다. 1부와 2부가 언어 일반에 대한 문제와 모국어·표준어의 문제를 가지고 언어에 대한 우리의 경계를 질문하는 장이라면, 3부와 4부는 우리의 언어적 실험과 배움에 관한 장이다.

책에서 만나는 작가와 글들을 통해 독자의 언어가 보다 풍부해지고 경쾌해지고 다채로워지기를. 그리고 그 글들을 디딤돌 삼아 자신의 글쓰기를 시작해 보시길! 마우스를 눌러 오리고 복사하고 붙인 누더기 글 말고, 내 안에서 꿈틀거리는 언어, 목구멍 밖으로 비집고 올라오는 생생한 언어로 구성된, 자신의 '진심'이 담긴 글을 보고 싶은 맘 간절하다. 거기에 바로 세계의 미래가 감싸여 있음을 믿기 때문이다.

1부

언어의 삶, 삶의 언어

"우리가 기호들, 낱말들, 문장들이라고 부르는 모든 것의 무수히 많은 상이한 종류의 사용이 존재한다. 그리고 이 다양성은 고정된 것, 딱 잘라서 주어진 것이 아니다. 오히려 언어의 새로운 유형들, 새로운 언어게임들이라고 말할 수 있는 것들이 생기고, 다른 것들은 낡은 것이 되어 잊혀진다."(비트겐슈타인, 『철학적 탐구』 중)

"언어는 의사소통의 수단이며, 정보를 전달하는 객관적인 체계다." 이게 언어에 대한 우리의 일반적인 믿음이다. 물론, 전혀 틀린 말은 아니다. 하지만 언어를 소통과 전달의 수단으로 기능하게 하는 것은 역동적으로 변화하는 비(非) 언어적 환경이다. 언어는 언제나 이 환경 속에서, 표정·음색·어조 같은 비 언어적 요소들을 동반한다. 때문에 그토록 빈번하게 말로 인한 오해가 생기고, 말로 사람을 찌르거나 죽이고, 말 한 마디로 천 냥 빚을 갚기도 하는 일이 생기는 거다. 언어는 정보 전달 이상의 힘을 가지고 있다. 그리고 그 힘이야말로 실은 언어에 본질적인 것이다. 객관적이고 추상적 언어가 아니라, 바다의 물고기처럼 펄펄 살아 숨 쉬는 언어, 우리의 사고와 행위에 구체적으로 작동하는 언어, 미세한 파동을 가지고 다양한 의미의 결들을 생산하는 언어. 언어의 공간은 끊임없이 유동하면서 크고 작은 파도를 일으키는 바다와 같다. 이제, 언어의 바다에 몸을 던져보자!

즐거운 언어게임

낯익은 풍경

오늘 국어 시간도 여느 때와 다름없이 지루하다. 교과서를 줄줄 읽어 내려가는 것 아니면 그게 그거 같은 문제 풀이, 아주 가끔씩은 독후감이나 감상문 등등을 써내는 것 정도. 그러나 철수에게는 그 어느 것도 재미가 없다. 그저 이 '악몽 같은' 국어 시간이 빨리 끝나기만을 바랄 뿐. 나름대로 '말 잘한다'는 소리도 듣고, 제 딴에는 제법 글도 좀 쓴다고 믿고 있는 철수는 자신의 국어 점수가 낮은 이유를 '국어 탓'이라고 생각한다. 반면 같은 반 영희는 국어를 엄청 좋아한다. 아니, 국어를 좋아한다기보다는 책 읽고, 글 쓰는 것을 좋아한다. 그런 영희가 늘 이상하게 생각하는 건, '왜 학교에서는 꼭 한 가지 방식으로만 읽고, 쓰고, 말해야 하는 걸까?' 하는 거다. 특히 시의 의미를 외운다는 건 정말이지 시를 모독하는 것이라고, 영희는 생각한다. 그래서 국어를 좋아하는 영희는 오늘 국어 시간도 턱을 괴고 그저 멍하니 창밖만 보면서 시상(詩想)을 떠올려볼 뿐이다.

    모든 과목이 암기 과목이 되어버린 지 오래. 국어라고 예외일 수 있겠는가? 시면 시, 소설이면 소설, 어디 그뿐이랴. 논술, 문법, 화법,

작문…… 언어와 관련된 그 모든 것들은 그저 외워야 할 '사실들' 이외에는 아무것도 아닌 것 같다. 그러나 국어 시간을 벗어나면, 우리의 모든 언어생활은 우리가 외운 '사실들'과 어긋나는 경우가 허다하다. 사용하면 안 된다고 배우는 말들을 천연덕스럽게 사용하는가 하면, 맞춤법을 머리가 깨져라 외워놓고도 친구들과 주고받는 문자에서는 맞춤법 따위를 의식해 본 적이 없다. 그렇다면 우리가 배우는 '국어'는 대체 '무슨 국어'일까?

이제부터 여행하고자 하는 공간은 무한한 언어의 공간이다. 그 공간 속에서 우리는 박제된 언어가 아니라 우리의 삶 속에서 살아 숨 쉬는 언어를 만나게 될 것이다. 내가 하는 말, 내가 쓰는 글, 그리고 다른 누군가의 말과 글, 그 모든 것들이 겹치고, 가로지르고, 부딪히면서 만들어내는, 언어의 여러 지층들. 그 공간을 여행하고 나서 다른 목소리와 다른 손을 갖게 되는 것. 한마디로, 다른 존재가 되는 것! 그게 이 여행의 목표다.

언어게임

먼저, 질문 하나. "우리가 사용하는 언어는 하나인가, 여럿인가?" '언어'라는 말이 좀 애매하다면 질문을 바꿔보자. "국어는 하나인가, 여럿인가?"

"이게 대체 무슨 질문이야?" 하면서 고개를 갸우뚱거릴 여러분을 위해 더 구체적으로 질문하겠다. 먼저 아래 예문을 읽어주시길.

① 오늘 가입했어여. 등업 해주세여*^^* 유령회원 절대아니구욤ㅎㅎㅎㅎ
② 머하셈? 훔 난 걍잇엉 조은하루^^
③ 선생님, 저기요…, 저 오늘 몸이 좀 안 좋아서요… 조퇴하고 싶은데요…….

자, 다시 질문. "여러분들이 사용하는 위의 언어들은 모두 같은 언어들인가, 다른 언어들인가?"
첫번째 예문은 인터넷 카페에 들어가면 흔히 볼 수 있는 인터넷 언어고, 두번째 예문은 친구들과 주고받는 '근본 없는' 문자 언어요, 마지막 것은 무서운 담임 선생님 앞에서 버벅거리는 언어다. 어디 이뿐인가? 하루 동안 우리가 사용하는 언어를 생각해보라. 친구들과 나누는 '욕이 반인' 언어, 숙제로 제출하는 독후감에서 쓰는 나름 '멋부린' 언어, 남친이나 여친과 나누는 '닭살 돋는' 언어, 일기장 속의 '암호 같은' 언어, 화가 치밀 때 나도 모르게 튀어나오는 '낯설고 무서운' 언어 등등. 우리는 하루에도 수십 개의 목소리로 말하고 수십 개의 손으로 글을 쓴다. 그때 그때마다 우리의 표정도 다 다르다.
그런데 신기한 건 우리가 사용하는 그 수많은 언어들의 모양이나 규칙이 모두 다르다는 사실이다. 예를 들어, 연인과 주고받는 말을 미운 사람에게 쓰지는 않는다. 혹은 친구들과 사용하는 일상적인 말들을 논술문이나 선생님과의 대화에서 쓰지는 않는다. 그 각각의 경우마다 언어를 사용하는 방식과 규칙이 모두 다르다는 걸 무의식적으로 알고 있기 때문이다. 이처럼 우리의 언어생활은 그 다양한 규칙들을 알고 각각의 상황 속에서 적절하게 사용할 수 있을 때에만 효과적으로 이루어질 수 있다. 그런 점에서 언어활동은 일종의 게임이다.

게임을 예로 들어보자. 친구들과 모여서 쥐돌이 게임을 하는데, 어떤 친구 하나가 '잡았다'라거나 '놓쳤다'라고 해야 할 타임에서 박수를 친다고 하자. 쥐돌이 게임에는 쥐돌이 게임만의 규칙이 있는데, 그걸 무시하고 거기에 '3-6-9'게임의 규칙을 들이대다니-_-;; 착한 여러분들이라면 그 친구를 앉혀놓고 처음부터 차근차근 쥐돌이 게임의 규칙을 가르쳐줄지도 모르겠지만, 성격이 까칠한 친구라면 그 친구를 노려보며 이렇게 소리지를 게 분명하다. "야! 넌 빠져!"

언어활동도 이런 게임과 다를 게 없다. 우리가 친구들과 주고받는 지극히 자연스러운 욕설들을 선생님이나 부모님과의 대화에서는 사용하지 않고 인터넷 용어를 논술문에 쓰지 않는 건, 그 각각의 경우마다 공유하는 언어 규칙이 모두 다르기 때문이다. 게임들마다 나름의 규칙들이 있는 것처럼 언어는 어떤 공간 속에서 어떻게 사용되는가에 따라서 다양한 규칙들을 갖게 되며, 그 규칙을 잘 배우고 이해하는 경우에만 우리는 각각의 상황에 맞는 적절한 언어를 구사할 수 있게 된다.

그런 의미에서, 언어를 사용하는 것 역시 하나의 게임이다. 수수께끼 게임, 스무고개 게임, 말잇기 게임과 마찬가지로 학교에서의 언어게임, 법정에서의 언어게임, 직장에서의 언어게임, 문학에서의 언어게임 등등 수많은 언어게임들이 있으며, 우리는 그 다양한 언어게임들에 서로 다른 규칙을 가지고 참여한다. 따라서 '문법에 안 맞는 말만 하기'를 규칙으로 하는 언어게임이 있다면, 여기서는 그 규칙이 바로 '문법'이 된다. 왜? 게임이니까!

이처럼 우리의 살아 있는 언어는 '하나'가 아닌 '여러' 규칙들을 가지고 있으며, 그 때문에 우리의 언어는 '하나'가 아니라 '여럿'이다. 이제 스스로에게 질문해보자. 나는 하루에 몇 개의 언어게임을 하고 있을까? 그 중에 재미있는 게임은 뭐였지? 어떤 언어게임을 새로 만들어볼까? 어디 재미있는 언어게임 좀 없을까?

사랑해! 사랑해? 사랑한다니까?!

언어활동은 언어를 이러저러한 규칙에 따라 사용하는 언어게임들로 이뤄진다는 걸 알았으니, 이제는 언어를 가지고 진짜 게임을 한번 해보자. 다음 예문들은 '사랑해'라는 말을 가지고 벌이는 게임들이다.

① 힘들어하는 남자에게 연인이 다가온다.
"내가 있잖아. 힘내. 알지? 널 사랑해."
"!!!!!"
② 수많은 사람들을 학살하고 억압한 독재자가 대국민 연설에서 말한다.
"국민 여러분! 저는 우리 민족과 국민을 제 목숨보다 더 사랑합니

다. 제 모든 행동은 그 사랑에서 비롯된 것입니다! 저는 그 사랑으로 우리 국민을 위협하는 모든 세력에 맞서 싸울 것입니다!!"

③ 한 달 전부터 걸려오는 이상한 전화. 수화기 저편으로부터 낯선 이의 느끼한 목소리가 전해져 온다.

"당신을 사랑해. 알겠어? 당신을 사랑한다구!"

상황 ①에서의 '사랑해'라는 말만큼이나 가슴을 녹이는 말이 어디 있겠는가? 그러나 상황 ②에서 독재자의 '사랑한다'는 말은 국민에 대한 속임수이자 '반항하지 말라'는 협박과 다름없다. 그런가 하면 상황 ③은 또 어떤가? 이것은 끔찍한 소름과 공포를 가져다주는 '사랑해'다. 똑같은 '사랑해'가 전부 다른 '사랑해'가 된다! 그건 이 세 경우가 서로 다른 언어게임들이기 때문이다.

같은 책이라도 그걸 읽는 사람에겐 '책'이지만, 뜨거운 라면을 올려놓기 위해 쓰면 '받침대'가 되고, 바퀴벌레를 잡기 위해 쓰면 벌레 잡는 '무기'가 되며, 책장에 고이 진열해놓으면 그럴듯한 '장식품'이 된다. 폐품으로 수거되면 어디선가 호떡 봉지로 사용될 테고.^^ 이처럼 한 권의 책을 어디서 어떻게 사용하는가에 따라 책은 다른 삶을 살게 된다.

우리의 언어도 이와 같아서, '사랑해'라는 말은 그 말이 쓰인 맥락과 상황에 따라, 즉 어떤 언어게임에서 사용되는가에 따라 전혀 다른 의미를 갖는다. 사랑의 빛깔이 천차만별인 것과 마찬가지로, '사랑해'라는 말의 용법(usage)도 그렇게 천차만별이다. '사랑해'라는 말은 동일한데 용법'만' 다르다는 얘기가 아니다. 특정한 맥락 속에서 말의 용법이 곧 그것의 의미고, 따라서 용법이 다르면 그것으로 다른 말이 되는 것이다.

그렇다면 질문. '시원하다'는 말의 의미는? 혹시 잠시 머뭇거리다가 사전을 뒤적이는 것은 아닌지. 그럴 필요 없다. 그냥 생각나는 대로 말해보자. "국물이 시원하다", "숙제를 다 하고 나니까 속이 시원하다", "뜨거운 목욕물에 몸을 담그니 시원하다", "선풍기 바람이 시원하다", "박하사탕을 먹으니 입 안이 시원하다" …… 그만! 언어게임의 수만큼이나 '시원하다'의 의미는 다양하다. 말의 의미는 구체적인 언어게임 속에서 그것이 갖는 용법이다.

변수와 언어게임

라보프라는 언어학자가 재미있는 실험을 한 적이 있다. 백화점 점원으로 하여금 어떤 고객에게든 같은 말을 하도록 하고는(물론 이 점원은 실험의 목적에 대해서는 아무것도 모른다) 고객의 성별과 나이, 직업, 인종 등을 달리하면서 점원의 말투를 알아보는 실험이었다. 결과는 어땠을까?

실험 결과, "어서 오세요", "뭘 찾으세요?", "이건 어떤가요?" 같은 점원의 말들이 어떤 고객을 대상으로 하는가에 따라 모두 달랐다고 한다. 즉, 잘 차려입은 백인 남성 고객을 대하는 경우와 평상복을 입은 흑인 여성을 대하는 경우에 점원의 말투나 억양이 확연히 달랐다는 것이다. 그 점원이 특별히 '인종차별주의자'였기 때문이 아니다. 우리도 마찬가지 아닌가? 똑같은 얘기를 해도 얘기를 들어주는 사람이 누구인지, 어디에서 얘기를 하는지에 따라 다른 음색과 어조로 얘기한다. 내 얘길 들어주는 사람이 웃음에 인색하지 않은 사람이라면 얘기를 할수록 신이 나겠지만, 청자가 시종일관 진지하고 무뚝뚝한 '얼음인간'이라면 재미있는 얘기도 썰렁할 수밖에. 또 어느 땐 정말 감동적인 얘기가 다른 곳에선 시시한 얘기가 될 수도 있는 법. 이건 무엇 때문일까?

 게임은 반복되지 않는 법이다. 똑같은 게임을 아무리 여러 번 하더라도 매번 게임은 달라지게 마련인데, 그건 바로 게임의 '변수' 때문이다. 즉, 게임을 하는 장소와 사람들, 사람들의 그날 컨디션 등등에 따라 게임은 달라진다. 이처럼 게임을 재미있게 만들어주는 것은 게임을 하는 동안에 벌어지는 '돌발상황'들이다. 이는 언어게임에서도 마찬가지다. 의도와는 무관하게 상황에 따라 흔들리는 억양과 발음, 화자와 청자 사이에 끼어드는 온갖 잡음들, 그리고 그에 따른 의미의 동요야말로 언어게임을 흥미진진하게 만들어준다.

 누군가가 '청소년 문화의 미래'라는 주제로 연설을 한다고 생각해보자. 그 연설자가 "청소년 여러분~"이라는 첫 마디부터 "감사합니다"라는 마지막 말까지 줄곧 일정한 억양과 어조로 연설을 끝마쳤다면, 누가 그에게 박수와 환호를 보내겠는가? 청소년 문화시설의 부재를 개탄할 때는 소리를 높이다가, 다양한 청소년 문화의 가능성을 보여줄 때는 유머를 섞어 흉내를 내기도 하고, 그러다가 목소리를 낮춰 차근차근 설명하는 등, 적어도 몇 개의 높낮이와 음색으로 조절할 수 있어야 청자의 귀가 쫑긋거리지 않겠는가? 거기에다 그 연설을 풍부하게 만들어주는 또 하나의 '변수'를 들자면, 곳곳에서 예기치 않게 터져 나오는 청중들의 폭소와 야유와 환호다. 그래서 100회의 순회 콘서트를 하는 가수는 똑같은 100회 공연이 아니라 매번 다른 '1회 공연'을 100번 하는 셈이 된다. '변수'라는 복병이 언제 어떻게 나타나 상황을 뒤집어놓을지 그 누가 알겠는가?

언어게임을 이끌어나가는 것은 언어 자체이기보다는, 오히려 다양한 맥락과 상황이라는 '변수'들이다. 그 변수들에 따라 언어게임은 매번 달라진다.

문법은 필수가 아니라 선택

이쯤에서 이런 질문이 나올 법하다. "저두 평소에 말도 안 되는 말을 많이 하긴 하는데요, 그래도 분명히 '문법'이라는 게 있는 거 아닌가요? 언어를 사용하는 걸 게임이라고 한다 해도, 어쨌든 우리말로 하는 게임들에는 공통된 뭔가가 있는 거 같은데요."

아주 좋은 질문이다!

재미있는 상상을 하나 해보자. 태초에 원시인들은 어떻게 말을 배웠을까? 아니, 멀리 갈 것도 없이 말을 배우던 어린 시절의 기억을 더듬어보자. 세 살짜리 코찔찔이에게 엄마가 말한다. "우리 아가 밥 먹자." 그러면 단순한 아가는 '밥'이라는 단어를 '먹는 것'이라는 단어와 일치시키면서, 머릿속에 '밥'이라는 단어를 입력시킨다. 이와 마찬가지 방식으로 '엄마', '먹자' 등의 단어를 저장한다.

그러던 어느 날 이 아이에게 비약의 순간이 찾아온다. 단어밖에는 말하지 못하던 아이가 문장(?)을 구사하여 이렇게 말하는 것이다. "먹자, 엄마, 밥." 아직까지 그럴듯한 '문장'이라고는 할 수 없지만, 이 '경이로운' 순간에 설마 '"엄마, 밥 먹자'라고 해야 맞지~"라면서 아이를 나무라는 엄마는 없을 것이다. 그런 규칙은 아이가 자라면서 저절로 깨닫게 될 것이기 때문이다.

'어법' 혹은 '문법'이라는 것은 다양한 언어게임에 참여함으로써 습득할 수 있는 특정한 규칙일 뿐이다. 그런데도 '문법'을 배우고 나면, 마치 '문법'이 먼저 있고 그걸 바탕으로 여러 언어게임들이 생겨나는 것처럼 착각하게 된다. 하지만 앞서도 보았듯이 우리의 언어게임 중에는 문법을 무시하는 경우가 얼마나 많은가? 인터넷 언어, 초딩과 중딩의 언어, 시의 언어 등에서 '보편적인' 문법을 찾는다는 것은 어려운 일일 뿐 아니라, 사실 불필요한 일이다. 또 한글이 만들어지기 이전의 문법과 만들어진 이후의 문법, 혹은 15세기의 문법과 20세기의 문법은 일치하는 부분보다는 불일치하는 부분이 더 많다.

그렇다면, '문법'이라는 건 우리가 알고 있는 것처럼 '절대적인 것'이 아니다. 그것은 우리말을 사용하는 언어게임에 참여하기 위한 최소한의 것, 그러나 게임에 따라서는 무시해도 좋은 '선택' 조건일 뿐이다.

언어게임들의 닮음

그래도 여전히 문제는 남는다. 우리가 사용하는 한국어는 어찌 되었든 영어나 일본어 등의 외국어와는 다르지 않은가, 그리고 그 '다름'은 결국 '문법'의 다름이 아닌가 하는 것이다.

물론 영어로 하는 언어게임의 규칙이 우리말로 하는 언어게임의 규칙과 같을 리는 없다. 그래서 전혀 알아들을 수 없는 제주도 방언이 세련된 영어보다는 더 친숙하게 들리는 것이다. 그런 점에서 한국어로 이루어지는 언어게임들은 외국어로 이루어지는 언어게임들에 비해 서로 닮은 점이 더 많다. 다음 예문을 보자.

① 이제 파괴와 건설이 하나이요 둘이 아닌 줄 알진대, 현재 조선 민중은 오직 민중적 폭력으로 신조선 건설의 장애인 강도 일본 세력을 파괴할 것뿐인 줄을 알진대……. 우리 이천만 민중은 일치로 폭력 파괴의 길로 나아갈지니라.
② 나무는 함성으로 자라는가보다.
봄은 숨차고 도처에 어지럽혀져 있다.
나는 그런 봄이 좋다. 아우성치는 봄은 살아 있다.
아, 살아 있음이여.
③ Still!-/Von großen Dingen-ich sehe Großes!-/soll man schweigen/oder groß reden:/rede groß meine entzückte Weisheit!

④ 가세가세 화젼을 가세 쏫지기젼의 화젼가세

있쎠가 어늣션가 썩마참 三月이라

동군니 포덕틱ᄒ니 츈화일난 썩가맛고

화신풍이 화공되여 만화방창 단쳥되닉

이른쩌乙 일치말고 화젼노름 ᄒ여보세

불츌문외 ᄒ다가셔 소풍도 ᄒ려니와

우리비록 여자라도 흥쳬잇계 노라보세

⑤ 정이월에 대독 터진다는 말이 있다. 딴은, 간간히 부는 천변 바람이 제법 '쌀쌀하기는 하다. 그래도 이곳, 빨래터에서는, 대낮에 별도 잘 들어, 물 속에 잠근 빨래꾼들의 손도 과히들 시립지는 않은 모양이다.

⑥ (서씨鼠氏 여가수의 노래) 찍찍찍……. 찌이이이익 찍찍.

위 예문들은 다양한 언어게임들을 보여준다. 이 예문들 중에서 가장 안 닮은 언어게임은? 인간이 아닌 쥐의 언어 ⑥! 물론, 쥐의 언어를 알아듣는 한국인이 있다면 ③이 가장 안 닮은 언어게임일 수도 있겠다. 여하튼 인간의 언어로 된 ①에서 ⑤까지 중에서는 독일어의 규칙을 따르는 ③이 가장 '안 닮은' 언어게임이다. 그럼 다시, ③과 ⑥을 제외한 나머지를 가지고 '더 닮은' 것들끼리 짝지어보자. ①과 ⑤는 언어가 산문적이라는 점에서 '더 닮았다'고 할 수 있을 테고, ②와 ④는 운율을 가졌다는 점에서 더 닮았다는 생각이 든다. 혹은 ①은 주장하는 글인데 비해 ②, ④, ⑤는 문학적인 글이라는 점에서 더 닮았다고 분류할 수도 있을 것이다.

이렇게 같은 언어를 사용한 언어게임이라도 그 각각의 게임을 이루는 규칙은 모두 다르다. 그러므로 한국어로 된 언어게임의 닮음은 그 공통적인 재료가 한글이라는 점에서 파생되는 것이지, 단일한 '문법'으로 인한 것은 아니다. 비트겐슈타인이 말한 대로, "어떤 하나의 언어를 상상한다는 것은 어떤 하나의 삶의 형태를 상상하는 것"이다. 우리는 각자의 삶의 형태에 따라 자연스럽게 몇 개의 언어게임에 참여하고, 새로운 언어게임을 구성하기도 한다. 그러나 이 게임들의 규칙이 모두 동일한 건 아니다.

"우리가 '놀이들'이라고 부르는 과정들을 한번 고찰해 보라. 나는 판 위에서 하는 놀이들, 카드놀이들, 공놀이들, 격투 시합들 따위를 뜻하고 있다. 무엇이 이 모든 것에 공통적인가?……판 위에서 하는 놀이들을 그 다양한 근친성들과 함께 주시하라. 자, 이번에는 카드놀이들로 넘어가라. 여기서 당신은 저 첫 번째 부류들과 대응하는 많은 것들을 발견하지만, 많은 공통적인 특징들이 사라지고 다른 것들이 등장한다. 이제 우리가 공놀이로 넘어가면, 어떤 공통적인 것들은 보존되어 남아 있지만 많은 것이 상실된다……놀이하는 사람들 사이에 언제나 승패 또는 경쟁이 존재하는가? 공놀이에는 승리와 패배가 존재한다. 그러나 어린아이가 공을 벽에 던지고 다시 붙잡을 때는 이러한 특징은 사라진다. 기량과 운이 어떤 역할을 하는가를 보라. 그리고 장기에서의 기량과 테니스에서의 기량은 얼마나 다른가?⋯⋯ 이렇게 해서 우리는 많고 많은 다른 놀이 집단들을 훑어볼 수 있으며, 유사성들이 나타나고 사라지는 것을 볼 수 있다."(비트겐슈타인, 『철학적 탐구』)

비트겐슈타인은 언어게임들 간의 이러한 유사성들을 '가족유사성'이라고 명명한다. 가족 구성원 사이에 존재하는 다양한 유사성처럼 언어게임에도 서로 겹치고 교차하는 복잡한 유사성이 있다고 봤던 거다.

한 가족을 생각해보자. 할머니, 엄마, 아빠, 나, 동생, 언니, 오빠가 함께 사는 가족. 간혹 예외가 있을 수도 있지만, 우리는 이 가족들에게서 '어딘가' 닮은 점을 찾아낼 수 있을 것이다. 생김새뿐만 아니라 걸음걸이라든지 식성 혹은 웃는 모습 등에서 아빠와 나, 엄마와 언니, 오빠와 할머니 등은 어떤 식으로든 '닮아' 있다. 가족들의 닮음.

위의 예문에서 살펴본 다양한 언어게임의 닮음을 이런 가족들의 닮음에 비유해보면 어떨까? 즉, 우리가 사용하는 언어들은 다른 나라에서 사용하는 언어들과는 구별되는 하나의 '가족'을 이룬다고 할 수 있다.

여기서 오해해선 안 될 것은, 그 '닮음'이 절대적인 것은 아니라는 사실이다. 때로는 내 얼굴이 옆집 아저씨 얼굴과 더 닮는 '황당한' 일이 있을 수도 있고, 언니보다는 내 짝꿍이 나와 훨씬 더 닮았을 수도 있다. 마찬가지로, 우리말을 사용하더라도 우리말이 영어나 일본어를 더 많이 닮는 경우도 얼마든지 있을 수 있다.

예컨대, 이른바 '콩글리쉬'는 한국어를 더 닮았는가, 영어를 더 닮았는가? 캐나다의 퀘벡에 사는 사람들이 사용하는 프랑스어는 캐나다어를 더 닮았는가, 프랑스어를 더 닮았는가? 스위스처럼 독일어, 프랑스어, 이탈리아어가 공존하는 경우에, 프랑스어 사용 지역과 독일어 사용 지역의 경계에 사는 사람들이 사용하는 언어는 프랑스어에 가까운 독일어인가, 독일어에 가까운 프랑스어인가? 우리가 매일매일 참여하는 언어게임의 경계란 사실 이처럼 애매하다.

『정신분열증과 언어들』이라는 책을 쓴 루이스 울프슨은 어머니의 잔소리를 듣지 않기 위해 자신의 영어 규칙을 만들어낸다(잔소리가 싫다고 무작정 따라하지는 마시라. 새로운 언어를 창조해낼 자신이 없다면!). 마치 조립공처럼, 두 단어를 뒤섞거나 영어를 외국어 단어와 결합하거나 단어 속의 철자들을 다시 배열함으로써 어머니의 잔소리를 무의미한 소음으로 만들어버리는 새로운 언어게임을 발명한 것. 그래서 그의 영어는 영어를 닮았는가 하면 독일어를 닮았고, 독일어를 닮았는가 하면 히브리어를 닮은, 아주 기이한 형상을 가지게 되었다. 이영애와 김태희, 황신혜가 동시에 보이는 성형미인의 얼굴처럼, 닮음은 이렇게 새로이 생산되기도 한다. 그리고 그 순간, 새로운 언어게임이 탄생한다.

언어와 언어 사이

말과 행위

언어게임 몇 가지를 더 해보자.

① 아가야, '엄마~' 해봐, 응? '엄마~' 이렇게.
② 침대는 가구가 아닙니다. 에이스의 최첨단 과학 시스템. 침대는 과학입니다.
③ 지금 우리에게는 국난을 극복할 새로운 지혜와 양보할 줄 아는 미덕이 필요합니다.
④ 철수야, 거기 빗자루!
⑤ 나 너랑 사귀고 싶어*^^*

위의 언어게임들은 모두 다른 규칙을 갖고 있으며 맥락들도 다르다. 그러나 여기서 어떤 공통점 하나를 발견할 수 있다. 그게 뭘까? 눈을 크게 뜨고 보시라. ①은 말할 것도 없이 '나를 엄마라고 불러라'라는 엄마의 '명령'이다. 이에 비해 ②에서 ④까지는 모두 사실적인 진술인 것처럼 보이고, ⑤만 조금 감정적인 진술인 것 같다. 대체 이

다섯 개의 예문에 무슨 공통점이 있다는 것인가?

조금만 더 깊이 생각해 보자. ②는 한때 유행했던 침대 광고 문구로, 이 광고에서도 알 수 있듯이 대개의 광고는 그저 '사실'만을 말하는 것처럼 보인다. 그러나 아무리 돌려 얘기한다고 해도, 결국 그것은 '이 제품을 사라'는 하나의 권유다. 예문 ③은 어떤가? 이것 역시도 따지고 보면 '그러니까 먼저 국가를 위해서 행동하라'라는 하나의 명령이다. 또 예문 ④는 '빗자루'를 단순히 지시하는 것일 수도 있지만, 상황에 따라서는 '빗자루를 달라'는 명령이 되기도 한다.

이와 같이, 언어는 단지 언어의 차원에 머무르는 것이 아니라 그것이 발화되는 상황에서 언제나 우리의 행위를 문제 삼는다. 예문 ⑤처럼 단순한 감정 표현에 불과해 보이는 진술도, 그 말이 행해지고 나면 이미 그렇게 말하기 이전과는 다른 상황이 되어버리는 것이다. 예컨대, "그래, 우리 사귀자"라는 대답 뒤에 따라붙는 무수한 상호 의무와 암묵적인 약속들을 생각해보라. 그러니까 이제 넌 다른 사람을 좋아하면 안 된다, 서로에게 뭔가 더 은밀한 것(?)을 원할 수도 있다, 사귄 지 100일, 1000일 등등. '사귀자'는 말 한마디가 내 행동뿐 아니라 시간의 흐름까지도 전과 달라지게 만든다. 우리의 삶에서 언어가 중요한 것은 바로 이 때문이다. 언어는 행위를 동반한다. 나아가 세계의 경계를 만들기도, 사물들 사이에 금을 긋기도 한다. 물론 언어만이 명령하고 행위를 강제하는 것은 아니지만, 언어는 그 역할을 가장 효과적으로 수행해내는 일상 도구다.

'고등학생'이라는 단어를 생각해 보자. ○○고등학교에 다니는 철수가 '고등학생'인 것은 지극히 당연한 사실이라서 그것이 철수의 행위를 강제한다거나 하지는 않을 것 같다. 그러나 단어의 의미가 용법이라면, 여기서 다시 '고등학생'이라는 단어가 사용되는 맥락을 도입해보아야 한다.

'고등학생' 철수는 어찌어찌하다 그만, 이제 막 부임해온 선생님을 사랑하게 되었다. 고민하던 철수는 그래도 상관없다 생각하고 용기를 내어 사랑을 고백한다. 하지만 선생님의 대답, "넌 학생이구, 난 선생이야!" 허걱! 그 말 한마디로 모든 상황은 종료된다. 그 말은 단순히 사실을 지시하는 것이 아니라, 사랑이라는 행위를 금지하는 청천벽력 같은 선고다. '학생'이라는 말이 어떤 맥락에서는 행위를 묵인해주기도 하지만("학생이라 특별히 봐준다!"), 또 다른 맥락에서는 행위를 금지하기도 한다("학생이 이런 데 오면 쓰나!") 짧은 머리에 교복을 입었을 때와 노랗게 염색한 머리에 힙합 바지를 입었을 때 나의 행위가 동일하지 않은 것처럼, 나를 규정하는 말은 언제나 나의 행위에 힘을 행사한다.

파동 상태의 물질이 우리가 관찰하는 순간 입자의 형태로 포착되듯이, 언어는 유동적인 사건의 세계를 하나로 고정하고, 뒤섞인 채 존재하는 사물들을 독립적 실체로 분절한다. 원래부터 나는 '나'로, 너는 '너'로 존재했던 게 아니라 '나'와 '너'라는 명명을 통해 나와 너가 분리되어 있었다고 생각하게 되는 거다. 강조하건대, 언어는 사물과 사건을 객관적으로 전달하는 중립적 도구가 아니다. 인간은 명명을 통해 세계를 격자화하고, 사물들을 특정한 좌표계에 고정시킨다.

언어는 힘이다.

바로 그렇기 때문에, 언어로부터 자유로워지는 것은 행위와 사고로부터 자유로워지는 것이기도 하다. 고등학생, 남자, 여자, 장남, 모범생 등의 '꼬리표'를 떼고, 그 말들의 용법을 무한히 확대시키면서 새로운 언어게임을 만들어내는 것. 그것은 새로운 것을 행하는 것이고, 새로운 신체를 갖게 되는 것이며, 새로운 세계·새로운 삶으로 진입하는 것이다.

그렇다고 내게 명령하고 나의 행위를 이러저러한 방식으로 강제하는 언어에 얽매여 눈물을 흘리거나 분노할 필요는 없다. 우리가 해야 하는 것은 그러한 명령들을 가벼운 것으로 만들고, 명령 자체를 변형시키며, 그리하여 마침내 새로운 삶의 방식들을 노래할 수 있는 수많은 언어들을 자유롭게 넘나드는 것이다.

그러기 위해 먼저, 내 안의 목소리에 가만히 귀 기울여보자.

회화, 다양한 요소들의 배열

잠시 숨을 고르고 그림 한 편을 감상해보자.

〈그림 1〉은 바실리 칸딘스키의 작품 「구성 8」이다. 칸딘스키는 점, 선, 면, 색채 같은 순수한 회화적 요소들로 음악과 같은 그림을 만들어내려고 했던 화가였다. 그에게 개개의 형태와 색채는 전체 구도를 형성하는 재료들로서 기능한다. 이질적인 재료들이 적절하게 배치됨으로써 화면 전체가 자연스럼 울림을 만들어낸다. 음악으로 치

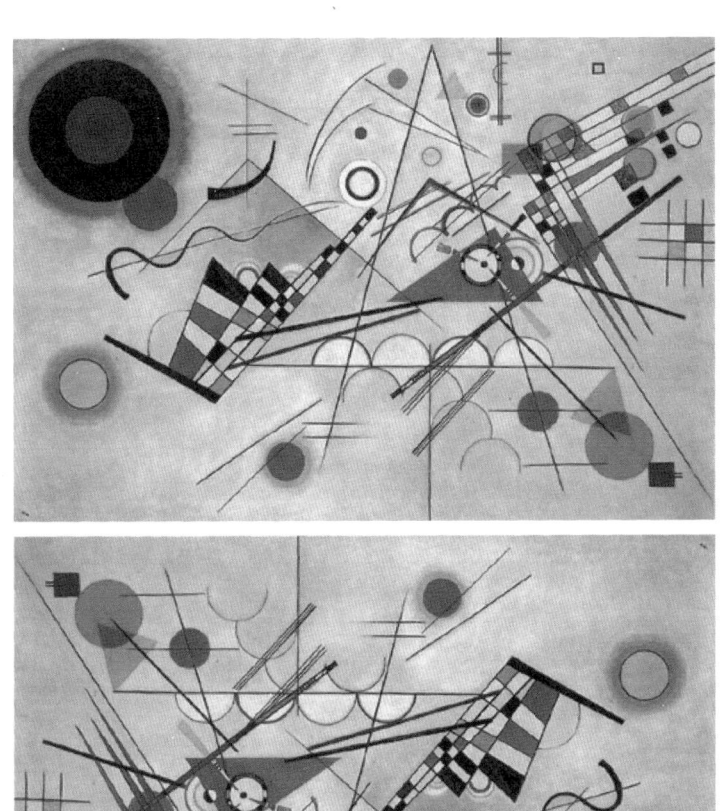

〈그림 1〉 바실리 칸딘스키, 「구성 8」(1923년/위)
〈그림 2〉 뒤집힌 「구성 8」(아래)

자면, 교향곡에서 하나하나의 악기가 모여 전체적인 조화를 이루는 것과 같은 이치다. 그래서 같은 색이라도 주변에 어떤 색이 놓여 있는가에 따라, 또 같은 선이라도 어떤 선이나 점들과 연결되었고 어떤 방향으로 움직이고 있느냐에 따라 그 느낌이 달라진다. 「구성 8」과 뒤집힌 「구성 8」의 차이를 보라!

「구성 8」은 결국 칸딘스키의 실험과 탐구, 그로부터 비롯된 색과 면과 선과 점들의 다양한 관계 맺음, 그림을 그리는 과정에서 개입되었을 수많은 우연들, 그리고 그림에서 내가 경험하는 감각과 느낌, 이 모든 것들의 '집합체'다. 이처럼 하나의 회화 작품은 다양한 요소들이 포함되어 있는 하나의 집합이며, 그 요소들의 이러저러한 배열(아상블라주assemblage)인 것이다. 때문에 단 한 획이 그 위에 첨가되거나 삭제되어도, 혹은 다른 구성 요소가 덧붙여지거나 색채의 배합이 조금만 달라져도, 그것은 전혀 다른 배열을 갖게 되며 그 순간 다른 작품이 되고 만다.

그림 속에 흐르는 다양한 힘들과 배치를 읽어내듯이, 언어를 흐르는 여러 요소들의 배열을 읽어낼 수는 없을까? 그림을 보던 눈으로 이제 소설 한 편을 보자.

언어와 권력

고골의 소설 『외투』를 보면 관료사회의 한 인물이 등장한다. 그에 대해 서술한 부분이다.

그 고관이 누구며, 어떤 지위에 있는 사람인지는 아직 알려지지 않고 있다. 다만, 참고삼아 말해둘 것은, 그가 고관이 된 것은 최근의 일이며, 그때까지는 그야말로 하잘것없는 존재에 지나지 않았다는 사실이다. 하기는 현재의 그의 지위도 더 중요한 다른 지위에 비하면 그리 대단치는 못한 것이었다. 그러나 다른 사람의 눈에는 대수롭게 보이지 않는 것도 본인에겐 아주 대단한 것으로 생각되는 그런 인간이 세상엔 언제나 있는 법이다.

…… 그의 시스템의 기본을 이루는 것은 엄격성이었다. "엄격히, 엄격히, 모든 것을 엄격히!"라는 게 그의 입버릇이었는데, 이렇게 뇌까리면서 언제나 상대방의 얼굴을 지극히 거드름 떠는 눈으로 노려보는 것이었다. …… 부하들과의 일상 대화도 어디까지나 엄격했다. 그가 사용하는 말이라고는 "자네가 감히 그렇게 할 수 있는가? 자네는 지금 누구를 상대로 말하고 있는지 아는가? 지금 자네 앞에 있는 사람이 누군지 알고 있는 건가 모르고 있는 건가?"하는 이 세 마디뿐이었다. 그렇지만 그도 본심은 착한 인간이어서 친구들도 잘 사귀었고 남의 일도 잘 보살펴주었다. 그러나 칙임관이라는 벼슬자리가 그의 머리를 돌게 했던 것이다.

빨간 획 하나가 녹색 계열의 색채들 주변에 놓이는가, 주황색이나 노란색 주변에 놓이는가에 따라 전혀 다른 느낌을 갖는 것처럼, 어떤 인물과 그의 언어 역시 어떤 공간 속에 놓여지는가에 따라 전혀 다른 것이 된다. 위의 인용문에 등장하는 칙임관은 원래 친구들이

나 가족들에게 자상한 사람이었다고 한다. 그러나 관료사회의 배치 속에서 그는 '형식'과 '서열'에 좌우되는 전형적인 관료의 언어와 몸짓을 보여준다.

바로 뒤에 이어지는 장면에서 소설의 주인공은 강탈당한 자신의 외투를 찾아줄 것을 부탁하러 칙임관을 찾아간다. 때마침 죽마고우와 다정스레 이야기를 나누던 칙임관은 갑자기 위엄 있는 목소리로 퉁명스럽게 주인공을 나무란다. "당신은 일의 순서라는 걸 모르고 있소? 여기가 어디라고!"

여기에는 두 개의 언어게임이 있다. 친구와의 다정한 언어게임, 그리고 관료사회에서의 경직된 언어게임. 여기서 '본심은 다정한' 그로 하여금 권위적으로 말하게 하는 것은 바로 '관료사회'라고 하는 공간의 배치다. 그가 반복하는 '엄격히'라는 말은 그러한 특정 공간 속에서 사용됨으로써 관료제의 권위적이고 위계적인 질서를 강조한다. 자리가 사람을 만든다고, 이처럼 어떤 지위와 권력이 부여되는 순간 사람이 권위적으로 돌변하는 경우를 종종 경험하게 된다. 하지만 성격이나 태도보다 먼저 변하는 건 말과 말투다. 칙임관이라는 벼슬자리가 그에게 다른 목소리를 준 것이다.

칸딘스키 회화의 의미를 가능하게 하는 것이 선과 색과 면들의 구성인 것처럼, 언어의 특정한 사용과 그 의미를 가능케 하는 것은 계급과 성, 인종과 나이 등등의 사회·경제·정치적 요소들의 배치다. 우리는 이 모든 힘 관계 안에 둘러싸여 있으며, 이 모든 것들이 우리가 하는 말에 영향을 끼치고, 새로운 단어와 의미들을 생산하기도 한다.

인류학자 피에르 클라스트르는 인디언에 대한 연구에서 아주 흥미로운 사실을 보여준다. 그에 따르면, 인디언 사회에서는 말을 잘하는 사람만이 추장이 될 수 있고, 말하기는 추장의 의무다. 하지만 추장이라는 자리가 그에게 말을 독점하고 명령할 수 있는 특권을 부여하지는 않는다. 이 무슨 알 듯 모를 듯한 소리란 말인가?

누군가가 권력을 갖는 순간, 그의 말은 '진리'로 여겨지면서 강력한 힘을 지니게 된다. 예컨대, 조폭의 언어를 보라. 「넘버3」라는 꽤 오래된 영화에서, 송강호가 육상 선수 '임춘애'를 '현정화'라고 잘못 말하자, 눈치 없는 졸개가 '임춘애'라고 그의 말을 정정한다. 그 다음은? "내가 현정화라면 현정화야! 토 달지마!! @#$*&…. 쿵, 쾅, 퍽, 칙, 으악!!" '형님'께서 말씀하시는 모든 건 '정답'이고 형님이 모르거나 아니라고 하는 건 무조건 아닌 게 되는 것, 그게 조폭의 언어게임이다. 이처럼 조폭의 우두머리나 왕, 군주 같은 권력자는 무엇보다도 '말과 의미를 독점하는 자'라고 할 수 있다. 우리는 그의 명령을 들어야 하고, 그가 말한 것을 그대로 실행해야 한다. 권력은 말을 통해 행사되고 유지된다.

하지만 인디언 추장의 말은 부족민들에게 아무것도 강제하지 않는다. 심지어 부족민들은 그의 말에 전혀 귀 기울이지 않고 자신이 하던 일을 계속한다. 그렇다면 추장은 대체 뭘 말한단 말인가? 그는 명령 대신, 매일 새벽과 저녁에 "우리 조상들은 그분들다운 생활 방식으로 행복하게 잘 살았지. 그분들의 전례를 따르면 우리도 평화롭게 살 수 있을 거야" 같은 전통적 생활 규범에 대한 칭송을 함으로써 사람들을 즐겁게 하거나, 싸움이 일어날 때 '말솜씨'를 발휘해서 사람들을 중재한다. 그러니까 그의 말솜씨는 부족 전체를 평화롭게 하기 위해 요구되는 일종의 '서비스' 능력인 것이지 지배의 수단이 아니다. 추장은 정말, 아무나 하는 게 아니다!

『외투』의 칙임관은 혼자 말하고 나머지는 모두 침묵하게 하지만, 인디언 추장은 끊임없이 말하면서도 다른 사람들에게 아무것도 명령하지 않는다. 소수집단이 권력을 소유하는 사회에서의 언어게임과 권력이 누구에게도 집중되지 않는 인디언 사회에서의 언어게임. 자, 여러분이라면 조폭의 우두머리가 되겠는가, 인디언 추장이 되겠는가?

내 안에 너 있다

한 폭의 회화는 단순히 어떤 화가 개인의 '감정 표현'이 아니다. 그것은 점·선·면 그리고 색 등의 요소들의 특정한 배열일 뿐 아니라, 어떤 식으로든 이미 이전까지의 회화사 전체를 그 안에 품고 있다. 우리가 어떤 회화 앞에서 발걸음을 멈칫하게 되는 것은 그 회화를 관통하는 수많은 힘들이 나 자신을 흐르는 힘과 만나게 되는 바로 그 순간이다.

이와 마찬가지로 언어는 화자 개인의 의식 속에서 생산되는 단순한 표현 수단이 아니다. 우리가 사용하는 언어는 다양한 사회적 관계 속에서 만들어지는 것이다. 쉽게 말해서, 어떤 말을 할 때 우리는 사전으로부터 그 말들을 뽑아내는 게 아니라 가족, 학교, TV 등으로부터 알게 모르게 말하는 방식들, 사용해야 하는 말과 사용해서는 안 되는 말들 등등을 '배워서' 말한다.

그 결과 우리는 학생으로, 남성으로, 여성으로, 자식으로, 또 수많은 것들의 목소리로 말한다. 남성의 목소리로 여성을 부정하고―"여자는 그저 남편 잘 만나는 게 최고야!", 독재자의 목소리로 친구를 따돌리고―"넌 꺼져!", 백인종의 목소리로 유색인종을 멸시한다.―"저 더러운 검둥이 새끼!" 이 모두가 내 안에 있는 목소리들이다. 사회를 관통하여 흐르는 그 모든 목소리들로부터 나의 목소리가, 나의 언어들이 만들어진다.

러시아의 언어학자이자 문학비평가인 미하일 바흐친은 이런 관점에서 우리의 모든 대화는 일종의 '간접화법'이라고 말한다. 나의 말이란 이미 누군가가 했던 말들을 '리플레이'(replay)하는 것에 불과하다는 얘기다. 예를 들어보자.

과거 '보릿고개'란 말이 있을 당시의 경제 상황은 매우 나빴다. 하지만 그 계기로 인해 사람들의 근면성은 매우 강해졌고 경제는 매우 급속도로 발전했다. 하지만 어느 정도 경제성장이 이룩된 지금은 풍요로워진 생활로 인해 국민의 소비 수준은 매우 높아졌고, 상대적으로 근로 의식은 약해졌다.

이 예문은 '국제경쟁력을 어떻게 높일 것인가?'라는 논제에 대한 어떤 학생의 논술문 중 일부다. 1980년 이후에 태어난 이 학생이 보릿고개를 어찌 알겠는가? 그 학생은 자신의 생각을 '논술'하고 있지만, 사실 이 논리는 사회 교과서나 신문 사설에 나옴 직한 지배적 사고를 그대로 옮겨 놓은 것에 불과하다. 바로 이런 점에서 이 학생의 언어는 그러한 지배적 사고의 '간접화법', 즉 누군가 했던 말들을 변환시켜서 다시 말하는 것이라고 할 수 있다.

『헐리우드 키드의 생애』라는 소설의 주인공은 커서 영화감독이 된다. 그런데 그가 만든 영화의 장면들이 그가 어렸을 때 본 헐리우드 영화의 장면들을 조각조각 이어붙인, 거대한 모자이크라는 사실이 밝혀진다. 그의 무의식 속에 각인된 헐리우드 영화들이 마치 자신의 목소리처럼 툭툭 튀어나왔던 것. 말하자면 무의식적인 표절이라고 할까. 나의 '직접화법'은 이처럼 무수한 말들이 교차하고 우글거리는 언어의 광장에서 튀어나온 '간접화법'이다. 내 안에는 다른 사람들이 살고 있다. 내 언어는 그 타자(the others)들의 언어다. 내 안에 너 있다!

여러분 안에는 누가 있는가, 어떤 목소리들이 살고 있는가?

여러 개의 목소리, 여러 개의 언어

우리가 내지르는 목소리 안에는 아주 많은 목소리들이 섞여 있다. 친구들의 목소리, 엄마의 목소리, 선생님의 목소리, 소설이나 영화 속 주인공의 목소리……. 어디 이뿐이겠는가? 새의 목소리, 벌레의 목소리, 아침의 목소리, 밤의 목소리……. 내가 좋아하는 것과 싫어하는 것 모두가 나의 목소리를 이루는 작은 원자들이다.

그렇기 때문에 내가 싫어했던 목소리가 내 안에서 튀어나와 내가 상처받은 것과 같은 방식으로 누군가에게 상처를 주기도 하고, 거꾸로 나도 모르는 아름다운 목소리가 흘러나와 누군가의 영혼을 어루만져 주기도 한다. 내 목소리가 사람을 죽이는 독이 되기도 하고, 죽은 사람을 살리는 약이 되기도 한다.

내 안에서 흘러나오는 그 목소리들을 하나하나 꺼내서 따져보면, 어떤 것은 내가 끔찍이도 싫어하는 '공부해!'를 외치는 엄마의 목소리를 닮았고, 또 어떤 것은 '경쟁에서 이기는 것만이 살 길이다!'라고 외치는 자본주의의 목소리를 닮았다. 그 목소리들이 나로 하여금 친구들을 적으로 대하게 하며, 대학 입학만을 인생의 목표로 삼도록 한다. 무섭고 끔찍한 명령의 목소리.

그러나 판도라의 상자 속에 있던 마지막 희망처럼, 우리의 목소리 안에는 그런 명령들을 거부하고 다른 곳으로 나아가려는 즐거운 목소리들도 있다. 그 목소리들은 끔찍하고 지배적인 목소리들을 음성변조시키면서 무거운 명령을 '가벼운 명령'으로 만들어버린다. 그러고는 스스로의 목소리로 자신에게 새롭게 명령한다. 날아가, 어서 날아가! 웃으면서, 긍정하면서, 가볍게, 가볍게…….

중요한 것은, 늘 한발을 내딛음으로써 조금 전과 다른 곳으로 가는 것이다. 무서운 명령을 내 몸 깊숙한 곳에 가시처럼 박아놓고 아픔을 견뎌가면서 명령을 수행하는 것은 얼마나 자학적인가? 또한 그

것에 대해 단지 '거꾸로' 반응하는 것은 얼마나 비겁한가? 우리는 명령조차 즐거운 것, 내 안에서 능동적으로 발생하는 것으로 만들어야 한다. 그러기 위해 명령은 가볍게 두드리기만 해도 흩날릴 수 있는 솜털처럼 가벼워져야 하고, 우리는 그 미풍을 타고 사뿐사뿐 늘 새로운 곳으로 건너갈 수 있어야 한다. 인디언들처럼, "달리는 말에 서슴없이 올라타고, 비스듬히 공기를 가르며, 진동하는 땅 위에서 이따금씩 짧게 전율을 느낄 수 있다면, 마침내는 박차도 없는 박차를 내던질 때까지, 마침내는 고삐 없는 말고삐를 내던질 때까지, 그리하여 앞에 보이는 땅이라곤 매끈하게 다듬어진 광야뿐일 때까지, 벌써 말 목덜미도 말 머리도 없이"(카프카, 「인디언이 되고 싶은 마음」).

이제 우리가 던져야 할 질문은 이거다. "우리는 어떻게 새로운 언어를 통해 명령을 가볍게 만들 수 있는가? 어떻게 다양한 규칙들이 작동하는 언어게임의 공간들을 활주할 것인가?"

내가 누구인지 말할 수 있는 자 누구인가

재미있는 얘기 한 토막.

부시맨들에게는 특별한 '예감'의 능력이 있다고 한다. 예를 들어, 어떤 사나이는 문득 멀리 떨어져 사는 자신의 아버지가 오고 있음을 예감하는데, 이는 아버지의 몸에 있는 오래된 상처를 자신도 똑같은 부위에서 느끼기 때문이다. 자신의 몸에서 아버지의 상처를 느끼게 되면, 아버지가 가까이 오는 것을 예감한다는 것이다.

또 이런 경우도 있다. 아침 일찍 아내가 가죽끈으로 아기를 업고 집을 나섰다. 아내를 기다리던 남편은 갑자기 자신의 어깨에서 가죽끈의 무게를 느낀다. 그 느낌을 통해 그는 아내가 돌아오고 있음을 예감한다. 우리에게도 더러 이러한 예감의 능력이 미미하게나마 남아 있다. 뺨을 맞는 친구를 보면서 나의 뺨이 아파옴을 느낀다거나("아프냐? 나도 아프다!"), 아무도 나를 상대해주지 않고 따돌릴 때면 문득 소름끼치는 한 마리 벌레가 된 것 같다거나("나는 벌레야ㅠ.ㅠ") 하는.

여기서 질문. 아버지의 아픔을 느끼는 부시맨은 자신인가, 아버지인가? 아내의 가죽끈을 느끼는 부시맨은 자신인가, 아내인가? 친구의 아픔을 느끼는 나는 나인가, 친구인가? 나 자신을 벌레라고 느끼는 나는 나인가, 벌레인가?

이 질문 각각에 대해 이렇게 대답하는 건 어떨까? 아버지의 아픔을 느끼는 나는 그 순간 아버지가 되고, 아내의 가죽끈을 느끼는 나는 그 순간 아내가 된다고. 그리고 벌레임을 느끼는 나는 벌레보다도 더 '벌레스러워진다'고. 그렇게 느끼는 순간의 나는 결코 이전의 나와 동일하지 않다. 나는 여러 개의 '나들'로 구성되어 있다!

조금 더 쉬운 예를 들어보자. 꿈속의 나는 현실에서는 도무지 가능하지 않은 공간을 여행하고, 생각지도 못한 사람들을 만나고, 이상한 말들을 중얼거린다. 그런데 이런 꿈속의 '나'는 잠에서 깨어나 학교 갈 준비를 하는 '나'와 동일한가? 사랑하는 연인에게 나는 누구보다도 다정하고 착하고 부드럽다. 그러나 집에서 잔소리를 늘어놓는 엄마에게 바락바락 악을 쓰면서 대드는 나는 엄마에게 '쌀쌀맞고 인정머리 없는 계집애'다. 이 둘은 동일한 '나'인가? 일류 대학을 나온 나는 우리 가문의 영광으로, 집에서는 큰소리 뻥뻥 치는 왕자다. 그러나 직장에서는 상사의 눈 밖에 나지 않기 위해 온갖 눈치를 보며 비굴하게 살아간다. 어제까지의 나는 우울증에 시달렸는데, 우연히 책 한 권을 읽고 나니 오늘은 세상이 달라 보이고 열심히 살아보고 싶어진다. 어떤가, 이 둘은 동일한 '나'인가?

여러분들의 일기장을 한번 펼쳐보시라. "이렇게 살면 안 되는데…… 오늘도 하루가 다 지났다. 난 왜 이럴까? 난 내가 정말 싫다. 나는 오늘 죽었다. 내일부터는 정말 잘 살아야지……." 그렇게 끊임없이 '싫은 나'를 죽이지만, 내일이라고 뭐가 달라지겠는가? '정말 잘 사는' 그 내일이란 끊임없이 지연되고, 나는 여전히 나 자신이 싫다. 악순환. 그런데 이상하지 않은가? 대체 싫은 '나 자신'은 누구고, '나 자신'을 싫어하는 또 하나의 '나'는 누구인가? '오늘 죽은 나'는 누구이고 '나는 죽었다'고 말하는 '나'는 또 누구인가?

모범생이라면 학교에서 배운 대로(!) 하나는 '현실적 자아'요, 다른 하나는 '이상적 자아'라고 대답하고 싶을 것이다. 그러나 다시 한번 생각해보자. 문장 속의 '나'와 문장을 쓰는 '나'가 정말 동일한 하나의 '나'일까? '나는 자랑스런 태극기 앞에'서의 '나'가 그렇게 말하는 '나'와 하나의 '나'일까? '나는 하늘을 난다'라는 문장 속의 '나'는 그걸 쓰는 '나'와 같은 '나'일까?

일기를 쓰는 '나'는 죽지 않았지만, 문장 속의 주어 '나'는 얼마든지 죽을 수 있다. 또 '국기에 대한 맹세' 속의 '나'는 '몸과 마음을 바쳐 충성을 다 할'지 모르지만, 문장 밖의 '나'는 입만 뻥긋거리면서 딴 생각을 한다. '나'는 새가 아닌 이상 절대로 날 수 없지만, 글 속의 '나'는 얼마든지 하늘을 날 수 있다. 이처럼 글의 주어 '나'와 글을 쓰는 '나'는 동일하지 않다.

　우리는 글을 쓰면서 문장 속 주어의 자리에 나의 존재를 포갬으로써 나를 행위의 주체로 고정한다. 때문에 느끼고 생각하고 아파하고 기뻐하는 그 모든 상태들이 '나'로부터 비롯된다고 여기게 된다. 내가 아프다, 내가 기쁘다, 내가 생각한다……. 하지만 주어의 자리는 임시직에 불과하다. 고통과 생각과 느낌이 나로부터 비롯된 게 아니라, 그렇게 느끼고 생각하고 아파할 때 그런 것의 결과로서 '나'에 대한 인식이 구성되는 거다. 따라서 주어의 자리에 집착할 필요가 없다. 중요한 건 문장 밖에서 이루어지는 행위다. 나는, 지금 내가 하고 있고, 지금 막 일어나고 있는 바로 그것이다. 아프고, 기쁘고, 생각하고, 두려워하는 그 모든 것들이 나다.

　'하나의 나'는 없다. 이 글에서 저 글로, 이 언어게임에서 저 언어게임으로 이동하면서 '나'는 수많은 주어들에 겹쳐지게 되고, 그럴 때마다 새로운 '나'로 다시 태어나게 되는 것이다. 하나의 이름이 아니라 여러 개의 이름을 갖는 존재. 고정된 하나의 '인격'이 아니라 '동물격', '식물격', '광물격' 등등 무수히 많은 비인간의 격들까지도 가질 수 있는 존재. 그런 존재는 자기 안에 여러 존재들을 살게 하고, 자신의 목소리 안에 여러 개의 목소리들을 담는다. 말하자면 여러 분신들이 있을 뿐 동일한 '나'는 없다.

언어를 새롭게 하는 것은 무엇보다도 수많은 '나들'의 동일성을 보증하는 단 하나의 '나'를 버리는 것에서 시작한다. 여기저기를 넘나들면서 때론 사슴이 되고, 때론 나뭇잎이 되고, 때론 바람이 되기. 그렇게 무수히 많은 존재들과 교감하면서 '변신의 왕'이 되기. 우리의 다음 여행은 그렇게 시작될 것이다.

목소리에 세계를 담기

말은
피 속에서 태어나,
어두운 몸 속에서 자라, 고동치다
입과 입술을 통해 튀어나왔다.
저 멀리서 점점 더 가까이
조용히, 조용히 말은 왔다.
죽은 조상들에게서, 정처 없이 떠도는 민족에게서,
돌로 변한 땅에서,
그들의 가난한 부족에게 지쳐버린 땅에서,
슬픔이 길을 떠나자
사람들도 길을 떠나
새로운 땅, 새로운 물에 도착해,
그곳에 정착하니

거기서 그들의 말이 다시 자라나.
그래서, 이것이 유산인 거다.
그래서 이것이
죽은 사람들과
아직 동트지 않은 새로운 존재의 새벽과
우리를 이어주는 파장인 거다.

파블로 네루다의 시 「말」이다. 시인은 말한다. 내 말은 내 안에서 자란 것이 아니라 죽은 조상들에게서, 떠도는 민족에게서, 가난한 땅에서 자라난 '유산'이라고. 시인은, 말하자면 그 말들을 전하는 확성기 같은 존재다. 미국과 멕시코 간에 맺어진 '북미자유무역협정'(NAFTA) 반대와 멕시코 원주민의 권익을 위해 투쟁하는 집단인 '사파티스타'의 부사령관 마르코스는 "내 목소리를 통해 사파티스타민족해방군은 말합니다"라는 구절로 모든 글과 연설을 시작한다. 백인인 그는 자신의 신분을 가리기 위해서가 아니라, 백인이라는 자신의 정체성을 지우고 새로 태어나기 위해 '가면'을 쓴다.

가면은 누군가에겐 정체성을 숨기기 위한 도구이지만, 누군가에겐 이처럼 정체성을 지우기 위한 도구가 된다. 말 역시 누군가에겐 은밀하고 사적인 표현 수단이지만, 누군가에겐 "죽은 사람들과 아직 동트지 않은 새로운 존재의 새벽과 우리를 이어주는 파장"이 되고, 고통을 치유하고 자신을 새롭게 하는 약이 되며, 제국의 권력에 맞서 싸우는 무기가 된다.

중요한 것은 자신을 알기 위해, 다른 사람의 마음에 가 닿기 위해, 말과 침묵을 선물로 받아들이는 우리의 가장 나이 많은 노인들입니다. 참된 남자와 여자들은 말하고 듣는 것을 통해 걷는 법을 배웁니다. 우리 안에서 계속 걷고 있는 걸음에 형태를 주는 것, 맞은편으로 걸어갈 수 있게 다리가 되어주는 것도 배웁니다. 침묵은 우리를 기죽이려고 권력이 우리의 고통에 제안한 것입니다. 침묵당하면 우리는 계속 외로울 수밖에 없습니다. 말하면서 우리는 고통을 치유합니다. 말하면서 우리는 나란히 걸어갑니다. 권력은 자신의 침묵의 제국을 강요하려고 말을 사용합니다. 우리는 우리 자신을 새롭게 하려고 말을 사용합니다. 권력은 자신의 범죄를 감추려고 침묵을 사용합니다. 우리는 서로에게 귀 기울이려고, 서로에게 가 닿으려고, 서로 알려고 침묵을 사용합니다.
형제자매 여러분, 이것이 무기입니다. 우리가 말을 하면 말이 남습니다. 우리는 말을 합니다. 우리는 말을 외칩니다. 우리는 말을 들어올려, 말로 우리 국민의 침묵을 깹니다. 우리는 말을 살게 함으로써 침묵을 죽입니다. ─마르코스, 『우리의 말이 우리의 무기입니다』에서

내 말은 내 것이 아니다. 그 안엔 이미 우리가 만난 여러 사람들이, 우리가 경험한 세계가 담겨 있다. 따라서 여러 가지 소리에 귀 기울일 줄 아는 사람은 여러 개의 목소리를 배우고 담게 된다. 그런 의미에서 보면, 신(神)이란 가장 큰 소리로 말하는 존재가 아니라 세상 모든 것의 목소리를 지닌 존재가 아닐까.

이제, 스스로 질문할 차례다. 내 목소리는 어디서 온 것일까? 내 말은 어디서 자라난 것일까? 어떤 목소리를 내 안에 담을까? 내 말은 무엇과 싸우는 무기가 될까, 무엇을 치유하는 약이 될까? 그리고 내 목소리를 통해 무엇이 말하게 할 수 있을까?

흔들리는 나, 흔들리는 의미

파이프가 아닌 파이프

〈그림 3〉은 마그리트의 「이미지의 배반」이다. 파이프 아래 있는 문장(Ceci n'est pas une pipe)의 뜻인즉, '이것은 파이프가 아니다'. 뭐라고? 파이프를 그려놓고 파이프가 아니라고? 말도 안 되지. 그림이 잘못되었거나, 문장이 잘못되었거나 분명 둘 중 하나일 것이다. 아하, 그래서 제목이 '이미지의 배반'이로군.

그런데 다음 그림은 또 뭔가? 그림 속에 그림이 있다. 이번엔 파이프가 둘이다. 그림 속의 그림에도 파이프가 있고, 그림 속의 그림 밖에도 파이프가 있다. 이번에도 그림 속의 그림에 새겨진 문장은 '이것은 파이프가 아니다'. 아니, 대체 왜 '명백한' 파이프를, 파이프가 아니라고 하는 걸까? 이제 증명을 시작해보자.

두번째 그림에서 그림 속의 화판에 그려진 파이프를 '파이프 1'이라 하고, 왼쪽 위에 애매하게 떠 있는 파이프를 '파이프 2'라 하자. 그리고 다음 질문에 답해보자.

"파이프 1은 '파이프'인가?"

답은 '아니오'다. 만약 '예'라고 답했다면, 여러분은 진짜 파이프

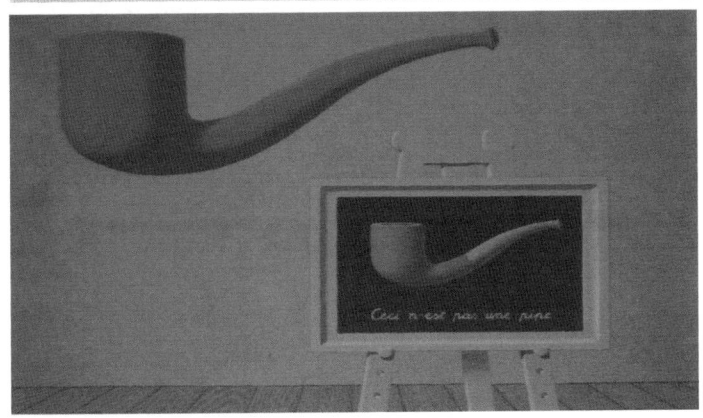

〈그림 3〉 르네 마그리트, 「이미지의 배반」(1928~29년/위)
〈그림4〉 「두 가지 신비」(1966년/아래)

화가는 너무나 '진짜 같은' 파이프를 그려 놓고는 그 바로 밑에 '이것은 파이프가 아니다'라고 적고 있다. 이 이상한 수수께끼의 비밀은 무엇일까? 아래 그림을 보자. '그림 속의 파이프'와 '그림 속의 그림 속에 그려진 또 하나의 파이프'. 이 둘 중에서 '파이프가 아닌 파이프'는 어떤 걸까? 위? 아래? 아니면, 둘 다?

와 그림 파이프를 혼동하는 엄청난 실수를 범한 것이다. 너무나 분명하게도, 그림인 파이프 1은 아무런 무게도 갖지 않는 '가짜'다. 그렇다면 파이프 2 역시 파이프가 아닌 것은 당연하다. 그러므로 그림 속의 그 어떤 것도 파이프가 아니다.

그런데 왜 처음에 우리는 이 당연히 '참'인 문장을 당연히 '거짓'이라고 생각한 것일까? 첫째로, '이것'이라는 말이 지시하는 대상을 당연히 '파이프'라고 생각했기 때문이고, 둘째로, 파이프라는 '말'을 아무 의심 없이 파이프라는 '대상'과 동일시했기 때문이다. 그러나 말과 대상은 우리가 생각하는 것처럼 '당연하게' 짝지어지지 않는다. 그림 속에서는 말과 이미지가 서로를 '배반'하는 것 같지만, 사실상 말과 이미지는 노는 물이 달랐던 것.

이제 말과 대상의 이 이상한 관계를 좀더 깊이 파헤쳐 보자.

그림으로 된 언어

〈그림 5〉의 기호들은 언어인가, 사물인가? 조금 이상한 말이지만, 이 문자들은 사물 자체도 아니고, 그렇다고 사물이 아닌 것도 아닌 언어다. 정확히 말하면 이 언어는 사물을 '닮아' 있다.

이렇게 하나의 말이 하나의 대상을 정확히 드러내 보여주던 때가 있었다. 신에 의해 언어가 인간에게 최초로 주어졌을 때, 언어는 그것이 지시하는 사물과 정확히 일치한다고 여겨졌다. 즉 언어는 사물들의 참된 모습을 보여주는 '투명한 거울' 같은 것이었다. 예를 들

〈그림 5〉 이집트의 상형문자
말은 대상을 '닮았다'. 그래서 '말'을 보면 '대상'을 알 수 있다. 말과 대상의 행복한 일치.

흔들리는 나, 흔들리는 의미 65

면, '힘'이라는 말은 사자의 몸을 닮아 있었고, '위엄'이라는 말은 독수리의 눈빛과 닮아 있었다. 이집트나 중국의 상형문자는 말과 사물 간의 이러한 직접적 닮음 관계, 일대일대응을 보여주는 대표적인 예들이다.

따라서 이 시절의 인간들은 어떤 말이 갖는 의미를 구구절절이 설명할 필요가 없었다. 말이 곧 의미였기 때문이다. 즉, 의미는 보이지 않는 곳에 숨겨진 것이 아니라 말을 통해 '밖으로' 드러나 있었다. 예컨대, 고대 그리스 비극의 주인공 오이디푸스의 이름은 '부은'이라는 뜻의 'oidos'와 '발'이라는 뜻의 'pous'가 결합된 합성어다.

그러니까 오이디푸스는 '부은 발', 즉 제대로 걸을 수 없는 불완전한 신체라는 뜻을 지닌 이름이다. 무릇 인간이란 그처럼 불완전한 운명을 타고난 존재임을 '오이디푸스'라는 이름으로 고스란히 드러낸다. 고대 신화에 나오는 신들의 이름이나 아메리카 원주민의 이름도 마찬가지다. 말은 곧 행위였고, 그 의미는 행위를 통해 드러나는 바로 그것이었다.

'캘리그램'(calligram)이라는 게 있다. 아폴리네르라는 시인이 특히 이런 시를 많이 썼는데, '캘리그램'이란 언어를 사물처럼 배열한, 말하자면 '언어로 된 그림'을 말한다. '백문이불여일견'(百聞而不如一見)이라 했거늘, 〈그림 6〉과 같은 걸 말한다.

물론 이런 캘리그램은 상형문자처럼 사물의 모양을 그대로 추상화한 언어와는 다르지만, '최초의 언어'가 어떤 것이었을지에 대해 느낌 정도는 제공해주지 않는가? 아담과 이브의 언어가 아마도 그런

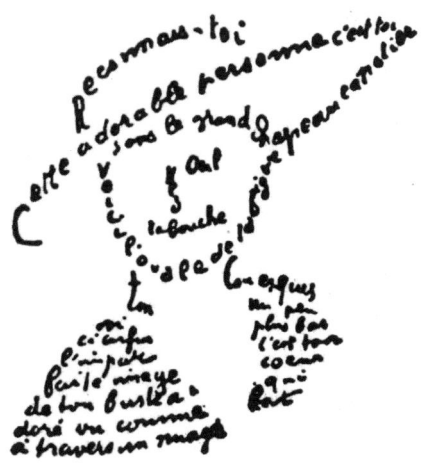

　　　　　　山
　　　　　절망의 산
　　　　대가리를밀어버
　　　린, 민둥산, 벌거숭이산
　　　분노의산, 사랑의산, 침묵의
　　산, 함성의산, 증인의산, 죽음의산
　　부활의산, 영생하는산, 생의산, 희생의
　　산, 숨가쁜산, 치밀어오르는산, 갈망하는
　　산, 꿈꾸는산, 꿈의산, 그러나현실의산, 피의산,
　피투성이산, 종교적인산, 아아너무나너무나 폭발적인
산, 힘든산, 힘센산, 일어나는산, 눈뜬산, 눈뜨는산, 새벽
의산, 희망의산, 모두모두절정을이루는평등의산, 평등한산, 대
지의산, 우리를감싸주는, 격하게, 넉넉하게, 우리를감싸주는어머니

〈그림 6〉 기욤 아폴리네르의 '캘리그램'(위); 〈그림 7〉 황지우, 「무등」(아래)
모자 쓴 여인의 윤곽을 보라. 자잘한 글씨로 그린 그림 혹은 그림으로 쓴 글씨. 그렇다면 아래의 시 「무등」은? 그 자체로 그림인 '山'과 언어들로 쌓아올린 '산'.

것이 아니었을지. 짐작건대, '최초의 인간'들은 서로의 말을 오해해서 싸우는 일 같은 건 없었을지도 모르겠다.

그러나 행복은 잠시. 거대한 탑을 쌓아 하늘에 도달하려다 신의 노여움을 산 '바벨탑 참사'(신은 오만한 인간들의 언어를 혼란시켜 소통이 불가능하게 만들었고, 그 결과 인간들은 더이상 탑을 쌓을 수 없었다) 이후로 인간의 언어는 사물과의 닮음을 잃어버리고, 의미는 방황하기 시작한다. 이제 언어는 사물에 대해 멀 수도, 자연적일 수도 임의적일 수도 있는 것으로 인식되고, 따라서 언어의 의미는 전처럼 '밖으로' 드러나는 것이 아니라 깊숙이 숨어버린다.

어쩌면 인간의 불행은 여기서부터가 아니었을까? 사물은 자신의 고유한 언어를 잃어버리고, 의미는 어둠 속으로 숨어버리며, 사람들은 서로가 서로의 언어를 이해할 수 없는 대혼란에 빠지게 된다. 이제 사람들은 어둠 속에서 의미를 찾아 더듬거려야만 한다. 언어의 카오스.

말과 대상 사이의 '틈'

뒤샹이라는 장난스러운 화가는 진짜 변기 하나를 사서 사인을 한 뒤, 거기에 '샘'이라는 제목을 붙여 미술관에 보냈다(그림 8). 상상해보라. 고상한 '예술품'을 기대했을 관람객이 '샘'이라고 우기는 이 '변기' 앞에서 어떤 표정을 지었을지……. 뒤샹은 대체 무슨 생각을 한 걸까?

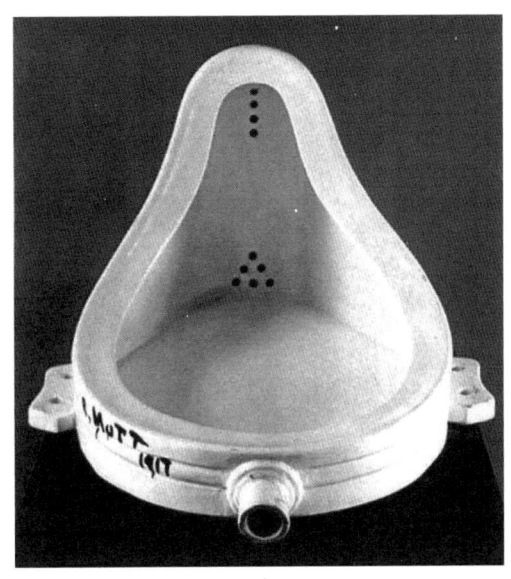

<그림 8> 마르셀 뒤샹, 「샘」(1917년)

'샘'이라는 이름을 가진 '변기'. 혹은 '변기'라고 이름 붙은 대상의 새로운 이름 '샘'. 어느 것이 이 대상의 '진짜' 이름일까? 뒤샹은 작품의 의미를 관객의 몫으로 남겨둔다. "결국 창작의 행위를 완수하는 사람은 비단 미술가 혼자만은 아니다. 왜냐하면 관람객은 그 심오한 특징들을 해독하고 통역하면서 외부 세계와 작품 사이의 만남을 구성하며, 이것으로 인해서 창작적 행위에 그 자신의 고유함을 부여하기 때문이다."

이 '작품 아닌 작품'이 주는 의미는 바로 이름과 대상의 그와 같은 '틈'으로부터 생겨난다. 즉 '샘'이라는 낯선 제목은 '변기'라는 대상이 가지고 있는 고정된 의미에 균열을 내면서 대상에 전혀 새로운 기능과 의미를 부여한다. 그리고 그렇게 되면 이 대상이 더 이상 '변기'여야 할 이유는 없게 되는 것이다. 우리는 하나의 투명하게 항상 어떤 대상을 '지시'한다고 생각하지만, 사실상 특권을 쥐고 있는 건 말이다.

대상은 이름 없이도 쓰임으로 존재한다. 그런데 거기에 이름이 붙으면 '이름값'을 부여받게 된다. 샘이라는 이름이 새로 부여됨으로써 대상은 변기라 불리던 시절과 다른 '값'을 갖게 된 것. 이런 식으로 말은 대상의 존재방식을 규정하고, 대상은 말에 의해 다른 위상을 부여받게 된다.

마그리트와 뒤샹은 우리의 통념을 슬쩍 비트는 방식으로 말과 대상의 뒤틀린 관계를 보여준다. 우리는 이 작품들 앞에서 잠시 고개를 갸우뚱거리다가 이내 무릎을 '탁' 치면서 웃음을 터뜨리게 된다. 물론 말과 대상의 이런 어그러짐을 깨달은 경우에 한해서만 그렇다. 모름지기 아는 만큼 보이는 법이라지 않는가.

그렇다면 '샘'이라고 주장하는 뒤샹의 이 '예술품'은 무얼 의미하는 것일까? 이 사물에 '샘'이라는 새로운 이름을 부여한다고 하더라도, 그 의미가 '샘'의 사전적 의미와 같은 것이라고 할 수 있는 걸까? 이 문제에 관한 해법은 이렇다.

머릿속에 '별'을 떠올려보자. 아주 많은 사람들이 '밤하늘을 수

놓은 총총한 별들'을 떠올릴 것이다. 그러나 이런 걸 떠올리는 사람은 없을까? "쟤네 아빠가 별이 두 개래"라고 할 때의 '별'과 "넌 내 맘 속의 별이야!"라고 했을 때의 '별', 그리고 라면땅 과자 속의 '별' 등등, 부르는 이름은 같지만 모두 다른 '별들'. '별'이라는 단어의 '사전적 의미'는 '태양, 지구, 달을 제외한 천체'지만, 그건 '별'이 갖는 그 수많은 의미 중의 하나일 뿐이지 모든 것에 우선하는 '지배적 의미'는 아니다. 즉 '별'이라는 단어의 의미는 '☆'이라는 사물과 일대일대응을 이루지 않는다. 단어의 의미는 사전 안에 구겨 넣어질 수 없는, 그것의 용법들에 의해 결정된다.

다시 뒤샹의 「샘」으로 돌아가 보자. '변기'라고 불리던 사물에게 '샘'이라는 이름을 줌으로써 뒤샹은 '샘'이라는 단어와 변기라는 사물의 새로운 용법을 고안해낸 셈이다. 다시 말해, 뒤샹은 변기라는 사물과 샘이라는 단어를 전혀 새로운 방식으로 사용한 것이다. 그리고 말과 대상 사이의 벌어진 틈 사이로 마침내 '의미'가 불쑥 솟아오른다.

의미의 생성

우리는 흔히 어떤 말의 의미를 사전에 있는 '정의'라고 생각하지만, 뒤샹의 '변기-샘'이 '변기'나 '샘'의 뜻이 사전적 의미로 환원될 수 없는 것처럼, 실제 언어생활에서 의미와 정의가 일치되는 경우는 그리 많지 않다. '정의'는 사물에 경계를 부여함으로써 의미를 고정시키려

하지만, 의미는 경계 밖에서 매번 다른 방식으로 불쑥 솟아오르기 때문이다. 의미는 '보편적'이거나 '객관적'인 것이 아니다. 의미에 도달하기 위해서는 전혀 다른 곳에서 출발해야만 한다.

어느 날 운유(雲遊)가 동산수초(洞山守初)에게 묻는다.
"부처가 무엇입니까?"
"마 세 근이다."
"?"
그가 다시 지문(智門)에게 묻기를,
"동산 스님께 부처의 뜻을 물으니 마 세 근이라 하셨는데 무슨 뜻입니까?"
"꽃무리가 피어 비단을 짜는 것이라."
"……?"
"남녘 땅엔 대요, 북녘 땅엔 나무라."

이런 걸 '선문답'(禪問答)이라고 한다. 선승들이 깨우침에 이르기 위해 문답을 사용하는 방법을 말한다. 그런데 위의 대화에서 알 수 있듯이, 이 문답은 물음에 대한 답이 전혀 아니다. 사오정들의 대화라고나 할까? 말 그대로 동문서답이다. 선문답은 말의 새로운 용법을 통해 깨달음에 이를 수 있도록 한다. 대체 어떻게? 이제 우리의 세 제자를 따라가 보도록 하자.

첫번째 제자. 답답할 정도로 모범적인 이 제자는 스승의 말씀을

'말 그대로' 해석하기로 한다. "분명 이 말 '속에' 뭔가가 숨어 있을 거야!" 그래서 국어사전을 뒤적인다. 혹시 자신이 알고 있는 것 외에 다른 어떤 뜻이 있을까 싶어서.

우선 '마'를 찾으니 이렇게 적혀 있다.

① 마 : (명) 마과의 다년생 만초.
② 마 : (명) 장마.
③ 마 : (명) 일에 해살을 부리거나 재앙을 가져오는 것으로 여기는 상상의 존재.

뜻이 여러 가지인데, 이 중에서 뭘까? '세 근'이라는 수량명사가 있는 걸로 보아서는 아마도 첫번째 뜻인 것 같다. 그러나, '마'도 모르는데 '마과'는 어찌 알며, '만초'는 또 뭐란 말인가? 깨달음에 이르기 위한 길은 역시 험난하고도 멀다. 다시 한번 사전에 의존하는 수밖에. "마과(科) : 마에 속하는 생물 분류 단계."

갈수록 태산이라고, '마'를 몰라 '마과'를 찾으니 다시 '마'가 나온다. 이런 식으로라면, 답에 이르기란 요원하다. 지금의 우리라면 당장 네이버에 물어보겠으나, 네이버 따위를 알 리 없는 우리의 첫번째 선수는 그만 낙담하여 하산했다고 하는데……. 그렇다면 두번째 제자를 따라가 보자.

두번째 제자. 원래 전공이 문학이었던 이 제자는 '부처=마'가 '은유'라고 생각하고, 마의 특성을 추리하기 시작한다. "음……, 마는 '산

약'(山藥)이라 불리는 약재로, 두통, 위장장애, 폐질환 등에 그 효능이 아주 많을 뿐 아니라, 원기가 쇠약한 사람에게는 아주 좋은 식물이라고 했지……. 오호라, 그렇다면 스승님 말씀은, 부처란 '마처럼' 그렇게 모든 사람들에게 약이 되는 존재라는 뜻이로군! 오케이!!" 이 제자는 냉큼 스승을 찾아가서 "제가 그 뜻을 알아냈습니다!"라고 자신만만하게 외친다. 하지만 기대와 달리, 돌아오는 건 스승의 칭찬이 아니라 몽둥이 서른 대! 어찌 이런 일이?! 그렇다면, 남은 건 세번째 제자뿐.

이 제자는 평소에 늘 '부처가 뭘까, 어떤 사람이 부처가 되는 걸까'라는 의문을 품고 있었다. 스승님은 분명 '모든 사람이 부처다'라고 하셨는데, 나도 정말 부처일까, 옆방의 저 못된 동료도 부처란 말인가. 내가 정말 부처가 될 수 있을까, 그런데 왜 난 이렇게 늘 괴로운가, 빨리 부처가 되는 길은 없는가…… 등등의 의문이 그의 가슴 속을 가득 채우고 있었던 것. 하여, 부처가 뭔지 알면 부처가 되는 방법도 더 쉽게 알 수 있으리라 생각했다. 그런데 웬걸. 부처가 뭐냐는 질문에 '마 세근'이라니! 그 순간, 이 제자는 뒤통수를 딱 하고 맞은 것처럼 정신이 버쩍 들었다. 아! 난 지금까지 잘못된 길에서 헤매고 있었구나!

맞다. 이 제자는 모든 사람이 부처라는 스승님의 말을 믿지 않았던 거다. 그래서 '부처'라는 존재가 따로 있을 거라고 생각하고, '부처가 뭐냐'고 물었던 거다. 잘못된 건 답이 아니라 질문이었다. 부처를 특정한 존재라고 생각했던 그의 사고가 그를 가두고 있었던 것. 그러다 '부처가 마 세 근'이라는 스승의 말에 지금까지 붙들고 있던 생각의 덩어리들이 와장창 깨지고 만다. 깨-달음.

'선문답'이라는 언어게임은 이런 식으로 이루어진다. 첫번째나 두번째 제자처럼 말 자체에 집착해서는 의미에 닿을 수 없다는 것이 선불교의 가르침이다. 의미는 말로 완전히 포착될 수 없는, 말을 매개로 하지만 말을 벗어나 있는 것이다.

첫번째 제자는 말과 '사전적 정의'의 꼬리잡기 게임을 하느라 너무 많은 시간을 허비하고 말았다. '마'에서 '마과'로, 다시 '마과'에서 '마'로……. 이처럼 의미를 알기 위해 사전에만 의존하려 할 때, 오히려 우리는 점점 더 그 단어의 의미로부터 멀어져갈 뿐이다. 설령 간신히 그 말의 '사전적 의미'를 알아냈다고 하더라도 결과는 마찬가지였을 것이다. 의미란 처음부터 사전 속에 있지 않았기 때문이다. 두번째 제자 역시 말 '속에서' 어떤 상징이나 비유를 찾으려 했을 뿐, 말 '밖으로' 한 발짝도 나아가지 못했다는 점에선, 첫번째 제자와 다를 것이 없다.

하지만 세번째 제자처럼 말의 한계를 통렬하게 직시하는 자에게는 그 말이 깨달음으로 역전되는 순간이 온다. 이처럼 누가 어떤 용법으로 사용하는가에 따라 같은 '마 세 근'은 '헛소리'가 되기도 하고, '깨달음'의 계기가 되기도 한다. 뿐만 아니라 깨달음의 의미조차 결코 동일하지 않다.

말 속에 숨은 하나의 보편적 의미를 찾아 길을 떠난 자는, 오랜 시간 후에 자신이 도착해 있는 곳이 또 다른 기호들만 무성한 처음의 그 자리임을 확인할 수 있을 뿐이다. 가도 가도 제자리인 하나의 원. 그러나 의미는 이 원을 벗어나는 것으로, 복수(複數)적이며, 항상 동요한다. 고정된 자리에서 맴도는 것이 아니라, 동요하면서 끊임없이 생성되는 의미! 의미를 찾으려는 자, 말의 감옥으로부터 떠나라!!

뫼비우스의 언어

〈그림 9〉「그리는 손」에는 두 개의 손이 있다. '그리는 손'과 '그려지는 손'. 이 그림의 두 손 중에 어떤 손이 '그리는 손'이고 어떤 손이 '그려지는 손'인가? 〈그림 10〉「프린트 갤러리」에서는 한 관람객이 그림을 감상하고 있다. 그는 분명 그가 감상하는 그림 '밖'에서 그림을 본다. 그러나 시선을 이동하며 천천히 다시 보라. 그는 진짜 그림 '밖'에 있는가? @_@

그리면서 그려지고, 안이면서 밖이라니……. 이런 '말도 안 되는 말'을 그래서 '역설'이라고 한다. '역설'(para-doxa)은 말 그대로 '말을 거스르는 것', 원어의 어원에 보다 충실하자면 '상식(doxa)을 깨는 말'을 의미한다.

『거울 나라의 앨리스』에 나오는 여왕과 앨리스의 이상한 대화를 보자.

"여기서는, 하루에 두세 개의 밤과 낮이 있단다. 겨울에는 가끔 다섯 개의 밤들을 한꺼번에 보낼 수 있어. 그러면 따뜻하거든."

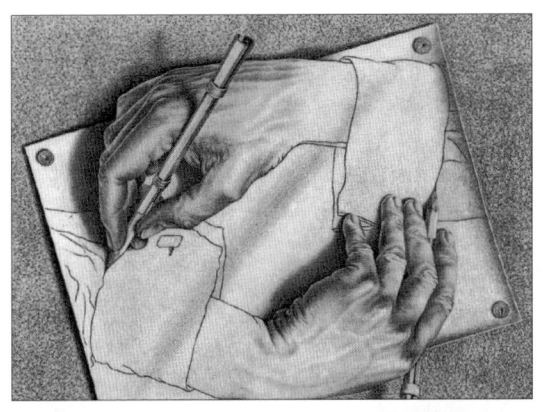

〈그림 9〉에서, 「그리는 손」(1948년/위) ; 〈그림 10〉 「프린트 갤러리」(1956년/아래)
'그리는' 동시에 '그려지는' 이상한 손. 그림 '속'인 동시에 그림 '밖'인 이상한 공간.
역설(para-doxa)적 그림 혹은 para-image.

붉은 여왕이 말했다.

"그러면 한 개의 밤보다 다섯 개의 밤들이 더 따뜻한가요?"

앨리스가 용기를 내어 물었다.

"물론 다섯 배나 따뜻하지."

"똑같은 방식으로 하면 다섯 배나 추울 수도 있겠네요."

"바로 그렇다!" 붉은 여왕이 소리쳤다. "다섯 배나 따뜻하면서, 다섯 배나 추운 거야. 그것은 내가 너보다 다섯 배나 부자이면서, 다섯 배나 현명한 것과 마찬가지지!"

여기서 '따뜻하다'는 것과 '춥다'는 말이 어떻게 사용되고 있는가를 보라. 반대말처럼 쓰이고 있지만, 사실 그것은 '동시에' 이루어진다. 이걸 가능하게 하는 게 바로 '방향'이다. 즉 수직선상의 '0'의 위치에서 왼쪽을 향해 서 있으면, '+5'라는 위치는 '뒤로' 다섯 걸음이지만, 방향을 바꿔 오른쪽을 향하자마자 그것은 '앞으로' 다섯 걸음이 된다. 방향이 바뀌면 앞과 뒤가 바뀐다. 이해를 돕기 위해, 한 가지 더.

우리는 보통 인간과 기계를 대립시켜서, 인간은 자신의 의지대로 행동할 수 있고 사랑의 감정을 가질 수 있는 반면에, 기계는 명령에 의해서만 행동하며 어떤 감정도 가질 수 없는 '철 조각'에 불과하다고 생각한다. 그러나 '방향'을 바꿔보자. 「모던 타임즈」에서 나사를 조이는 작업공 찰리는 기계보다도 더 기계적이지 않은가? 반대로 자신을 희생하는 「터미네이터 2」의 '인조인간' 아널드 슈위제네거, 혹

⟨그림 11⟩ 「모던 타임즈」; ⟨그림 12⟩ 「터미네이터 2」; ⟨그림 13⟩ 「블레이드 러너」
톱니바퀴의 부품, 인간 찰리(위). 자신을 희생하는 영웅, 인조인간 T-800(아래 왼쪽). 삶을 찬미하는 시인, 복제인간 로이 배티(아래 오른쪽). 자, 이 중 누가 가장 '인간'다운가?

은 시를 읊조리며 비둘기를 날리는 「블레이드 러너」의 레플리컨트는 인간보다도 더 인간적이지 않은가? 처음부터 끝까지 하나로 고정된 의미를 갖는 '인간'이나 '기계'는 없다. 특정한 맥락 속의 '용법' 혹은 '방향'에 의해 인간이 기계가 되기도 하고, 기계가 인간이 되기도 한다.

다시 에셔의 '이상한' 그림으로 돌아가 보자. 「그리는 손」의 손이 '그리는' 손인지 '그려지는' 손인지를 결정하는 것은 방향이다. 마찬가지로 그림의 '안'과 '밖'을 나누는 것도 결국은 방향이다.

연암 박지원은 이가 옷에서 생기는지 살에서 생기는지를 두고 다투는 딸과 며느리에게, 왼쪽에는 가죽신을, 오른쪽에는 짚신을 신고 말을 탄 임제의 일화를 들려준다. 오른쪽에서 그를 본 사람들은 그가 짚신을 신었다고 할 것이고, 왼쪽에서 그를 본 사람들은 그가 가죽신을 신었다고 할 것이다. 이처럼 "천하에서 가장 쉽게 볼 수 있는 것으로 발만 한 것이 없는데도, 보는 방향이 다르면 그 사람이 짚신을 신었는지 가죽신을 신었는지 분간하기가 어렵다"(박지원, 「낭환집 서문」). 그래서 이는 어디서 생기냐고? 연암의 대답은 이거다. "옷과 살의 중간에서 이가 생기느니라!"

중요한 건 그 '중간'에서 어떤 방향을 취하는가, 라는 사실! 안은 밖이 되고, 밖은 다시 안이 되는 뫼비우스의 띠처럼 동일한 것이 방향에 따라 다른 의미를 가질 수도, 반대로 서로 다른 것이 방향에 따라 같은 것을 의미할 수도 있다. 그러니 하나의 지배적인 의미를 의심하라. 그것을 깨고 나면 그 너머에 새로운 의미의 바다가 있다. 낯선 곳에 가서 낯선 문화를 접했을 때 사람들이 보이는 반응은 둘 중 하나다. 그걸 통해 내가 속한 문화를 일정한 거리에서 다시 숙고해보거나, 아니면 내게 익숙한 걸 기준으로 타자의 문화를 낯설고 비정상적인 것으로 단죄하거나. 역시 문제는 방향이다. 어떤 방향을 취하느냐에 따라 전혀 다른 체험이 가능하다.

이쪽이냐 저쪽이냐, 그것이 의미로다!

『거울 나라의 앨리스』에서 계란처럼 생긴 험프티 덤프티는 한 단어가 어떻게 한꺼번에 여러 의미를 가질 수 있는지를 묻는 앨리스에게 이렇게 답한다. "문제는 어느 쪽이 주인이 되느냐에 있어. 그게 전부야." 의미는 항상 이쪽과 저쪽의 경계 위에 있으며, 그렇기 때문에 어느 쪽으로나 갈 수 있다. 이것인 동시에 또 저것인 의미. 그렇기 때문에 한 사람의 말을 놓고 백 사람이 파악한 의미가 다 다를 수도 있는 거다.

코신스키라는 작가의 『거기 있음에』라는 소설의 주인공 이야기를 듣고 나면, 험프티 덤프티의 이 말이 무슨 의미인지 무릎을 치게 될 것이다. 이 소설의 주인공은 어머니도 아버지도 모른 채 버려진 '찬스'라는 이름의 남자다(우연히 태어났기 때문에 이름도 'Chance'다). 찬스는 '우연하게도' 평생을 혼자 살아온 늙은 부호에게 거두어져서 그 집의 정원사로 일하게 된다. 그리고 거기서 무려 40년 동안을 아무것도 배우지 않고 아무 곳에도 나가보지 않은 채로, 낮에는 정원 일을 하고 밤에는 TV를 보면서, 노인과 하녀와 함께 아무 부러울 것 없이 살아간다. 그러던 어느 날, 노인이 죽고 같이 살던 하녀마저 사고로 죽게 되자 변호사가 상속 문제로 찬스를 찾게 된다. 변호사는 찬스에게 신분증명서를 원하지만, 자신의 이름밖에는 아는 것이 없는 일자무식의 찬스. 여기서부터 이제 찬스의 진짜 '우연한' 인생이 시작된다.

"그럼 여기에 서명을 해주시겠습니까?"

TV에서 본 그대로 잠시 서류를 바라보다가, 찬스는 "저는 쓸 수 없습니다"라고 대답한다. 변호사는 이 말을 '서명하지 않겠다'는 의미로 받아들이고 찬스에게 나가줄 것을 요구한다. 노인이 입던 고급 옷 몇 벌을 챙겨서 40년 만에 처음으로 바깥세상에 나오게 된 우리의 찬스. 길을 걷던 찬스에게 그의 인생을 바꾸는 사건이 발생한다. 어떤 차가 찬스를 치게 되는데, 그 차의 주인이 미국의 재벌총수 부인이었던 것.

"저는 엘리자베스 이브라고 해요."

TV에서 본 대로라면 여기서 자신의 이름을 말해야 한다는 걸 찬스는 알고 있다.

"저는 찬스입니다……. 저는 정원사(gardener)예요."

"아, 촌시 가디너(Chauncey Gardiner) 씨로군요."

좀 이상하긴 했지만, 'TV에서처럼 별명을 부르는가 보다'라고 생각한 찬스는 아무 말도 하지 않는다. 부인은 그의 고급스런 옷차림에 매료되어서 그를 자기 집으로 데려가기 까지 한다. 거기서 늙은 재벌총수를 만나게 되는데, "사고 때문에 사업에 지장은 없으신가요?"라고 묻는 재벌총수에게 찬스는 잠시 어리둥절하다가 솔직하게 대답한다.

"간섭을 받지 않고 일할 수 있고 철 따라 성장할 수 있는 적당한 정원을 찾는 일은 쉽지가 않아요. 기회가 별로 남아 있지 않은 것 같습니다. TV에서 그런 정원을 본 적이 없어요. 삼림과 정글과 이따금 나무 한두 그루는 보았지만, 제가 일하며 심어놓은 것들이 자라는 것을 볼 수 있는 정원은 없었어요."

이 말을 들은 재벌이 뭐라고 대답했을 것 같은가? 이 다음에 이루어지는 상황은 그야말로 점입가경(漸入佳境)이다.

"가디너 씨, 멋지군요. 그건 진정한 기업인이 무엇인가에 대한 완벽한 서술이 아니겠소? 훌륭한 은유입니다. 생산적인 기업가는 과연 자신의 포도밭에서 일하는 노동자지요!"

순식간에 '달관한 CEO'가 되어버린 찬스. 찬스는 '그냥' 한 말인데, 이런 찬스에 대한 소문이 마침내 대통령에게까지 전해지게 되고, 대통령은 찬스를 만나 자문을 구하기에 이른다.

"가디너 씨께선 금융가의 불순한 계절('the dead season'은 관용어로 '불경기'를 의미한다)에 대해 어떻게 생각하시나요?"

금융가에 대해 알 턱이 없는 찬스. 그러나 불경기를 '불순한 계절'로 알아듣고는 아는 대로 솔직하게 대답한다.

"정원에선 자라는 데 다 제 계절이 있지요. 봄과 여름이 있는가 하면, 가을과 겨울이 있고, 그러고 나면 다시 봄이 오듯이 말입니다.

뿌리만 잘리지 않는다면, 다 좋고 잘 되리라 생각합니다."

찬스의 이 말은 급기야 대통령의 연설에서 그대로 인용되고, 이제 찬스는 미국 언론에서 가장 주목하는 인물로 부상한다. 그야말로 모든 것이 '찬스'다.

만약 찬스가 노인의 집을 나온 후 또 다른 집의 정원사로 취직했더라면, 그는 이전과 별로 다르지 않은 삶을 살게 되었을 것이다. 여전히 '무식한' 찬스로 말이다. 그러나 찬스의 행동과 말은 옷차림을 중시하는 재벌총수 부인에게 '붙들림'으로써 전혀 예기치 못한 방향으로 의미화되었다. 또 그것이 지시하는 것 외의 심오함이라고는 없는 찬스의 진술은 재벌에게 '붙들림'으로써 경제 상황에 대한 훌륭한 비유로 둔갑했다. 그들의 이러한 의미화는 '일자무식'의 찬스를 '멋진 언어의 마술사'로 바꾸어버린다. 이제 이해할 수 있을 것 같지 않은가? "문제는 어느 쪽이 주인이 되는가에 있어"라고 했던 험프티 덤프티의 말을.

영희의 아름다움이 영희에게 있는 게 아니라 영희가 세상에서 제일 아름답다고 생각하는 철수로 인해 생겨나듯이, 의미는 단어 속에 숨어 있는 게 아니라 그것이 사용되는 맥락에, 그리고 그것을 포착하는 사람에 의해 발생한다. 어떤 단어도 그 자체로는 의미를 형성하지 못한다. 말이 의미를 갖게 되는 '찬스'는, 찬스가 경험한 사건들 속에서 생겨난다. 만약 찬스가 재벌총수의 부인이 탄 차에 부딪히지 않고 조폭의 자동차에 부딪혔다면?

의미가 생성되는 것은 다양한 우연과 해석이 침입하는 사건들

속에서다. 매번 다른 사건의 장(場) 속에서 다른 의미들이 생겨난다. 그런데도 우리는 그 다른 사건을 매번 같은 방식으로 의미화하려는 경향이 있다. '역시 난 운이 없어', '거봐, 걔가 하는 일은 다 그렇다니까' 하는 식으로. '본래의 의미'에 사건을 가두지 말고, 사건의 우연성을 긍정하고 사건을 다르게 의미화하는 법을 실험하라. 찬스의 찬스를 기억하면서.

권위적인 의미, 무서운 언어게임

철수는 갑자기 공부가 하기 싫어졌다. 집도 싫고 학교도 싫다. 그래서 큰맘 먹고 가출을 감행했지만, 딱히 갈 데가 있을 리 만무한 철수. 어쩌겠는가. 자존심은 좀 상하지만 결국 하루 만에 '컴백홈'하고 말았던 것. 그런데 집과 학교에서는 난리가 났다. 부모님은 부모님대로, 선생님은 선생님대로 심문을 시작한다.

"너! 왜 가출했어?"

"그냥…, 그러고 싶었어요."

"뭐? 그냥이 어딨어, 그냥이? 너 요즘 나쁜 친구들이랑 어울리냐? 바른 대로 말해!"

"아뇨, 그냥 공부도 하기 싫고…, 집에도 가기 싫고…….."

"똑바로 말 못해? 이유를 말해, 이유를!!"

어떻게 해서든 이유를 대지 않으면 뭔가가 날아올 분위기다. 그러나 이유가 어디 있겠는가? 철수는 정말 '그냥' 그랬을 뿐이다. 특별히 무슨 이유가 있어서도 아니고, 반항해서도 아니다. '그냥'이 단 하나의 이유다. 그렇지만 뭔가 이유를 들어야만 하는 선생님들은 끝까지 물고 늘어져서 어떤 대답을 받아내야만 시원해한다. 다신 가출을 하지 않겠다는 '맹세'와 함께. 그러나 아마 철수는 또 어느 날 '그냥' 울컥해서 '그냥' 가출을 하고 싶어질 것이다.

학교뿐 아니라 위계적 관계가 지배적인 공간에서 이루어지는 언어게임은 늘 이런 식으로 우리에게 이유를 캐묻는다. '너 그게 무슨 의미지?' '도대체 왜 그런 말을 하는 거지?' '왜 거짓말했니?' 등의 지루한 언어게임. 어떤 행위와 말에 끊임없이 하나의 의미를 부여함으로써 말과 행위를 연관 짓고, 행위에 하나의 명령을 부여하는 언어게임.

그러나 이러한 의미 추적의 결론은 항상 동일하다. 가출한 이유를 아무리 '그냥'이라고 해도 그건 '이유'에 속하지 않는다. 듣는 사람이 그럴듯하게 '의미화'할 수 있을 만큼 뭔가를 둘러대지 않으면 안 된다. 내 말을 '거짓말'이라고 못박아놓고 듣는 사람에게 대체 무슨 말을 할 수 있다는 말인가?

모든 마술은 눈속임이다. 그걸 모르는 사람은 없을 것이다. 그런데도 왜 사람들은 거기에 번번이 속아 넘어가는 걸까? 그건 자신이 믿고 아는 대로 보려 하는 습성 때문이다. 게다가 우리는 마술사의 손보다 말에 더 혹하는 경향이 있다. 말과 습관에 좌우되는 인간의 경향을 십분 활용하여 인간의 허점을 폭로하는 게 마술의 마술(魔術)인 셈이다.

사실 이런 마술은 주변에서 흔하게 일어난다. 특정한 정치적 견해를 고수하는 이들은 어떤 경우에도 자기와 다른 견해에 반대할 준비가 되어 있기 때문에 타인에게 귀기울이지 않는다. 언제나 결론은 미리 나 있고, 해석의 방향도 이미 결정되어 있다. 정당의 논리나 일간지의 사설, 백분 토론에 나오는 토론자들의 견해가 얼마간은 폭력적으로 느껴지는 건 그 때문이다.

어떤 행위에는 어떤 '하나의' 의미가 반드시 '숨어' 있다고 생각하는 것만큼이나, 어떤 말이 갖는 단 하나의 숨은 의미를 찾아내려는 것도 사실은 이미 '정답'을 전제하고 있는 질문이다. '자유롭게' 말해 보라고 하고는, 막상 말하고 나면 '말도 안 되는 소리'라며 입을 막아버리는 낯익은 토론에서처럼.

거꾸로 자신이 의미화할 수 없으면 아무 의미 없는 것이라고 단정 짓는 경우도 권위적이긴 마찬가지다.

옛날 어느 마을에 아무와도 말하지 않고 혼자만의 세계 속에 갇혀 살아가는, 자폐증을 앓는 소년이 있었다. 그 소년이 하는 일이라고는 종일 언덕에 앉아 있다가 해 질 무렵이면 돌을 하나둘씩 쌓는 것이었다. 소년의 엄마조차 이 아이가 왜 그런 의미 없는 행동을 하는지 도무지 이해할 수 없었다. 그러던 어느 날, 소년이 돌을 쌓으며 앉아 있던 그 자리에 우연히 앉게 된 엄마는 눈물을 흘린다. 소년의 엄마는 무얼 본 것일까? 엄마는 그날 세상에서 가장 아름다운 노을을 보았다. 소년이 돌에게 그토록 보여주고 싶어했던 가슴 시리도록 아름다운 노을을······.

누군가의 행동을 어떤 식으로도 의미화할 수 없는 경우, 우리는 대개 그것을 '비정상적인 것'으로 간주해버린다. 그래서 이 이야기에 나오는 자폐증에 걸린 아이나 정신분열자의 '이해할 수 없는 행위'를 보면서 답답해하거나 두려워한다. 또 이 아이의 행위처럼 지배적인 사고에서 벗어나는 행위들을 비정상적인 '일탈'로 의미화해 버린다. 그 때문에 아이의 이 아름다운 마음이 쉽게 무시되고 마는 거다.

이와 같은 방식으로 남성이 '여성'으로 살고 싶어하는 것을 모욕하고 억압하며, 학교를 거부하는 학생을 '문제아'로 낙인찍어버리고는 이해하려는 어떤 노력도 하지 않는다. 그뿐인가. 인간의 시선에 포착되지 않은 생명체들이 보내는 신호 따위는 '인간의 이름으로' 아예 무시한다. '남성과 여성', '문제아와 모범생', '정상과 비정상', '인간과 비인간'이라는 고정적인 의미 체계 속에 갇혀 오로지 한 방향밖에는 보지 못하는 무서운 언어게임.

꿈은 무엇이고, 꿈 아닌 것은 무엇인가

김만중의 소설 『구운몽』의 마지막 부분에서, 꿈을 깬 성진은 자신의 세속적 욕망을 다음과 같이 뉘우친다.

> 비로소 제 몸이 연화도량의 성진인 줄 알고 생각하니, 처음에 스승에게 꾸지람을 받아 인간 세상에 환생하여 양씨 집안의 아들이 되어 장원급제 한림학사하고, 출장입상하여 공명신퇴하고, 두 공주

와 여섯 낭자와 함께 즐기던 것이 다 하룻밤 꿈이었다. 이것은 반드시 스승님이 나의 잘못된 생각을 염려하여 이 꿈을 꾸게 하여 인간 부귀와 남녀정욕이 다 허사인 줄을 알게 하신 것이다.

내심, "그래, 네가 이제야 도를 깨달았구나"라는 스승의 칭찬을 기대했을 우리의 성진. 그러나 웬걸, 스승은 도리어 성진을 호되게 꾸짖으며 말한다.

너는 아직 꿈을 채 깨지 못하였구나. 장자가 꿈에 나비가 되었고, 나비가 변하여 장자가 되니, 나비가 꿈에서 장자가 된 것인지 장자가 꿈에 나비가 된 것인지 끝내 분별하지 못하였으니, 어느 것이 꿈이고 어느 것이 참인지를 누가 알겠느냐. 성진과 소유, 어느 것이 꿈이고 어느 것이 꿈이 아니냐.

꿈 아니면 현실, 흑 아니면 백, 친구 아니면 적. 극단을 오가는 이런 식의 이분법이 우리의 일상적 사고를 지배한다. 각자 자신의 견해만이 옳음을 주장하는 제자백가(諸子百家)의 시대를 살았던 장자는 그런 식의 이분법을 지적하며 당시의 지식인들을 비판했다. 그런가 하면 몽테뉴는 고양이와 놀던 어느 날 문득 떠오른 생각을 『에세』에 이렇게 기록했다. "내가 고양이를 데리고 놀 때, 사실은 고양이가 나를 데리고 노는 것이 아니라고 어떻게 장담할 수 있겠는가?"

우리는 『구운몽』의 주제나 '호접지몽'(胡蝶之夢)의 의미를 싸잡아서 '일장춘몽'(一場春夢)이라고 정리하는데, 이런 것이 바로 지배적인 의미화다. 그러고 나면 작품을 다르게 읽을 수 있는 가능성은 없어져 버린다. 양소유로서의 성진의 삶이 부질없는 한낱 꿈이었다는 것밖에는.

그러나 성진이 양소유가 되어 온갖 부귀영화를 누리던 일을 '꿈'이라고 못박는 것은, 꿈과 대립되는 '현실'이라는 한 방향만을 보고 서 있는 사람에게만 가능하다. 꿈속에서 이곳저곳을 날아다니던 '나'는 '나'가 아니고, 꿈에서 깨어나 다시 학생임을, 자식임을, 한국인임을 깨닫는 '나'만이 비로소 '나'라고 말하는 것 역시 현실이라는 한 방향을 향해 있는 경우에만 가능하다.

그러나 반대 방향으로 돌아서면 꿈과 현실은 전복된다. 꿈은 현실이 되고, 현실은 꿈이 되는 것.『구운몽』의 주인공 성진의 스승과 장자, 그리고 몽테뉴는 정확히 이쪽과 저쪽의 경계에서 둘 모두를 바라봄으로써 꿈과 현실을 대립적으로 파악하지 않고 그 경계를 허물어버릴 수 있었다. 따라서『구운몽』의 주제를 '일장춘몽' 즉 '모든 세속적 욕망은 부질없는 것이다'라고 정리하는 것은, 인간의 꿈과 욕망을 부정하고 금욕적 현실만을 인정하는 한 방향으로의 의미화인 것이다. 이렇게 되면 현실은 늘 현실로 돌아오고, 꿈은 늘 꿈일 수밖에 없는 것. 의미는 갇히게 되고, 그와 동시에 우리의 사고 또한 꽁꽁 묶이고 만다.

어딘가 깊숙이 숨어 있을 '하나의' 의미를 찾는 언어게임, 모든 행위를 명쾌하게 분류하고 의미화하며, 그 체계에서 벗어나는 것들은 가차 없이 제거해버리는 언어게임은 우리의 사고와 행위를 고착시킨다. 우리의 언어게임은 이 게임과 저 게임을 자유롭게 넘나들면서 지배적 의미들을 교란시키고 우리만의 낯선 의미, 짓궂고 가볍지만 진지한, 우리만의 멋진 의미들을 생성해낼 수 있는 그런 게임이어야 하지 않을까? 즐겁고 떠들썩한 언어게임!

말하는 얼굴

「엔젤전설」이라는 만화에 나오는 주인공은 인상이 정말 '더럽다'. 얼굴만 보면 누가 봐도 무식하고 싸움 잘 하고 길 가는 사람 붙들고 시비나 걸 법한 '악마의 화신'이다. 얼굴이 그런지라 주인공은 그저 무심히 갈 길을 갈 뿐인데도 사람들은 알아서 그를 피해가고, 그가 다가서면 알아서 돈을 내놓는다. 심지어 그가 하는 모든 선의의 말들도 그의 '더러운 인상'과 결합되어 공갈·협박으로 들린다. 얼굴이 무슨 죄라고ㅠㅠ 그는 아무 말도 하지 않는데 그의 얼굴은 그렇게 끊임없이 말한다.

로마 시대에는 국가의 영광이나 가문의 명성, 영웅의 업적 등을 칭송하는 차원에서 다양한 조각상들을 만들었다. 〈그림 14〉는 여러분들이 알 만한 유명한 로마 황제의 조각상이다. 자, 한번 보시라.

콘스탄티누스는 크리스트교를 승인했던 로마의 황제다. 현재 남아 있는 저 두상의 높이만도 무려 2.5미터라니, 그에 대한 숭배(혹은 숭배받으려는 그의 욕망)가 어느 정도였는지 가히 짐작할 만하다.

〈그림 14〉 콘스탄티누스 황제(313년경)
이 두상은 높이가 무려 2.5미터에 달한다. 저 거대한 황제의 눈이 나를 내려다 본다. "내가 네 위에 있다!" 이보다 더 강력한 말이 어디 있겠는가?

광장 한복판에 서 있는 저 거대한 황제의 시선으로부터 달아날 자 그 누구였겠는가? 조각상은 말이 없지만, 한마디 말조차 하지 않아도 그 얼굴은 모든 것을 말한다. "내가 곧 국가요, 신이다! 내 명령을 거스르는 자는 용서하지 않겠다!"

이번에는 다음 페이지의 〈그림 15〉와 〈그림 16〉의 두 얼굴을 보자. 이 얼굴들에서 어떤 의미를 이끌어낼 수 있을까?

〈그림 15〉는 19세기 프랑스의 부르주아 정치인을 묘사한 오노레 도미에의 석판화다. 어떤가? 단순한 얼굴 묘사만으로도 19세기의 정치인들이 얼마나 탐욕스럽고 위선적이었는지를 단번에 짐작할 수 있을 것 같지 않은가?

〈그림 16〉은 「봉산탈춤」에 나오는 말뚝이의 탈이다. 말뚝이가 어떤 인물인가? 신분상으로는 양반을 모시는 하인이지만, 양반을 자기 손에서 가지고 노는 익살꾼이자, 말 한마디 한마디에 양반의 허위를 담아내는 탈춤계의 '삐딱이' 아니던가? 저 탈바가지 하나가 이 모든 것을 말해주고 있다. 양반을 향해 계속 딴지를 걸어대는 삐딱이의 얼굴.

하나의 얼굴은 그 자체로 하나의 의미다. 무섭고 권위적인 얼굴, 무능력하고 의기소침한 얼굴, 밝고 온화한 얼굴, 입가에 일그러진 미소를 머금은 얼굴, 늘 순종적인 모범생의 얼굴, 절망에 가득 찬 얼굴······. 때론 얼굴이 말보다 더 많은 의미를 전달해주기도 한다. 〈그림 17〉을 보라. 저 농부에 대해 아무것도 아는 바가 없지만, 검게 그을린 얼굴과 주름, 마디 굵은 손, 손톱 밑의 때가 그의 삶 전체를 요약

⟨그림 15⟩ 오노레 도미에, 「입법부의 배」(1834년/위); ⟨그림 16⟩ 말뚝이 탈(아래)
굳이 대화를 나누지 않아도, 우리는 척 보면 안다. 저 정치인들이 청렴결백과는 거리가 멀다는 걸. 저 말뚝이가 순종하는 돌쇠는 아니리란 걸. 얼굴은 그렇게 우리에게 말없이 말한다.

〈그림 17〉 뤄종리, 「아버지」(1980년)
검게 그을린 얼굴, 깊이 패인 주름, 단단히 박힌 손톱의 때……. 얼굴은 인생을 담은 한 권의 자서전이다.

해주지 않는가?

성적이 급격하게 하락한 성적표를 손에 들고 엄마가 하는 말, "그래, 자~알 했다. 잘 했어"의 의미를 '너 두고 보자!'로 만들어주는 것은 다름 아닌 엄마의 일그러진 얼굴이다! 언어활동은 이런 식으로 항상 하나의 얼굴을 수반한다. 언어게임에서 얼굴은 의미를 파생시키고, 언어를 굴절시키는 필수 요소다.

말하는 몸

말하는 것은 얼굴뿐만이 아니다. 몸짓 역시 어떤 언어보다도 효과적으로 의미를 생성한다.

20세기 초에 '초현실주의 운동'이라는 예술운동이 있었다. 초현실주의 운동이란 이성적이고 합리적인 것, 즉 우리가 믿어 의심치 않는 하나의 '현실'을 거부하고 자유로운 정신의 운동을 통해 현실을 뛰어넘으려 한(문자 그대로 '초超현실주의) 예술운동을 말한다.

초현실주의자들은 특히 꿈과 그 꿈에 대한 서술을 예술창작의 중요한 모티브로 삼았는데, 아르토는 꿈속에서 말하는 것과 같은 분위기를 연극의 언어에 부여하려 했던 대표적인 초현실주의 극작가다. 그는 특히 인간의 육체가 가진 상형문자적 특성에 주목하고 자극적 제스처, 감정적이고 자의적인 태도, 리듬과 소리로 넋을 빼는 충격음 등을 통해 말보다 더 풍부한 의미를 전달하려고 했다. 그리하여 그의 연극에서는 비언어를 통한 사상과 논리의 전복이 이루어진다.

아르토는 특히 동양 연극을 보고 난 후에 이러한 연극 이론을 적극적으로 전개했다고 하는데, 우리의 탈춤을 보면 '말하는 몸'이 어떤 것인지를 단박에 알 수 있다.

노장 (누운 채로 염불곡[念佛曲]에 맞추어 춤추며 일어나려 한다. 그러나 넘어진다. 다시 춤추며 일어나려 하는데 또 넘어진다. 겨우하여 육환장[六環杖:고리가 여섯 개 달린 지팡이]을 짚고 일어나서 사선선[四仙扇]으로 면[얼굴]을 가리고 주원[周園]에 사람이 있나 없나를 살펴보려고 부채살 사이로 사방을 살핀다. 그러다 소무가 춤추고 있는 양을 보고 깜짝 놀래며 다시 땅에 엎딘다. 한참 후에 다시 일어나 사방을 살펴보고 소무를 은근히 주시한다. 동작과 춤으로써 다음과 같은 모습을 표현한다―소무의 미용[美容]을 선녀가 아닌가 의심한다. 그런데 그는 선녀가 아니고 사람임을 알게 된다. 인간 세상에도 저런 미색이 있구나 하고 매우 감탄한다. …… 어떠한 결정이 지어졌는지 고개를 끄덕끄덕한다. 그래도 좀 계면쩍은지 부채로 얼굴을 가리고 육환장을 짚고 염불곡에 맞추어 조심조심 춤추며 장내를 돈다. 소무를 멀찍이 바라보며, 그 주위를 춤추며 세 바퀴 돈다. 소무의 주의를 끌 동작을 여러 가지 한다.)

소무 (노장을 본체만체하고 그냥 그 자리에서 춤만 춘다.)

노장 (소무의 무관심함을 보자 좀 적극적으로 나가보려 든다. 육환장을 어깨에 메고 춤추며 소무 곁으로 간다. 그러나 아직도 조심스러운 동작이다. 소무의 배후에 가만히 접근한다. 그리고 자기 등을 소무의 등에 살짝 대어본다.)

소무 (모르는 체하고 여전히 춤만 춘다.)

노장 (소무가 본체만체하므로 소무의 앞으로 돌아가서 그의 얼굴을 마주쳐 본다.)

소무 (보기 싫다는 듯이 노장을 벽하여 돌아선다.) …(중략)…

노장 (초면에 부끄러워서 그렇겠지 하고 소무의 심정을 이해하고, 자기를 싫어하지 않는구나 하고 고개를 끄덕끄덕하고 두 손으로 육환장을 수평으로 들고 소무 곁에 가까이 가서 여러 가지 춤으로 얼러본다. 그러다가 육환장을 소무의 사탱이 밑에 넣었다가 내어든다. 소무를 한참 들여다본다. 육환장을 코에다 갖다 대고 맡아본다. 뒤로 물러나와서 육환장을 무릎으로 꺾어버린다. 이때 반주는 타령곡으로 변한다. 이 곡에 맞추어 춤춘다. 염주를 벗어서 소무의 목에 걸어준다.)

소무 (걸어준 염주를 벗어서 팽개친다.)

이 장면은 「봉산탈춤」의 제4과장인 '노장춤 과장'으로, 노장이 소무에게 반해서 그를 희롱하는 장면이다. 이 과장의 특징은 주인공인 노장과 소무가 한마디의 대사도 없이 행동과 춤으로써 심중을 표현한다는 것이다. 이 장면을 실제로 공연한다고 상상해보자. 노장과 소무의 얼굴 표정이며 몸동작들, 그리고 여기에 어우러지는 반주는 그 어떤 대사보다도 훨씬 효과적으로 상황을 제시해준다.

물론 아르토가 주장하는 건 단순한 몸짓이 아니라, 외마디 비명이나 고함, 몸짓, 무대 배경 등등 우리의 감각 신경을 전율시키는 더 강렬한 어떤 것이다. 하지만 기본적으로 우리의 마당극이나 원시 부족들의 제의적인 연극들은 말보다는 과장된 몸짓이나 소리, 그리고 가면을 통해 훨씬 더 강렬하고도 직접적인 방식으로 의미를 생성해낸다.

일반적으로 언어가 사고에 호소하는 것에 비해 이러한 육체적 언어는 감각에 호소하며, 모든 가능한 차원과 방향에서 다양한 의미들을 확장시키는 일에 몰두한다. 그런 점에서 말하는 몸은 '물질적인' 언어라고 할 수 있다. 아니, 언어 자체가 목소리의 색깔과 폭, 길이, 리듬 같은 '물질성'을 갖는다.

쉬운 예로, '아~!'라는 비명을 생각해보자. 공포 영화에서 위기에 처한 주인공이 자신의 얼굴을 감싸 안으며 '아~!'라고 길게 내지르는 소리 혹은 영웅이 스스로 자결할 때 짧게 내뱉는 비극적 외침 '아!'. 아무 의미 없는 소리 '아'는 그들의 몸짓으로 인해 의미로 꽉 채워진다. 추상적인 존재가 아니라 길이와 무게와 부피, 그리고 자신의 색깔을 갖는 언어.

이와 같이 언어활동은 언어와 비언어를 동반하는 총체적 행위이며, 의미는 이 모든 요소들의 화학반응 속에서 매번 다르게 생산된다. 다시 말해서 의미는 결코 언어기호에 고유한, 숨겨진 '비밀'이 아니다. 의미는 언어 아닌 것들이 언어를 에워싸고 그 언어에 침입할 때, 그때 비로소 발생한다.

그렇다면 이제 우리는 언어만을 고집해야 할 이유가 없다. 언어에 어떤 특권을 부여해야 할 이유도 없다. 언어의 공간을 탐사하는 여정의 끝에서 우리가 만난 건 언어를 버려야 한다는 역설적 사실이다. 오해는 없으시길. 언어를 사용하지 말자는 얘기가 아니라, 우리가 지금까지 가지고 있던 하나의 언어, 하나의 규칙, 하나의 목소리를 버리자는 얘기다. 원효가 자신의 목마름을 구해준 것이 해골바가지의 물이었다는 사실을 알고는 그 즉시 자신이 고집했던 언어를 버리고 방향을 돌렸듯이, 이제 모든 기호들 위에 인간의 특권으로 군림해온 '인간의 언어'를 버려야 할 때가 온 것은 아닐까.

언어의 탈주

손은 어떤가? 우리는 손을 다양한 모양으로 변화시켜 요청하고, 약속하고, 부르고, 사람을 물러가게 하고, 위협하고, 기도하고, 애걸복걸하고, 부정하고, 거절하고, 심문하고, 찬미하고, 셈을 세고, 고백하고, 뉘우치고, 겁을 내고, 부끄러워하고, 의심하고, 지시하고, 명령하고, 선동하고, 격려하고, 맹세하고, 증언하고, 비난하고, 저주하고, 용서하고, 모욕하고, 경멸하고, 도전하고, 조롱하고, 아첨하고, 칭찬하고, 축복하고, 창피를 주고, 비웃고, 화해하고, 권고하고, 찬양하고, 축하하고, 기뻐하고, 불평하고, 한탄하고, 체념하고, 기를 꺾고, 깜짝 놀라고, 외치고, 침묵을 지키기도 한다. 손으로 표현할 수 있는 것이 너무나 다양해서 혀가 질투를 느낄 지경이다. 우리는 머리만 움직여서 초청, 해산, 맹세, 부인, 반박, 환영, 예우, 존경, 무시, 요구, 일축, 활기, 애통, 애무, 질책, 복종, 반항, 촉구, 협박, 보장, 질문을 표시할 수 있다. 눈썹은 어떤가? 어깨는 어떤가? 특정한 의미를 전하지 않는 동작은 하나도 없다. 동작은 굳이 설명하지 않아도 이해할 수 있는 언어이고, 모든 사람에게 공통적으로 사용할 수 있는 언어이다. 동작을 제외한 다른 언어는 다양하고 서로 다르다. 이런 점을 감안하면, 동작이야말로 인간이 본래부터 가지고 있는 진정한 언어라고 해야 할 것이다.(몽테뉴, 『에세』)

바야흐로 인간중심주의와 서양중심주의가 팽배하던 르네상스 시대에, 몽테뉴는 동물의 소통방식이라든지 여러 문화권의 다양한 기호들을 관찰함으로써 기존의 지배적 사고방식에 의문을 제기했다. 인간의 언어만을 고집하면 동물과 소통할 수 없다. 나의 언어만을 고집하면 다른 언어를 가진 사람과 관계를 맺을 수 없다. 언어는 타자에게 가 닿기 위해 필요한 것이다. 그러므로 세계를 이해하는 길을 놓고자 한다면, 언어뿐 아니라 모든 기호를 능동적으로 사용할 수 있어야 한다.

말하는 얼굴과 말하는 몸처럼 모든 것은 무엇인가를 말하는 하나의 기호다. 언어기호는 그 수많은 기호들 중 하나에 불과한 것으로, 단지 언어만 가지고서는 어떤 의미도 생성시킬 수 없다. 우리는 지금까지 언어의 의미를 생성하는 것은 언어 자체가 아니라 언어 아닌 것들의 다양한 침입과 그것들의 얽힘이라는 사실을 보았다. 의미는 '숨어' 있는 것이 아니라 누군가와의 우연한 만남 속에서 매번 새롭게 '생성'되는 것이라는 사실도.

그렇다면 이제 우리가 고민해야 할 것은 '어떻게 의미를 찾아낼 것인가'가 아니라 '어떻게 의미를 여러 방향으로 튀게 만들 것인가'이다.

우리가 어떤 그림을 감상할 때, "음, 저건 그걸 그린 거로군" 하면서 한 번 보고 지나치는 그림이 있는가 하면, '저건 뭘까? 이것 같기도 하고, 저것 같기도 하고……' 하는 생각을 하게 하면서 오래도록 우리의 발길을 붙잡아두는 그림이 있다. 음악도 영화도 마찬가지다. 어떤 영화는 열 번을 봐도 볼 때마다 새롭지만, 어떤 영화는 한 번 보면 더이상 볼 필요가 없이 뻔하고 지루하다. 물론 각자의 취향에 따라 다를 수 있는 문제지만, 그렇게 많은 방향으로 내 생각을 뻗어가게 할 수 있는 작품이 '좋은 작품' 아닐까?

언어 또한 다르지 않다. 뻔한 글과 뻗어나갈 수 있는 의미의 수가 무한대인 글, 뻔한 말과 의미의 잠재 에너지를 증폭시키는 말, 맥없이 풀어지는 말과 단단하게 가시덤불을 헤쳐가는 말이 있다. 글을 읽는 데 있어서도 '뻔한 해석'이 있는가 하면, '글을 가지고 게임을 즐기는 해석'이 또한 있는 법이다.

얼굴과 몸짓이 언어에 부수적인 게 아니라 그 자체로 언어의 의미를 가능하게 하는 '언어활동'의 일부라면, 무한한 의미를 만들어내고 의미의 아슬아슬한 줄타기를 즐기기 위해서는 우리가 가진 '하나의' 얼굴과 몸짓을 자유자재로 변형시킬 수 있어야 한다. 여자를 연기하는 남자 배우 혹은 악당과 천사를 넘나들며 연기하는 배우처럼, 하나의 얼굴이 아닌 여러 개의 얼굴을 만들고, 하나의 인간이 아닌 여러 개의 사물이 되어야 한다.

〈그림 18〉을 보자. 물 속으로 뛰어들어 물고기가 된 새를 보든 하늘로 비상해서 새가 된 물고기를 보든, 아니면 물고기가 된 하늘을 보든 새가 된 물을 보든, 그건 자유다. 에셔의 「하늘과 물」이라는 제목의 이 그림이 보여주는 건 한 가지. 그것들의 '변신'이다. 하늘이든 물이든, 새든 물고기든, 중요한 건 이름이 아니라 '변신 중'이라는 사실 자체다. 저 가운데 경계를 보라. 하늘과 물과 새와 물고기가 한데 얽혀 아우성치는 변신과 자유의 장(場)! 언어를 그런 역동적 공간으로 만들 수는 없을까?

방법은 하나. 사방에서 들려오는 소리들을 향해 귀를 열고, 변신을 즐겨라! 고정된 의미를 의심하고, 언어의 명령을 의심하기. 말하지 않는 자들의 언어, 말할 수 없는 자들의 언어를 듣고, 말할 수 없는 것, 말해선 안 되는 것을 말하기. 내 목소리 안에 세계를 담기! '언어의 탈주'란 그런 의미다. 언어를 버리라는 게 아니라, 언어를 통해 다르게 되라는 것!

언어는 단순히 사고를 표현하는 수단이 아니라 그 자체가 하나

〈그림 18〉에셔, 「하늘과 물」(1938년)

물 속을 나는 새, 하늘을 헤엄치는 물고기, 혹은 새가 되는 물고기, 물고기가 되는 새…….
하늘과 물, 새와 물고기는 지금 무한 변신 중이다.

의 행위다. 따라서 다른 언어를 갖는다는 건 다르게 생각하고 다르게 행동하고 다르게 산다는 걸 의미한다. 언어는 무게도 부피도 없는 추상적 기호임에도 불구하고, 우리의 삶에 물질적으로 작용하는 '힘'인 것이다. 그래서 어떤 언어는 차갑고 어떤 언어는 뜨거우며, 어떤 언어는 사람을 죽이기도 하고 어떤 언어는 사람을 살린다. 또 어떤 언어는 억압을 위한 무기가 되는 반면, 어떤 언어는 억압을 깨는 무기가 되기도 한다. 지금 나의 언어는 어디서 어떤 식으로 작동하고 있는가?

경계를 허무는 언어의 달인, 장자

'호접지몽'의 일화로 유명한 장자(莊子)는 전국시대의 인물이다. 이 때는 사상과 학술이 만개한 시대였는데, 그 중에서도 특히 유가(儒家)는 사회 전반에서 영향력을 발휘하고 있었다. 전하는 말에 따르면, 장자는 당시의 모든 사상을 섭렵한 사상가였다고 한다. 하지만 장자는 그 어떤 사상도 맹목적으로 추종하지 않는다. 유가의 대사부(大師父)인 공자를 희화화하거나 그의 제자들을 비판하면서 유가를 공격하는가 하면, 겸애(兼愛, 모든 이를 두루 사랑하라)를 주장한 묵가를 비판하기도 한다. 장자에게 큰 영향을 주었다는 노자의 무위(無爲) 사상이 『장자』 곳곳에 배어 있기는 하지만, 노자 또한 긍정적으로 그려지기만 하는 건 아니다.

    장자는 현실 속에 유토피아를 건설하려 한 공자의 이상을 비웃었지만 현실을 도피하려 하지는 않았다. 신선의 삶을 꿈꾸었지만, 상상 속의 신선이 아니라 현실 속에서 소요하는 신선을 사유했다. 이처럼 장자는 현실의 안과 바깥 사이를 아슬아슬하고도 유유하게 횡단한다.

    장자에 대한 기록은 많지 않지만, 그의 캐릭터를 잘 보여주는 기록이 하나 있다.

초나라 위왕이 장자가 현명하다는 말을 듣고 그에게 사절을 보내 융숭한 폐물을 전하게 했다. 그리고 그에게 재상의 관직을 약속했다. 장자는 웃으면서 초나라 사절에게 말했다. "천금은 큰 돈이고, 재상은 높은 자리입니다. 선생께서는 제사의 희생(犧牲)으로 쓰이는 소를 보지 못했습니까? 수년 동안 잘 먹이고 수놓은 옷을 입혀 태묘에 들입니다. 이때에 이르러서는 보잘것없는 새끼 돼지로나마 살아남고 싶어도 그게 가능하겠습니까. 어서 가십시오. 나를 모독하지 마십시오. 나는 차라리 더러운 개울 속에서 맘껏 즐겁게 살지언정 나라를 다스리는 군주의 속박을 받고 싶지는 않습니다. 평생 벼슬을 하지 않고 내 맘대로 살겠습니다."

(사마천, 『사기』 중 「노장신한열전」)

지금의 시각에서는 물론이거니와 당시의 시각으로 보더라도 장자는 '미친' 게 틀림없다. 권력과 부와 명예를 좇는 세상 사람들의 '상식'을 거부했으니 말이다. 이런 호기로운 태도로 미루어, 어쩐지 커다란 풍채에 늠름하고 잘 생긴 용모의 소유자일 거라 상상하게 되지만, 기록에 묘사된 그의 모습은 좀 깬다. "변두리 비좁은 동네에 살면서, 가난한 살림에 짚신을 삼아 먹고사는, 목은 가늘어지고 얼굴은 누렇게 뜬 사람이었다." 장자가 이렇게 찌질한 모습일 줄이야! 하지만 용모만으로 사람을 판단해선 안 된다(그렇구 말구!).

『장자』는 현실에 대한 진단과 삶의 지혜, 언어와 진리의 문제 등등 세계에 대한 장자의 다이내믹하고 풍요로운 사유가 핵심적으로 드러난 텍스트다(『논어』가 모두 공자님의 말씀이 아니라 공자의 제자들이 듣거나 기억하는 공자의 말씀이 함께 녹아 있는 텍스트이듯이, 『장자』 역시 몽땅 장자가 쓴 책이 아니라 장자의 말씀과 제자들의 여러 기록이 뒤섞인 모음집이다). 『장자』는 내편, 외편, 잡편 세 부분(총 33편)으로 나뉘어졌는데, 그 중에서도 특히 장자의 사상이 가장 오롯이 드러나 있는 것이 내편에 실린 7편의 글이다. 사유의 스케일로 보면, 『장자』는 동아시아의 고전 중에 최고에 속한다. 단언컨대, 무얼 상상하든 그 이상일 것이다!

1.

내편을 열면 처음 만나게 되는 것이 「소요유」다. '소요유'(逍遙遊)란 글자 그대로 '하릴없이 노니는 것'이다. '배우고 익히면 기쁘지 아니한가'로 시작하는 유학의 바이블 『논어』와는 거리가 멀어도 한참 멀다. 여하튼, 『장자』의 첫 부분을 장식하는 「소요유」는 곤(鯤)과 붕(鵬)이라는 '슈퍼히어로'에 대한 묘사로 시작된다.

북녘 바다에 물고기가 있는데 그 이름을 곤이라 한다. 곤의 크기는 몇 천 리나 되는지 알 수 없다. 곤이 변해서 새가 되는데 그 이름을 붕이라 한다. 붕의 등 넓이는 몇 천 리나 되는지 알 수 없다. 붕이 힘차게 날아 오르면 그 날개가 하늘을 가득 드리운 구름과 같다. 이 새는 바다 기운이 움직여 대풍이 일면 남쪽 바다로 날아 가려고 한다. 붕이 남쪽 바다로 날아갈 때는 파도를 일으키기를 3천 리, 회오리바람을 타고 날아오르기를 9만 리, 그렇게 6개월을 날아서야 한 번 쉰다고 한다.

물고기가 변해서 새가 된다! 눈치챘겠지만, 『장자』는 규모로 치면 블록버스터요, 장르는 판타지다. 하지만 이 판타지는 현실과 대비되는 단순한 상상이 아니다. 곤이 붕이 되는 스펙터클 속에는 '한 자리에 안주하지 않겠다'는 초인적인 의지가 펄떡인다. 곤은 날기 위해 붕으로 '변화'[化]하고, 붕은 높이 날아오르기 위해 오랜 시간을 준비한다. 스스로 변하지 않고서는, 또 오랜 시간 준비하지 않고서는 비상할 수 없다. 이쯤에서 의문이 생길 수도 있다. 아니 대체 왜? 왜 그렇게 높이 올라가는 거지? 우리 말고도, 그런 질문을 하는 애들이 있었다.

매미와 비둘기가 붕을 비웃으며 말한다. "우리는 있는 힘껏 날아 올라봐야 느릅나무나 다목나무에 머무르고, 때론 거기에도 이르지 못해서 땅바닥에 내동댕이쳐진다. 그런데 어째서 9만 리나 올라가 남쪽으로 가려고 하는가." 교외 들판에 나가는 사람은 세 끼니의 식사만 먹고 돌아와도 배가 부르지만, 백 리 길을 가는 사람은 하룻밤 걸려 곡식을 찧어야 하고, 천 리 길을 가는 사람은 석 달 동안 식량을 모아야 한다. 이 조그만 날짐승들이 어떻게 알겠는가.(내편, 「소요유」)

매미와 비둘기는 도무지 붕을 이해할 수 없다. 그래서 묻는다. 도대체 왜 그런 '생고생'을 하면서 높은 데까지 올라가느냐고. 그들에게 세계의 끝은 느릅나무 꼭대기다. 그러니 9만 리를 비상하는 붕을 어찌 이해하겠는가. 하지만 이 구절을 읽고 '맞아! 꿈은 자고로 크게 가져야 하는 법이야!'라고 해석해버리면 붕이 좀 우스워진다. 붕은 지금 비둘기와 매미에게 허세를 부리는 게 아니다. 상상으로만 꿈을 꾸는 게 아니란 얘기다.

곤은 자신의 세계(바다)를 박차고 나와 하늘로 비상한다. 자신의 세계를 박차고 나오는 순간 곤은 이미 예전의 곤이 아니다. 곤은 이제 붕이 되었다. 붕은 거기서 다시 3천 리를 활주하고 9만 리를 비상한다. 그리고 나서야 비로소 붕(으로 화한 곤)은 전혀 다른 눈으로 세계를 볼 수 있게 된다.

이 세계를 보려면 이 세계를 떠나야 한다. 붕은 최고가 되기 위해 비상하는 것이 아니라, 다른 눈으로 세계를 보기 위해 9만 리를 비상한 후 쉬지 않고 6개월을 나는 것이다. 매미와 붕의 차이는 꿈의 스케일의 차이가 아니라 삶에 대한 태도의 차이다. 주어진 현실이 전부라 생각하고 자신이 사고할 수 있는 것만을 사고하는 이들은 상식에서 벗어난 가치라든가 낯선 사유를 용납하지 않으려 한다.

예컨대, 돈 없이도 자유로울 수 있는 삶이라든가 가족적 울타리를 벗어난 새로운 공동체, 즐거운 공부, 경쟁 없는 학교 등등을 불가능하고 비현실적인 꿈이라고 생각한다. 하지만 그렇게 생각하기 전에 먼저 이렇게 물어야 한다. 난 내 생각과 삶을 실험해 보았는가? 곤처럼 다른 존재로 '화'하려는 노력을 해보았는가? 안 해봤으면 말을 말아야 한다!

'소요유'는 모든 조건이 갖춰진 사람이 시간이 남아서 하는 놀음이 아니다. 자신의 조건을 박차고 나와 끊임없이 다른 것으로 변화하려는 사람들, 자신이 사는 세계를 절대화하지 않고 다른 세계를 꿈꾸는 사람들, 기존의 가치에 대해 저항하고 다른 가치를 만들어낼 수 있는 사람들만이 진정으로 '놀'[遊] 수 있다.

고로, 잘 '놀기' 위해서라도 우리는 끊임없이 공부해야 한다. 화하려는 의지, 바다를 박차고 나갈 수 있는 용기, 활주하고 비상하는 힘, 쉬지 않고 날아가는 끈기, 이 모든 게 공부의 결과다. 잘 노는 건 결코 쉬운 게 아니다. 비둘기나 매미로 살거나 붕으로 살거나!

2.

우리의 사고는 수많은 이분법에 갇혀 있다. 정상과 비정상, 미와 추, 큰 것과 작은 것, 옳은 것과 그른 것 등등. 사실 세상의 다툼은 이 같은 이분법적 사고에서 시작된다고도 할 수 있다. 「제물론」(齊物論)에 등장하는 '조삼모사'(朝三暮四)의 일화는 그 단적인 예다. 아침에는 세 개를 주고 저녁에 네 개를 주든, 아침에 네 개를 주고 저녁에 세 개를 주든 결과는 똑같다. 하지만 원숭이들은 그게 매한가지임을 알지 못하고, 당장의 '많고 적음'에 따라 화를 내기도 하고 좋아라 하기도 한다.

한쪽에서의 삶은 동시에 다른 한쪽에서는 죽음이고, 한쪽에서의 죽음은 동시에 다른 한쪽에서는 삶이다. 한쪽에서 좋음은 동시에 다른 한쪽에서는 좋지 않음이고, 한쪽에서 좋지 않음은 동시에 다른 한쪽에서는 좋음이다. 옳음은 그름을 따르고 그름은 옳음을 따른다. 이 때문에 성인은 이런 것들을 따르지 않고 하늘을 따르는데, 이 역시 자기가 참이라고 믿는 것을 따르는 것일 뿐이다. 이것은 또 저것이고, 저것은 또 이것이다. 정말 저것과 이것의 구별이 있는 것일까. 정말 저것과 이것의 구별이 없는 것일까.(내편, 「제물론」)

장자에 따르면, '이것'은 '저것'과 동시에 생겨난다. '나'가 있기에 '남'이 있고, '사랑'이 있기에 '미움'이 있는 것이다. 그러고 보면 어떤 게 반드시 나쁘다고도, 좋다고도 할 수 없다. 하지만 여기서 주의! 이 말을 '이래도 흥 저래도 흥' 하는 식의 냉소주의나, '이것도 옳고 저것도 옳다'는 식의 상대주의로 받아들이면 곤란하다(장자에 대한 가장 큰 오해는 그가 '상대주의자'라는 것이다). 장자가 강조하고 있는 것은 그런 사고의 한계를 인식하라는 것이다. 옳다/그르다는 믿음과 미/추라는 분별을, 즉 상식적인 사고방식 자체를 의심하라는 것이다.

예를 들어, 우리는 병을 악으로 규정하기 때문에 중병에 걸리면 하늘을 원망하면서 울부짖는다. 하지만 니체 같은 철학자는 병을 건강의 한 상태로 보았기 때문에 병이 가져다주는 섬세한 감각을 찬미할 수 있었다. 건강/병, 삶/죽음의 이분법을 벗어나면 이처럼 새로운 긍정이 가능해진다.

어떤 것도 그 자체로 좋고 나쁜 건 아니다. 심지어 독도 어떤 순간에는 약이 되지 않는가! 장자가 부정하는 건 '고정된 가치'와 '하나의 진리'다. 틀에 갇힌 사고방식으로는 누구와도, 어떤 것과도 공감할 수 없다. 자신의 자리를 벗어나 다른 것이 되어라! 만물이 가진 무수히 다양한 측면을 포착하라! '제물'(齊物)이란 만물을 똑같이 만드는 것이 아니라 만물의 다양한 차이를 있는 그대로 긍정함을 의미하는 것이다.

언제인가 장자는 나비가 된 꿈을 꾸었다. 훨훨 날아다니는 나비가 된 채 유쾌하게 즐기면서도 자기가 장주라는 것을 깨닫지 못했다. 그런데 문득 깨어나 보니 틀림없는 장주가 아닌가. 도대체 장주가 꿈에 나비가 된 것일까, 아니면 나비가 꿈에 장주가 된 것일까. 장주와 나비는 반드시 구별이 된다. 이를 물화(物化)라고 한다.

『장자』「제물론」의 대미를 장식하는 그 유명한 '호접지몽'(胡蝶之夢) 일화다. 여기서 장자는 장주의 꿈이 나비인가, 나비의 꿈이 장주인가를 묻고 있는 게 아니다. 물론 장주와 나비는 다르다. 그러나 장주는 나비로, 나비는 장주로, 존재는 끊임없이 다른 것으로 '변화'하며, 이 세계는 저 세계와 쉼 없이 소통한다. 그것이 존재고, 그것이 세계다.

흔히들 '호접지몽'을 인생무상의 의미로 해석한다. 그런데 인생이 무상하다 함은, 그래서 허무하다는 얘기가 될 수도 있지만, 이와 반대로 해석될 수도 있다. 고정되어 있는 것은 아무것도 없다, 끊임없이 변화하는 것만이 존재한다! 장자의 '호접지몽'은 인생의 허무함을 말하기 위한 장치가 아니다. 곤이 붕이 되는 변화의 역동성, 존재의 우주적 비전에 대한 아름다운 우화다. 만물과 소통하라! 나, 가족, 국가, 인간 등의 경계 안에 갇히지 말고, 그 경계를 가로질러 사고하라!

3.

「소요유」와 「제물론」 같은 블록버스터급 글을 읽고 나면, 사유의 폭과 깊이가 하도 거대해서 잠시 정신이 멍해질지도 모른다. 유학자들이 『장자』를 금했던 이유도 여기에 있다. '수신제가치국평천하'를 목표로 삼아 공부해야 하는 이들이 『장자』에 빠진다면 어디 공부할 맘이 나겠는가. 하지만 『장자』를 현실도피적이거나 비현실적인 텍스트로 간주할 수 없는 것은 뒤로 이어지는 내용 때문이다.

「양생주」, 「인간세」, 「덕충부」, 「대종사」, 「응제왕」 편은 장자가 제시하는 일종의 처세술이다. 어떻게 이 복잡한 세상에서 운명을 긍정하고 생명을 보존할 것인가(「양생주」), 도가 사라진 이 끔찍한 세상에서 어떤 태도로 살아갈 것인가(「인간세」), 어떻게 불행에 압도당하지 않고 삶을 긍정할 것인가(「덕충부」), 도와 자연으로 돌아감이란 무엇인가(「대종사」), 우리는 어떻게 제왕의 삶을 살 수 있는가(「응제왕」)로 내편은 구성된다. 이 다섯 편에서 장자는 다양한 달인과 육체적 불구자들, 여러 논객이 펼쳐내는 일화와 논쟁들을 통해 세상을 살아가는 지혜를 전해준다.

전세계의 경제가 휘청거리는 요즘이다. '펀드매니징'이니 '재테크'니 하는 그럴 듯한 이름으로 포장되지만, 사실 우리가 신봉하던 자본주의가 결국 '돈 놓고 돈 먹는' 시스템이었음을 요즘처럼 잘 보여주는 때가 없다. 그래서 혹자는 지금의 경제를 두고 '카지노 자본주의'라고 칭하기도 한다. 도박이 금지된 사회에서 우리 모두가 도박판에 몸을 던져 삶을 탕진하고 있다는 이 기막힌 역설! 그래도 여전히 돈이 우리를 구원해주리라고 믿을 수 있을까? 돈을 벌기 위해 공부하고, 돈을 벌기 위해 일하고, 돈을 벌기 위해 다른 모든 가치를 내던지는 이 삶이 정상적인 삶이라고 할 수 있을까? 장자가 우리 시대를 본다면 무슨 말을 할까?

세상의 진리는 하나가 아니다. 그렇다고 선택할 수 있는 몇 개의 진리가 있는 것도 아니다. 미리 주어진 진리란 없다. 다른 것으로 '화'하는 존재만이, 다른 세계로 비상하려는 존재만이 새로운 진리를 만들어낼 수 있다고 장자는 말한다. 쓸모가 없으면 버려지는 무한 경쟁 시대를 사는 우리에게 장자는 '쓸모없음'의 쓸모를 알려준다. 요는, 존재의 가치란 만들어지는 것이지 주어진 게 아니라는 것.

하니, 만국의 청년들이여 각자의 쓸모없음을 창조하시라! 그 쓸모없음을 가지고 높이높이 비상하시라! 일등이 되기 위해서가 아니라 일등/꼴등의 차별 없이 모든 차이가 긍정되는 새로운 세계를 향하여!

2부
국어의 빗장을 열어라

"미국 흑인은 흑인과 영어를 대립시키지 않는다. 그들은 그들 자신의 언어인 미국어를 흑인 영어로 만든다. …… 각자는 소수어, 방언, 또는 나만의 말을 발견해야 하며, 거기에서 출발해야 자기 자신의 다수어를 소수어로 만들 수 있다."(질 들뢰즈, 『천 개의 고원』 중)

다수어란 많은 사람들이 쓰는 언어가 아니라 '보편적'이라고 가정되는, 권력의 언어다. 예컨대, 세계에서 영어를 사용하는 사람은 다른 언어를 사용하는 사람보다 적지만, 영어는 다수어다. 우리나라에서 정확한 '표준어'를 구사하는 사람은 수적으로 적지만, 표준어는 다수어다. 그건 마치 소수의 백인-지식인-남성이 다수인 것과 마찬가지다. '모국어'라는 말을 들으면 어쩐지 언어와 내가 운명적인 혈연관계인 듯한 느낌이 강하게 들지만, 과연 '모국어'라는 게 있을까? 미국인들의 모국어는 영어일까? 미국에 사는 흑인들, 인디언의 후손들, 수많은 이민자들에게 '모국어'란 무엇일까? 우리는 '단일민족'이라고? 그럼 엄마와 아빠가 국적이 다를 경우, 어떤 게 아이의 모국어가 되어야 하는 걸까? '순수한 혈통'이 있다는 환상만큼이나 '순수한 언어'가 있다는 건 환상이다. '법칙'에 속박된 다수어의 빗장을 열고 구체적인 언어의 세계로 빠져들어가, 나만의 '소수어'를 창안해보자!

모국어와 외국어

태초에 방언이 있었나니

연못에 비친 자신의 모습에 반한 나르시스를 아시는지. 나르시스 옆에 친구만 있었어도 "저게 바로 너야!"라고 말해주었을 것을, 그렇다면 그 멋진 나르시스가 빠져 죽는 일 같은 건 없었을 것을. 어쨌든 그 사실을 알 수 없었던 고독한 나르시스는 연못에 비친 얼굴이 자신임을 모른 채 물속으로 몸을 던지고 말았다.

외부와 단절된 채 같은 언어를 사용하는 집단에서만 살아가고 있는 누군가를 상상해보자. 그는 자신이 사용하는 언어가 '국어'라는 걸 인식하고 있을까? 자신이 살고 있는 '국가'가 있는 이상 당연하지 않느냐고? 그럼 그는 자신이 살고 있는 곳이 '국가'라는 건 알고 있다는 것인가? 하나만 더 물어보자.

혹시 이런 단순한 생각을 하고 있지는 않은가? 가정이 모여 마을을 이루고, 마을이 커져서 도시가 되고, 도시가 더 커지면 국가가 되는 것이라고. 혹은 한 사람이 다른 한 사람을 만나 가족을 이루고, 가족이 늘어나서 하나의 부족을 이루고, 다른 부족과 관계를 맺으면서 커지고 커지면 '마침내' 민족이 되는 것이라고. 미안하지만, 이거야말로 완벽한 오해다. 민족이란 자연스러운 개념이 아니라 하나의 언어와 문화, 역사 등을 공유한다고 '상상되는' 공동체로서, 인쇄문화가 발달하고 근대적 제도가 성립되면서 생겨난 역사적 개념이다.

이런 상상은 어떨까? 때는 삼국시대, 압록강 근처에서 태어난 고구려 장수가 마산 출신의 신라 장수를 만나 '외교담판'을 한다. 이때 통역관이 필요했을까, 안 했을까? 이들에게 지금 우리가 생각하는 '국어'라는 게 있었을까? 이때는 물론 라틴어가 유럽의 공용어였던 것과 마찬가지로 한자가 동아시아의 공용어였기 때문에, 글로는 얼마든지 소통이 가능했을 것이다.

그렇다면 말은? 우리말이 글과 별도로 존재했다는 것은 모두가 알고 있는 사실이다. 그러나 말은 글처럼 일치될 수가 없다. 즉 신라 방언, 고구려 방언, 백제 방언 등의 여러 '방언'이 있었을 뿐, 그것들이 지금 우리가 생각하는 것처럼 공통의 체계를 가진 단일어로 인식되지는 않았다.

그렇다면, 신라가 한반도를 통일하기 이전의 고구려 방언은 신라 방언보다는 오히려 인접한 중국의 방언과 더 유사하지 않았을까? 물론 그럼에도 불구하고, 신라 방언은 유럽의 방언보다는 고구려 방언과 더 많이 닮았으리란 것은 틀림없다. 혹시 앞에서 했던 얘기가 기억나시는지. 가족들의 닮음과 같은 언어 간의 '닮음'이 다양한 언어게임들로부터 도출되는 것이지, 전체 언어게임을 지배하는 하나의 언어가 있는 것이 아니라는 사실. 우리가 알타이어족이니 인도-유럽어족이니 하고 부르는 것들은 그런 '닮은 가족들'의 집합체라고 할 수 있을 것이다. 태초에 모국어가 있었던 것이 아니라, 태초에 여러 방언들만이 있었다.

그렇다면 '국어'라는 관념은 언제, 어떻게 생겨난 것일까?

출판문화의 발달과 모국어

잠깐 다른 나라 얘기를 좀 해보자. 원래 유럽 대부분의 국가들은 다언어 사회였다. 즉 하나의 '국어'가 있는 게 아니라 다양한 지방 방언들이 공존해 있었다(독일어, 프랑스어, 이탈리아어를 모두 쓰는 스위스처럼, 지금도 유럽의 여러 나라들은 여러 개의 언어를 사용한다). 물론 성경을 비롯한 대부분의 서적 및 공문서들은 라틴어라는 공통어로 되어 있었지만, 라틴어를 읽을 수 있는 사람은 한정되어 있었고, 그것이 '국어'로 인식되었던 것도 아니다. 우리에게 한자가 그랬던 것처럼 말이다.

그러다가 성경이 일상생활에서 사용하는 지방어로 번역되기 시작한 것은 16세기 이후의 일이다. 이것을 가능하게 했던 것은 바로 인쇄 기술의 발달이었다. 이로 인해 공식 언어였던 라틴어는 일상 언어와는 다른 신비로운 언어로 취급되고, 이때부터 공문서나 각종 서적물이 각 지방의 방언으로 인쇄되기 시작했다. 루터의 종교개혁이 성공할 수 있었던 것도, 그가 성경을 독일어로 번역하여 출판함으로써 사람들이 쉽게 성경을 읽을 수 있었기 때문이다.

바로 이 사실에 주목해보자. '선택된 소수'밖에는 읽을 수 없던 글이 아니라 좀더 쉬운 글로 쓰여 누구나 쉽게 읽을 수 있는 책을, 내가 원하는 시간 원하는 장소에서 손쉽게 구해 볼 수 있게 되었다는 건 뭘 의미할까? 내가 보고 있는 걸 저 사람도 본다는 일체감. 얼마든지 재생산할 수 있는 이 '동일한' 출판물들은 그것을 보는 사람들에게 '동일한 언어 사용자'라는 인식을 심어줄 수 있었다.

우리에게는 TV와 인터넷이 있어서 저 지구 끝에 뭐가 있는지, 거기에 사는 사람들은 어떤 말을 사용하는지, 무얼 먹고 어떻게 사는지를 직접 가보지 않고도 실시간으로 알 수 있다. 그리고 제주도를 가본 적이 없어도 교육을 통해 거기가 우리 국가의 한 부분이라는 사실을 알고 있으며, 제주도 방언을 한마디도 알아듣지 못하더라도 그것이 우리의 국어라는 사실 또한 알고 있다.

그러나 TV가 없던 시절의 사람들, 교통수단이 변변치 않아 자신이 태어난 마을을 떠나본 적이 없는 사람들에게 '국어'라는 개념이 어떻게 형성될 수 있었겠는가? 혹시, 서당에서 '국어'를 가르친다는 말을 들어본 적이 있는지? '하늘천, 따지'를 외우고, '가갸거겨'를 읊었을 수는 있어도, 우리가 지금 배우는 국어문법과 국어의 역사를 가르치고 배웠다는 기록은 없다.

이렇게 '문법' 혹은 '모국어'라는, 언어에 대한 동일한 기준을 가지고 있지 않은 사람들을 '공통된 언어 사용자'라는 하나의 언어공동체로 묶어주는 데 더할 나위 없이 좋은 매체는 바로 신문과 책이었다.

책과 신문, 그리고 모국어

지금과 같이 인쇄술이 발달하기 이전에는 어떻게 책을 만들었을까? 좀 수고스럽지만 간단한 방법이 있다. 그대로 '베끼면' 된다! 〈그림 19〉는 필사본(筆寫本)으로, 글자 그대로 '손으로 베껴 쓴' 책이다. 그러나 제 아무리 속기사라 해도, 기계로 찍어내는 데 비하면 손으로 베껴 쓰는 것은 당연히 오랜 시간을 필요로 하며 공급에도 한계가 있을 수밖에 없다. 그러다 보니 그 독자층도 극히 제한적이었다. 우리나라의 인쇄 기술이 세계적인 수준이었다고는 하지만, 민간 차원에서 '활자로 인쇄된' 책을 보기 위해서는 더 많은 시간을 기다려야 했다.

〈그림 20〉은 17세기 이후에 시작된 방각본(坊刻本)이라는 민간 출판된 책으로, '방각'이란 글자 그대로 '시골구석에서도 발행하는 출판'을 말한다. 이러한 방각본은 팔기 위해 출판한 것이기 때문에 대중적인 소설이 많았고, 19세기 후반이 되면 크게 발전하게 된다. 그러나 방각본은 목판(木版)으로 인쇄되었기 때문에 나무가 가진 여러 단점들(결이 고르지 않고, 금속에 비해 쉽게 손상되는 등)로 인해 대량 인쇄가 어려웠다.

이것을 대신해서 신식 활자본인쇄가 시작된 것은 1883년 '박문국'이라는 출판기관에서 최초의 신문인 『한성순보』(漢城旬報)를 찍어낸 이후부터이다. 이 신문은 열흘에 한 번씩 발간되었고, 전체 기사가 한문으로 되어 있었기 때문에 그렇게 대중적인 신문은 아니었다.

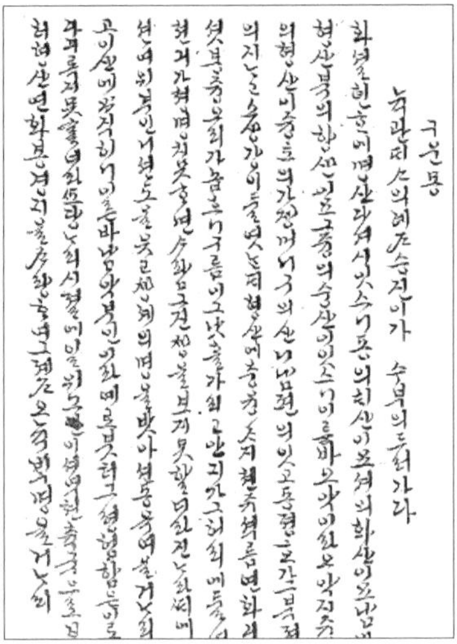

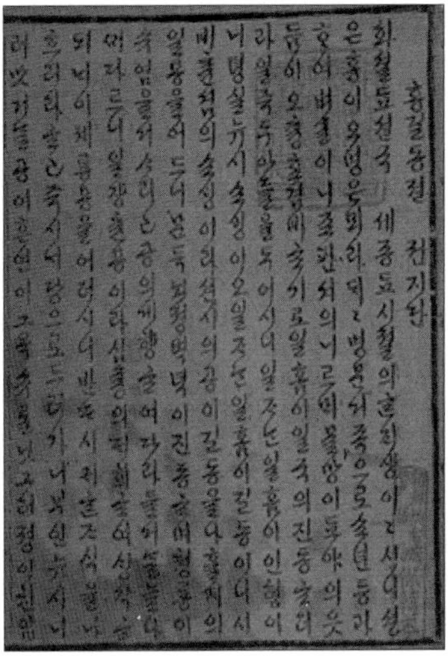

〈그림 19〉『구운몽』 필사본(왼쪽) ; 〈그림 20〉 조선 후기의 『홍길동전』 방각본(오른쪽)
손으로 베껴 쓴 책에서는 책장을 한 장씩 넘길 때마다 필사자의 숨결이 묻어나온다. 그러다가 17세기 이후 방각본 소설이 등장하면서 소설은 상품으로서의 가치를 갖게 되었다.

그러나 곧 이어 주간신문, 주 3회 발간되는 신문, 그리고 일간신문 등이 등장하고, 신문 기사에도 국한문혼용이나 순국문이 사용됨으로써, 신문은 이제 대중들에게 가장 가까운 매체로 자리잡게 되었다.

이렇게 신문 인쇄를 출발점으로 해서, 민간 출판사에서도 목판 인쇄가 아닌 신식 활자본 인쇄를 사용하게 되었고, 이와 함께 요즘 우리가 '저작권'이라고 부르는 '판권'에 대한 인식이 처음으로 나타나게 된다. 또 이러한 인쇄 기술의 발달에 힘입어 판매 형태도 변화하게 되었는데, 방각본이 지방의 소규모 시장망을 중심으로 판매가 이루어진 데 비해, 활자본 인쇄는 서울을 비롯한 대도시 서점 판매가 큰 비중을 차지하게 되었다. 이로써 누구든지 쉽게 책과 신문을 읽고, 어떤 사건이나 이야기에 대해 비슷한 지식이나 감정을 공유하게 된 것이다.

초고속 통신망의 시대를 살아가는 우리에게야 일간신문 정도는 놀랄 일이 아니다. 하지만 라디오도 TV도 없던 100여 년 전의 그 시절로 돌아가서, 내가 한양에 있는 내 집에서 읽는 책을 전라도 남원에 있는 다른 누군가가 동시에 읽고 있다고 상상해보라. 프랑스는 원시부족이 사는 인도네시아의 어떤 섬보다도 훨씬 멀다. 그럼에도 불구하고 프랑스가 더 가깝게 느껴지는 건, 매체를 통해 우리가 프랑스를 익숙한 방식으로 이미지화하고, 그들과 우리가 문명을 '공유'하고 있다고 인식하기 때문이다. 마찬가지로, 신문을 통해 멀리 떨어진 어떤 곳의 소식을 듣게 되면 같은 시공간을 공유한다는 동질감에 의해 거리가 지워진다. 그건 이를테면 이런 거다. 옆자리 짝꿍과 썰렁한 관계였는데, 얘기를 몇 마디 주고받다가 우연히 내가 읽은 만화책을 그 친구도 읽었다는 걸 알게 되었을 때, 혹은 내가 본 영화를 그 친구도 봤다는 걸 알게 되었을 때, 막혔던 말문이 트이고 괜히 그 친구가 좋아지면서 '저 애는 나랑 뭔가 통하는 것 같아!'라고 느끼게 되는 동류의식. 즉, 그 친구와 나 사이에 공통부분이 생기게 되는 것이다.

    책을 읽는다는 경험 역시 이와 비슷하지 않았을까? 한 자 한 자가 정성스럽게 새겨진, 일부 지식인들의 교양서일 뿐이었던 '책'이 주는 어렵고 딱딱한 느낌을 벗어나, 이제 책은 누구나 어렵지 않게 즐길 수 있는 '읽는 TV'가 된다. 여기에 한 가지를 더하자면, 누구나 쉽게 읽을 수 있는 한글이 보편화되었다는 것을 전제해야겠지만 말이다.

모국어의 탄생

모국어를 형성하고 민족의식을 불어넣는 데 있어서 가장 강력한 힘을 발휘했던 매체는 뭐니뭐니해도 신문이었다.

    어떤 종류의 신문이든지, 우리는 신문을 한 장 한 장 넘기면서 오늘은 이 동네에서 이런 일이 있었구나, 저번에 그 동네에서 벌어진 그 사건은 그렇게 마무리되었구나, 미국 대통령이 이런 짓을 했구나, 그 나라에 큰일이 났구나 등등, 나와는 전혀 무관한 공간 속에 사는 사람들과 거기서 벌어진 사건들을 내 일처럼 여기며 흥분하고, 분노하고, 기뻐한다. 어디 나뿐인가? 전국 수백만의 사람들이 같은 일에 대해 나와 같이 공감하고, 행여라도 그 사건을 함께 공유하지 못하면 '따'가 되고 만다. 신문을 읽는 사람들은 그처럼 같은 일에 흥분하고, 같은 사건에 분노하면서 '국민'이 되어간다. 신문을 읽는다는 것은 그런 '공통의 삶', '보편적인 삶'을 산다는 의미다.

물론 우리는 인터넷 덕분에, 꼼꼼하게 그 작은 글자를 읽어내려 가지 않아도 되지만, TV도 인터넷도 없던 시대의 사람들에게 신문이란 그런 것이었다. 이곳에 있는 나를 저곳에 있는 '이름도 성도 모르는' 사람과 연결해주는 것. 그리하여 알게 모르게 나와 그를 한 테두리 속에 묶어주는 것. '민족'이라는 이름으로 말이다. 뿐만 아니라 책과 신문 등 대량으로 보급되는 인쇄물은 그것을 경험한 사람들에게 '공통의 언어'에 대한 인식을 심어주게 된다.

이와 같이 공통의 언어에 대한 인식은 말이 아닌 글, 글로 된 인쇄물들의 보급으로부터 형성되기 시작했다. 그리고 공식적인 인쇄물에 쓰는 '글'을 문제 삼다 보니, '어떻게 써야 할 것인가'가 문제된 것은 당연한 일. 여러 학자들이 '국어'에 대한 연구를 시작하고 표준어와 맞춤법을 통일하기 위해 고심했던 때도 바로 이때였으니⋯⋯. 이쯤에서 독자 여러분이 모국어 탄생의 '비밀'에 대해 감을 좀 잡았는지 모르겠다.

한 가지 더 말해두자면, 이때 비로소 지금 우리가 배우는 것과 같은 '국어'가 '주요 과목'으로 가르쳐지기 시작했다는 사실이다. 그러자면 몇 명만 앉혀놓고 훈장 마음대로 가르치는 서당이 아니라, 대량으로 교육시킬 수 있는 '콩나물 학교'가 있어야 하는 것이 당연지사.

그러고 보면 초등학교 의무교육과 민족 언어로서의 '국어'에 대한 교육이 강조되면서 학교가 하나둘씩 만들어지고, 글 못 읽는 사람이 바보 취급당하기 시작한 것은 100년도 채 안 되는 일이다. 이 얘기는 다음 장에서 다시 다루기로 하고, 어쨌든 우리가 너무나 당연한 것으로 여기는 '국어'에 대한 관념이 지금으로부터 그리 오래지 않은 언젠가 '만들어진' 것이지, 원래부터 있었던 것은 아니라는 사실만 기억해두도록 하자.

김삿갓의 한시 게임

二十樹下三十客(이십수하삼십객)
四十家中五十客(사십가중오십객)
人間豈有七十事(인간개유칠십사)
不如歸家三十食(불여귀가삼십식)

한시라고 주눅 들 것 없다. 아무리 한문에 일자무식인 사람일지라도 읽는 데 별 어려움은 없을 테니. 그럼 이제 해석으로 들어가 볼까? 이십 개의 나무 아래 삼십 명의 손님이 있고, 사십 채의 집 가운데 오십 명의 손님이 있다. 해석도 그럭저럭 되긴 하는데, 어째 좀 아닌 것도 같고…, 이 시를 이해하는 '꼼수'는 다른 데 있다.

김병연(金炳淵)이라는 시인의 이름을 들어본 적이 있는지? 전혀 (!) 모르겠다고? 그럼 '김삿갓'이라는 이름은 들어 보았는지? 심지어 모 가수가 랩으로 부르기도 한 그 '김삿갓'이 바로 김병연이다. 아마도 삿갓을 쓰고 떠돌아다녀서 그런 별명이 붙은 모양인데, 그 연유가 무엇인가 하는 데는 여러 이야기가 있다. 그 중 민간에 떠도는 가장 재미있는 얘기를 소개하자면 이렇다. 김병연의 할아버지는 김익순이라고 하는 '국가의 죄인'이었는데, 그는 이 사실을 알지 못한 채로 과거시험에서 할아버지를 비판하는 글로 장원급제를 하게 된다. 그러나 후에 이 모든 사실을 알고 나서는 하늘을 보기 부끄러워 삿갓을 쓰고 방랑의 길에 들어서게 되었다는 것이다. 믿거나 말거나.

사실 그가 살던 19세기에는 과거제도가 썩을 대로 썩어서 능력을 통해 벼슬길에 오를 수 있는 길이 모두 막혀 있었다. 김병연은 더구나 죄인의 자손이었기 때문에 아마도 과거 자체를 볼 수 없었을 가능성이 더 많다. 그럴 경우에 이 시대의 지식인이 택할 수 있는 길이라는 게 자신의 지식을 여기저기 파는 것 외에 무엇이 있었겠는가? 김삿갓은 아마도 시 한 수로 한 끼를 해결해가는 그런 '지식 노동자'가 아니었을까 싶다.

그런데 흥미로운 것은 그가 한시를 쓰는 방식이다. 앞에서 예로 든 한시를 글자 그대로 해석하려고 하면 의미가 풀리지 않는다. 그러나 이십, 삼십, 사십, 오십, 칠십이라는 수를 우리말로 바꾸어보자. 스물, 서른, 마흔, 쉰, 일흔으로. 그런 다음에 이걸 조금만 더 그럴듯하게 변형시켜서 시를 다시 해석해보자. 아래와 같이 전혀 다른 의미를 갖는 시가 될 것이다.

스무나무* 아래 서러운 나그네

망할 놈의 집에서 쉰 밥을 먹는구나

인간 세상에 어찌 이런 일이 있는가?

차라리 집에 돌아가 선 밥을 먹으리

(*스무나무: 느릅나무과에 딸린 갈잎큰키나무)

조금만 비틀었을 뿐인데도 전혀 다른 시가 되었다. 이런 식으로 한문을 해체해서 한글의 음(音)과 섞어 쓰는 것을 '언문풍월'(諺文風月)이라고 한다. 가끔 인터넷 사이트에서 한시인 척 댓글을 달아놓은 걸 음독하면 욕투성이 문장이 되는 경우가 있는데, 그런 단순한 글자 바꿔치기에 비해 이건 한문과 한글을 교묘하게 뒤섞어서 의미를 비트는, 일종의 한시 풍자 개그라고나 할까. 그러니까 김병연은 한시 '속으로' 들어가서 그 안에 온갖 잡다한 상황과 사물들을 집어넣어 한문을 가지고 '놂으로써' 한시 자체를 조롱하고 해체해버린 것이다. 이쯤 되고 보면, 한문과 우리말의 경계를 어디에다 그을 수 있을 것인가?

언어의 경계 흐리기

처음 미국에 갔을 때, 그곳에서 다양한 사람들을 만나면서 느낀 것 중 하나가 바로 영어의 다양성이었다. 모든 사람들이 영어를 사용하지만, 그들이 사용하는 영어는 같은 영어라고 믿을 수 없을 만큼 천차만별이었다. 일본인 학자가 사용하는 영어, 인도 학자가 사용하는 영어, 한국인들의 영어, 미국인들의 영어, 중국인들의 영어, 아랍인들의 언어……. 그들은 모두 영어로 말했지만, 모두들 자기 식으로 영어를 '구부려' 사용하고 있었다. 미국 문화의 긍정적 힘이 다인종의 접합에서 생겨나는 '잡종성'이듯이, 미국 영어의 힘은 여러 인종들의 억양과 어휘들에 의한 변환과 굴절이라고 할 수 있지 않을까? 하나의 영어가 아니라 여러 빛깔의 영어. 물론 억양이나 사용하는 어휘에 따라 신분이나 지식의 정도를 구분할 수는 있겠지만, 나는 거기서 얼핏 언어의 풍경을 보았다. 낯설고 이질적인 언어들이 충돌하고 접속하고 교차됨으로써 다양하게 펼쳐지는 풍경.

김삿갓의 한시 게임 역시 그런 '경계 위 언어'의 풍경을 보여주는 예다. 전통적인 한시의 입장에서 보자면 아주 이질적이고 낯선 언어인 한글이 한시의 '고상함'을 깨버렸지만, 또 한편으로는 이렇게 다른 언어들의 뒤섞임으로 인해서 새로운 의미를 만들어내고 있으니 말이다.

아득히 먼 옛날, 땅 위의 사람들이 하늘 위의 사람들을 만나 서로의 언어를 배워 새로운 언어를 만들고, 먹을 것을 찾아 이리저리 떠돌면서 또 다른 사람들을 만나 서로의 언어를 배우고, 거기서 또 새로운 언어가 만들어지고……. 태어나면서부터 지금까지 관계 맺은 수많은 사람들로부터 배우고 익힌 언어들을 통해 내가 나의 언어를 갖게 된 것처럼, 이렇게 이질적 언어들이 자신의 것과 뒤섞이는 과정이 끊임없이 반복됨으로써 이러저러한 언어들이 생겨난 것이 아닐까? 언어란 그렇게 처음부터 이질적인 것들의 '화합물'로 있었던 것이지, 결코 단일 원소로 된 '순수체'는 아니었을 것이다. 따라서 국어의 순수성을 강조하는 건 일종의 강박관념일 뿐이다. '분명히 어딘가에 있을 거야'라는 믿음 하나만으로 없는 것을 찾아 헤매는 강박관념.

서로 다른 여러 게임들이 다양한 방식으로 겹치는 것처럼, 다양한 언어게임들은 이렇게 또 저렇게 겹치고 뒤섞이게 마련이다. 뿐만 아니라 장기를 두다가 문득 거기서 어떤 수 하나를 끄집어내서는 전혀 다른 규칙을 가진 바둑에서 그것을 응용할 수도 있는 것처럼, 다른 언어게임의 규칙을 우리가 하는 언어게임에서 사용하는 것도 얼마든지 있을 수 있는 일이다.

따라서 다양한 언어게임들을 즐기지 못하고 그 모든 언어게임들을 지배하는 모국어의 순수성만을 강조하는 것은, '산꼭대기'에 대한 강박관념 때문에 주변의 사물들과 교감하지 못하는 힘겹고 지루한 산행 같은 것인지도 모른다. 생각해보자. 이미 죽어버린 고어(古語)를 뒤적이거나, 우리말의 근원을 찾아 그것을 절대화하거나, 단지 '순우리말'이 아니라는 이유로 '비(非)우리말'을 밀어내는 것이 진정으로 우리말을 풍부하게 하는 것일까? 그렇다면 그런 '고어'나 '순우리말'은 정말 그 기원에서부터 '순수하게' 우리 것이었을까? 구름과 꽃과 돌과 물이 이렇게 섞이고 또 저렇게 섞이면서 이런 풍경을 만들기도 하고 저런 풍경을 펼쳐 보이기도 하는 것처럼, 우리의 언어는 수많은 다른 언어들과 뒤섞이면서 이런 의미를 만들어내기도 하고 또 저런 의미를 만들어내기도 하는 것이다. 언어는, 언어의 의미는, 그럴 때 비로소 풍부해질 수 있다.

『잃어버린 시간을 찾아서』의 작가 프루스트는 "걸작은 일종의 외국어로 쓰여진다"고 했다. 모국어의 경계를 뚜렷하게 만들고, 그럼으로써 다른 언어의 '침입'으로부터 모국어를 '보호'하는 것은 하나의 규칙과 의미에 갇히기를 욕망하는 것이다. 그러나 우리가 머물러야 하는 곳은 항상 경계 위다. 하나의 언어에 머무르지 않고, 이것과 저것의 경계 위에서 이것과 저것 모두를 구부리고 변형하기. 그럼으로써 모국어를 오염시키고 그 경계를 흐리기. 언어 안에서 언어를 깨고 구부림으로써 자신의 언어 안에서 낯설게 되기.

허걱. 국어를 오염시키라고?? 그럼 국어에 외국어를 섞어 쓰라는 것인가? 아니면 비문(非文)과 틀린 철자, 욕을 마구 쓰라는 것인가? 대체 이게 무슨 해괴한 소리인가? 국어를 오염시키라니?!?! 이렇게 생각하는 독자들은 혹시 '오염'에 대해 지나친 결벽증이 있으신 건 아닌지 모르겠다. 말이 더럽힌다고 더럽혀지겠는가? 내 말인즉, 순수한 우리말, 순수한 국어문법, 올바른 우리말 표현 등에 지나치게 집착하는 것 자체가 '환상'이라는 거다.

나는 우리말 교육을 강조하시는 이오덕 선생님의 글을 좋아한다. 교편을 잡고 있을 때는 그분의 『우리글 바로쓰기』를 교재로 삼아 아이들을 가르치기도 했다. 하지만 내가 그 분을 존경하는 건 그분의 우리말 사랑 때문이 아니라 오래도록 현장에서 글쓰기 교육을 고민하신 분이기 때문이다. 그리고 글쓰기가 특정한 작가들의 전문적인 영역이 아니라 일상적인 생활이 되고 삶이 되어야 한다는 것, 작가뿐 아니라 누구든 글을 쓸 수 있어야 한다는 그 분의 주장에 전적으로 동의하기 때문이다.

그러나 생활이자 삶으로서의 글이 꼭 순수한 우리말에 의해서만 가능하다고는 생각하지 않는다. 나는 종종 철자법을 무시한 인터넷 댓글에서 '진정성'을 보기도 하고, 이민 세대나 한국인으로 귀화한 외국인들의 어색한 한국어에서 우리 언어의 특이성을 발견하기도 한다. 중요한 건 국어냐 아니냐가 아니라, 그것이 어떤 사유를 담은 언어인가, 얼마나 열린 언어인가 하는 점이다. 그런 점에서 국어의 순수성에 집착하지 말라는 것. 이게 내가 '국어의 오염'이라는 표현에 담고 싶은 뜻이다.

『변신』을 쓴 카프카는 체코 태생의 유태인으로, 독일어로 글을 썼다. 또 아일랜드인이었던 베케트는 영국과 프랑스에서 동시에 글을 썼고, 앞에서 말했던 루이스 울프슨은 영어에서 출발해서 외국어로 끝나는 '잡종 언어'를 통해 자신의 삶을 견뎌냈다. 이들에게 무엇이 모국어인가?

일제시대 작가 김사량은 제국의 언어인 일본어로 글을 썼다. 그에 따르면, 식민지인들이 쓴 일본어 소설은 '피에 흐르는 전통'과 '남의 말' 사이에서 "흔들리는 손"에 의해 쓰인 것이다. 모국어로 글을 쓸 때는 느낄 수 없는 사고의 버퍼링과 말더듬. 두 언어 사이의 경계에서 글을 쓴다는 건 그처럼 지배적 사고와 언어에 대한 질문을 끊임없이 동반한다. 제국의 언어인 프랑스어를 현지인 수준으로 구사했던 프란츠 파농 역시 마찬가지였다. 프랑스어를 쓰는 건 프랑스적으로 사고함을 의미한다. 그런데 그 언어로 프랑스 제국을 고발함은 무엇을 의미하는가. 김사량과 프란츠 파농이 모국어로 글을 쓰지 않았다고 그들을 비난하는 건 부당하다. 모국어냐 외국어냐가 아니라, 그가 쓰는 언어가 어떤 식으로 현실에 말 거는가, 경계 위에 선 그의 언어가 어떻게 불화하는 현실을 드러내는가. 이게 문제의 핵심이다.

순수하지 않은 언어의 내숭

아나운서들은 또박또박 정확한 발음으로 표준어를 구사한다. 당연하다. 그게 아나운서들이 수행해야 하는 언어게임이기 때문이다. 하지만 다른 게임에서까지 '아나운서처럼' 언어를 구사해야 한다고 강요하는 건 폭력적이다. 개그에서는 말을 얼마나 맛깔스럽게 가지고 노느냐에 따라 웃음의 진폭이 결정된다. 발음이 뭉개질 수도 있고, 음이 교란되기도 하며, 때론 비속어나 국적불명의 조어들이 활동되기도 한다. 뉴스에서 이런 일이 일어나면 곤란하지만, 개그나 예능프로그램에서는 충분히 허용될 수 있는 일이다. 왜? 그게 개그의 언어게임이기 때문이다.

 우리말의 '오염'을 개탄하는 지식인들 중에는 그 '오염'의 원인을 모두 외국어의 탓으로 돌리는 경우가 있다. 한자가 가져온 오염, 일본말이 가져온 오염, 영어가 가져온 오염······. '우리말 오염'을 개탄하는 이들의 비장한 글들을 보며 나의 지저분한 언어 사용을 반성하는 것도 한두 번이지, 이 글로벌한 시대에 우리말의 '순수'를 지킨다는 일이 너무나 힘겨워 보인다. 그러나 앞서 말했듯이, 오염되기 이전의 순수한 우리말을 주장하는 것은 우리 민족이 태초부터 '순수한 단일체'였다는 발상만큼이나 근거가 없다. 대체 어디서부터가 오염되기 전의 순수한 우리말이란 말인가? 미군 주둔 이전? 일제시대 이전? 한자 수용 이전?

각 방송사의 바른말 쓰기 캠페인 진행자는 아나운서다운 발성과 발음으로 '정확한 말', '올바른 표현'을 강조한다. 예컨대, 노래방에서 마이크를 잡고 "내 18번을 부르지" 하며 「남행열차」를 신나게 불러대는 아저씨의 얼굴에 빨간 X표가 그려지면서 아나운서가 등장한다. 그리고 멘트 한마디.

"18번은 일본말이죠. 좋은 우리말이 있지 않습니까? '애창곡', 이제 이렇게 말씀하세요. '내 애창곡은 ○○야' 혹은 '내가 가장 즐겨 부르는 노래는 ○○야'라고 말이죠."

음, 그렇군……?? 그런데 어째 영 이상하지 않은가? 물론 틀린 말은 아니다. '18번'이라는 단어를 풀어 설명하면, 아나운서가 말한 대로 '즐겨 부르는 노래' 정도의 의미를 갖는다. 그러나 앞서 살펴본 것처럼, 한 단어의 의미는 사전적인 정의로 환원할 수 없는, 다양한 사회적 요인들의 결과물이다. '18번'이라는 단어 역시 '애창곡' 이상의 의미를 갖고 있으며, 사용되는 맥락이 좀 다르다. '18번'의 기원은 모르지만, 우리는 그 말의 '용법'을 통해 언제 어떻게 그 말을 써야 하는지 안다.

우리가 쓰는 말 중에 이미 얼마나 많은 말이 '외국어'인가? 버스, 택시, 라디오, 텔레비전, 커피, 컴퓨터……, 이런 말들은 대체할 우리말이 없는 '문명어'들이니 어쩔 수 없다고? 그렇다면 담배, 구두, 빵 같은 말은 어쩔 셈인가? 이 말들은 이미 우리말처럼 굳어진 '귀화어'들이니 이 또한 어쩔 수 없다고 할 텐가? 그럼 문제가 되는 말들은 어떤 걸까? 우리말로 바꿔 부를 수 있는 오뎅, 우동 같은 말일까?

그렇지만 방과 후에 친구와 학교 앞을 걸어 내려가다가, 날도 으슬으슬하고 왠지 그냥 집에 가기 좀 뭣할 때, 친구와 눈을 마주치며 "얘! 우리 오뎅이나 먹고 갈까?"라는 말에서 '오뎅'을 '어묵'으로 바꿔 사용해보자. 두 말의 느낌이 같은가? '어묵'이라는 말이 더 좋고 익숙한 사람은 '어묵'이라는 말을 사용하면 되는 것이지, '오뎅'이라는 말을 사용하는 사람들을 '국어 오염자'로 몰아붙이면서 억지로 '어묵'만을 사용하도록 강요할 수는 없는 일이다. 같은 품종의 사과라도 맛과 빛깔이 다르듯이, 같은 의미의 언어라도 뉘앙스가 다르기 때문이다.

70~80년대 가요의 가사들은 귀에 또박또박 와서 박혔다. 그런 가요에 익숙한 세대들은 요즘 노래들이 영 마뜩찮다고들 한다. 나 역시 그런 세대에 속하는 사람으로서 요즘 노래 가사에 불만이 없지 않다. 영어로 된 속어나 축어, 감탄사들이 무분별하게 우리말과 뒤섞여 가사를 봐도 도통 뜻을 알 수 없으니 말이다. 그러나 한편으로 생각해보면, 노랫말도 언제나 그 시대의 속도와 리듬을 반영하게 마련. 그 흐름을 억지로 붙들어 맬 수 없는 노릇 아닌가. 다만, 온통 그런 것

들뿐이라면 그 역시 문제다. 오염된 말과 오염되지 않은 말이라는 이분법을 버리고, 어떤 말이든 그 말의 뉘앙스를 잘 살려 적재적소에 쓰는 게 관건이다.

국어의 빗장 열기

"토끼소녀, 양파들, 두 한국인, 금과 은, 열쇠소년." 이 단어들의 공통점은 뭘까? 80년대 이후 출생자들은 전혀 상상이 안 되겠지만, 1970년대 우리나라 음악 그룹들의 이름이다. 의심이 간다면 부모님이나 선생님께 한번 여쭤보시길. 아니, 명색이 그룹인데 이름 한번 촌스럽기도 하지, 그룹 이름이 저게 뭐람? 허나 그들이라고 그러고 싶어 그랬겠는가. 여기엔 눈물 없이 들을 수 없는 슬픈 사연이 있다.

　70년대에는 대통령의 국어 사랑이 지나쳐서 모든 외국어들을 전부 한글화하도록 강요한 사건이 있었다. '전설의 고향'에나 나올 법한 얘기지만, 이때는 경찰이 자를 들고 다니며 여자들의 미니스커트 길이를 재고 남자들의 머리 길이를 단속하던 시대였으니, 그룹 이름 바꾸는 것쯤이야 대수로운 일도 아니었다. 위에 나오는 컨트리풍 이름들은 그렇게 해서 만들어진 70년대 그룹들의 이름이다. '바니걸스'가 '토끼소녀'가 되고, '어니언스'는 '양파들'이 되고, '투에이스'는 '금과 은'이, '투코리안스'는 '두 한국인'이 된 것. 그럼 '열쇠소년'은? '키보이스'가 둔갑한 이름이다!

　만약, 지금 누군가 나타나서 우리나라 그룹들의 이름이 우리말을 심각하게 오염시키고 있음을 개탄하면서 전부 한글 이름으로 바꿀 것을 강요한다면? 그리고 팝송은 물론 노래에 나오는 외국말을 전부 우리말로 고쳐 부를 것을 강요한다면? 생각만 해도 아찔한 일이다.

'좋은 우리말을 두고 왜 다른 나라 말을 쓰는가? 배우기도 쉽고, 쓰기도 쉬운 한글을 전용화하자'는 한글전용론은 그 뿌리가 아주 깊다. 국어를 연구하기 시작한 것과 거의 동시에 대두되기 시작해서, 70년대에는 대통령의 지지에 힘입어 황금기를 맞이하기에 이르고, '세계화 시대'인 지금도 가끔은 한글을 전용하자는 주장이 신문지상에 오르내리곤 한다.

한글전용 주장의 핵심적 논지는 단지 외국어를 쓰지 말자는 것이 아니라, 한글은 일상 언어생활에서 누구나 쉽게 읽고 쓸 수 있기 때문에 공식적인 글에서 한자 대신 한글을 사용하자는 것이다. 하지만 말과 글은 무조건 쉬워야 좋다는 것도 우리가 가지고 있는 잘못된 편견 중 하나다. 한자는 한글이 가지지 못한 나름의 특성과 장점을 가지고 있는 것이 분명하다. 어디 한자뿐이겠는가? 영어, 일본어, 어느 오지의 아프리카어까지도 우리 한글에는 없는 나름의 언어 규칙이 있을 것이다.

따라서 필요하다면 그 어떤 것도 우리말과 섞어 쓸 수 있어야 한다. 우리말을 풍부하게 하는 것은 다른 말들로부터 우리말을 '보호'하는 것이 아니라, 다른 말들을 우리말 속에 포용하는 것이 아닐까? 한글만 쓰는 언어게임이든, 굳이 어려운 한자말이나 외국어를 섞어서 쓰는 현학적인 언어게임이든, 특정한 언어게임만을 강요하고 명령한다는 점에서는 똑같다. 따라서 문제는 '한자냐, 한글이냐', '국어냐 외국어냐'가 아니다.

언어가 게임이라면, 한글을 가지고 하는 언어게임에서는 한글을 효과적으로 사용하면 되는 거고, 한자가 필요해지는 게임에서는 한자를 잘 가지고 놀면 되는 것. 이 중 어느 쪽을 쓸 것인가는 그리 중요치 않다. 중요한 건 한글이든 한문이든, 어떤 게임에서 '어떻게 그것을 보다 효과적으로 사용할 것인가'이다.

따라서 김삿갓처럼 한글도 아니고 한문도 아닌 '국적 없는' 글을 썼다 하더라도, 그것을 '순수 국어'의 이름으로 비난할 수 있는 권리는 누구에게도 없다. 친구가 나와 같은 게임을 하지 않는다고 해서, 친구를 비난하고 그 친구네 게임을 망쳐놓는 것처럼 유치한 일이 또 어디 있는가? 게임을 즐기려면 그 게임에 충실해야 하는 법. 농구 게임을 하면서 어제 진 축구 게임을 생각하면 농구가 재미있을 턱이 있나. 이것이 게임의 제1법칙이다.

한글 창제를 보는 다른 눈

말이 나온 김에 한글에 대해 한마디만 더.

한글전용을 주장하는 사람이든 반대하는 사람이든, 한글 창제라는 사건이 '위대한' 사건이라는 데에는 이의를 제기할 수 없을 것이다. 교과서에서 배운 대로 그것이 세종의 '애민정신' 때문이었든,

지배를 보다 용이하게 하기 위해서였든 말이다. 그러나 이 '사건'을 조금 다른 방향에서 바라보면 어떨까?

　우리로서는 닮게 그리기도 어려운 한자 대신 읽고 쓰기 쉬운 한글이 있다는 사실이 더할 나위 없이 고마운 일이지만, 한글을 창제하던 당시에 일반 지식인들의 반대가 어느 정도였을지 한번 생각해보라. 조선시대 선비들에게 있어서 중국은 일종의 '모델'이었고 한자는 유럽에서의 라틴어와 마찬가지로 동아시아권 전체의 '공용문자'였다. 따라서 그걸 버리고 전혀 새로운 글자를 만들어 쓰게 한다는 것은 그 당시 지식인들에게 자신들을 받쳐주는 기존의 질서 전체를 부정하는 것으로 여겨졌던 것이다. 한글을 '언문'(諺文:'언'자는 '상말'을 뜻한다)이라고 부르면서 멸시한 것은 지식인들의 그런 사고방식을 단적으로 보여준다.

　20세기 들어 한글 사용이 일반화되기 이전까지, '언문'을 사용하는 사람들은 배울 만큼 배운 지배적인 지식인들이 아니라 제대로 못 배운 부녀자들과 백성들이었다는 사실을 생각해보자. 이렇게 본다면, 한글 창제의 위대함은 '한글'이 그때까지 획일적이고 지배적인 언어였던 한문을 넘어 주변적 언어를 생성했다는 바로 그 사실에 있는 게 아닐까?

　허균이나 김만중의 국문소설에 대한 평가도 이와 같은 맥락에서 가능할 것이다. 그들은 당시의 대표적인 지식인들이었고, 당연히 한문에 능통했다. 그럼에도 불구하고 그들은 오랜 세월 동안 자신들을 길들여온 지배적인 언어를 버리고, 대부분의 지식인이 '언문'이라고 경멸해 마지않았던 문자를 가지고 새로운 표현을 모색했다. 이들의 문학이 위대하다면, 그 위대함은 단순히 '우리 민족의 언어'인 한글로 쓰였다는 사실이 아니라 바로 그와 같은 사실에 있다.

거꾸로 한 세기 뒤의 지식인인 다산 정약용과 연암 박지원은 한글로 글을 쓰지 않았다. 그렇다고 해서 그들의 사유가 보수적이거나 그들의 언어가 고답적인 것은 아니다. 다산의 한시는 당시 민중들의 삶을 아주 구체적으로 포착하고 있고, 연암의 산문들은 당시 지식인들이 쓰던 판에 박힌 문체를 완전히 벗어나 전혀 새로운 문체를 보여준다. 그런 점에서 이들의 한문은 한글로 쓰여진 어떤 글보다도 혁신적이다.

요컨대, 문제는 '한글이냐 한문이냐'가 아니라는 것. 앞에서 우리가 김삿갓의 한시를 평가한 맥락도, 그가 단순히 거기에 한글의 용법을 도입했다는 사실 때문이 아니라, 한자 안에서 한자를 모호하게 만들고 그 경계를 흐려버렸다는 사실 때문이다. 프루스트의 말을 다시 빌리면, 허균과 김만중의 국문소설은 바로 그런 의미에서 일종의 '외국어'로 된 문학이 아니었을지.

중요한 것은 지배적인 언어를 어지럽게 만드는 것, 즉 지배적인 언어 안에 낯설고 이질적인 언어들을 뒤섞고 그럼으로써 지배적 언어를 변형시키는 것이며, 한 언어에 머무는 것이 아니라 여러 언어를 넘나들면서 그 경계를 모호하게 만드는 것이다. 앞에서도 말했듯이 언어는 단순히 사고를 전달하는 수단이 아니라 사고를 형성하고, 행위를 규정하는 '힘'이기 때문이다.

따라서 '한글과 한자 중에 뭘 선택하는가'라는 사실 자체는 그리 중요치 않다. 마찬가지로 지금 우리가 쓰는 표현이 '영어식 표현이냐 일본식 표현이냐' 하는 것도 중요치 않다. 그 표현들이 언어의 의미를 더욱 풍부하게 생성할 수 있다면, 그것은 우리의 언어를 '오염' 시키는 것이 아니라 보다 풍요롭게 해줄 것이다. 그러므로 이제 우리의 질문은 "어떻게 오염물을 걷어내고 순수한 우리말을 회복할 것인가"가 아니라, "어떻게 외부에서 들어온 말들로 나의 언어를 풍부하고 기름지게 할 것인가"가 되어야 한다.

제국의 언어와 저항의 언어

여기저기서 질문들이 쏟아지기 시작한다. 자, 일단 진정하고. 예상 질문을 모아모아 정리해보니, 대략 두 가지로 정리할 수 있을 것 같다.

첫번째 질문. "선생님은 『마지막 수업』이라는 소설을 읽어보셨나요? 이 소설은 민족에게 언어가 얼마나 중요한 것인지를 가슴이 찡하도록 그리고 있잖아요. 우리나라도 식민지였던 시절이 있었는데, 그때 만약 우리가 우리의 언어를 잃어버렸다면 어쩔 뻔했어요? 그런데도 우리의 언어를 버리자고 얘기할 수 있나요?"

두번째 질문. "선생님은 그럼 영어 조기교육을 찬성하시는 건가요? 우리말을 배우기도 전부터 영어를 냅다 가르쳐서, '사과'라는 말은 몰라도 '애플'이라는 말은 알게 하는 게 바람직하다고 생각하시는 거냐구요?"

애기를 시작해보자.

첫번째 질문부터. 맞는 말이다. 모두들 알다시피 한 제국이 다른 나라를 식민지화하려고 할 때 가장 중요하게 생각하는 건, 식민지의 언어를 비롯한 문화를 통제하는 것이다. 일본 역시 1911년에 '조선교육령'을 반포하면서, 보통학교의 일본어 수업 시간을 10시간이나 두었다. 그러나 이상한 사실 하나는, 그렇다고 해서 조선말을 전혀 가르치지 않은 것은 아니라는 점이다.

> 한문에 언문을 혼용하지 않으면 안 된다고 통감했다. 언문은 고래 이래의 조선글이었는데, 중국숭배사상으로 말미암아 상류층은 한문을 쓰고, 언문은 이른바 하위층이 쓰게 되었다. 중국을 선진국으로 하여 숭배했기 때문에 자국을 소위 속국으로 간주하고 자국어 언문을 낮추었는데……, 그래서 나는 조선의 언문을 써서 일본의 가나와 통하는 글과 같은 문체를 창시했는데, 이를 보급하여 조선인이 사용하게 되면, 피아 양국은 동일 문체의 국병이 되며, 이로써 문명 지식을 함께 할 수 있고…….

얼핏 보면 한글을 '수호'하는 조선 지식인의 글 같기도 한 이 글은 일제시대에 이노우에라는 사람이 쓴 신문 논설 중 일부다. 이 짧은 구절만으로도 우리는 일제가 어떤 식으로 언어를 통해 우리의 사고를 통제하려고 했는지를 충분히 파악할 수 있다. 여기서 중요한 사실은, 조선인도 아닌 일본인이 언문 즉 한글을 섞어 쓰도록 강요하고 있다는 것이다. 문제의 핵심은 한글이냐 한문이냐 혹은 국한문혼용이냐 하는 것이 아니다. 제국이 식민지의 언어를 통제하는 목적은 그럼으로써 문체를 '일본식으로' 바꾸는 것이다. 같은 방식으로 말하고 같은 방식으로 글을 쓰는, 그럼으로써 같은 지식을 갖고 같은 방식으로 사고하게 되는 '제국의 인간'을 길러내는 것. 그것이 '한문에 언문을 혼용'하려 했던 제국의 권위적인 얼굴이다.

일제의 온갖 탄압을 견뎌가면서 애써 우리말을 지키려고 했던 여러 지식인에게 배워야 할 점은, 그들이 민족의 언어인 '한국어'로 다른 민족의 언어인 '일본어'에 대항했다는 사실보다는, 지배적인 언어 즉 하나의 목소리로 명령하는 언어를 거부했기 사실이다. 제국의 언어와 이에 맞서 싸우는 저항의 언어가 있는 것이지, 하나의 민족어에 대립하는 또 다른 민족어가 있는 게 아니다.

'같은 민족'인 우리 내부에서도 역시 명령하고 윽박지르는 제국주의적 언어가 존재하지만, 또 한편으로는 항상 여기에 딴지를 거는 저항적 언어가 존재하지 않는가? 예를 들어 일제시대에 '금서'로 정해진 책들을 살펴보면, 꼭 국문으로 된 글들만 있는 건 아니다. 한용운의 『님의 침묵』은 국문으로 쓰여졌지만, 신채호의 『을지문덕전』은 국한문혼용으로 되어 있고, 순한문으로 된 책들도 다수가 있다.

여기서 퀴즈! 「기미독립선언문」은 어떤 글로 쓰여졌을까? 교과서를 충실히 학습한 사람이라면 쉽게 대답할 수 있겠지만, 교과서에 관심이 없는 사람이라면 잠시 동안 추리해보기 바란다. "독립선언문이니까 한글로 되어 있지 않을까? 아니야, 배울 때 아는 단어가 하나도 없는 느낌이 들었던 것 같은데⋯⋯. 아마 한문이었던 거 같아. 에라 모르겠다. 찍자! 국한문혼용체요!" 딩동댕. 이 사실을 보더라도 중요한 것은 말이나 글이 만들어내는 의미와 효과지 글자 자체가 아니다.

그러므로 내가 '모국어'를 버리자고 한 것은 지배적인 의미, 하나의 용법밖에는 알지 못하는 꽉 막힌 언어, 다양한 언어게임들과 의미의 흔들림을 즐길 줄 모르는 닫힌 언어를 버리자는 것이지, '국어는 쓰지 말고 외국어만 쓰자'는 큰일 날 소리가 아니다.

국어를 오염시켜라!

이제 두번째 질문으로 넘어가자. 때마침 질문을 잘 해주었다. 안 그래도 언제 얘기해야 하나 생각하고 있던 참인데.

잠시 과거로 돌아가 보자. 이제 막 말문을 열기 시작한 네다섯 살짜리 꼬마 시절로. 한글 선생님, 수학 선생님만으로는 모자라, 이제 겨우 간단한 의사 표현을 할 수 있을 뿐인 아이들에게 매일매일 학습지 영어 선생님이 방문해온다. 그뿐인가? 미술 학원을 가도, 피아노 학원을 가도 영어가 필수고, 심지어 어떤 태권도 학원은 아예 "저희 도장에서는 영어로 태권도를 가르칩니다!"라는 문구를 앞세워 홍보하기도 한다. 나는 중학교에 들어가서야 알파벳을 배우기 시작했는데, 이제는 혀 짧은 유치원생 때부터 영어를 가르치느라 야단법석이다. 게다가 어떤 대학에서는 전 강의를 영어로 실시하자는 안을 검토 중이라고 하는가 하면, 영어 연수는 필수 코스처럼 되어버렸다. 말 그대로, 온 나라가 영어에 미쳐 있다.

물론 조기교육에 찬성하는 사람들의 주장대로 외국어는 일찍 배울수록 더 효과적일 수 있다. 그러나 문제는 상황에 따라 달라지는 언어의 의미를 '경험적으로' 배우는 것이 아니라, 정해진 의미만을 무조건적으로 외우고 그것을 아무런 문제의식 없이 그대로 받아들인다는 데 있다. 더군다나 그것이 강요에 의해 이루어지다 보니 '영어'라는 언어가 무의식적으로 '우월한 언어'인 것처럼 인식된다. 이것은 언어의 경계 위에서 이것과 저것을 구부리고, 뒤섞고, 그 게임들을 즐기기는커녕, 또 하나의 굳어버린 명령어에 스스로 복종하는 게 아닌가?

그리하여 마침내 영어에 대한 신봉이 극에 이르면 '영어를 세계 공용어로!'라는 제국주의적 발상을 만들어낸다. 여담이지만, 혹시 미국 아카데미 영화상의 후보작이 될 수 있는 조건을 아시는지? 아카데미 영화제는 세계 영화제가 아니라 미국 영화의 잔치판이다. 그런데 그들의 '미국 영화'라는 것이 영어로 된 모든 영화다. 그러니까 우리 영화라도 영어로 만들어진다면 아카데미 영화제에 초청될 수 있는 거다. 그들에게 영화는 영어를 쓰는 영화와 외국어를 쓰는 영화, 이 두 가지다. 영어를 쓰면 우리들 파티에 끼워주겠다는, 제국의 오만한 포즈!

영어 공용화를 주장하는 사람들의 논리는 결국, 영어가 보편의 언어이므로 그것을 써야 살아남을 수 있다는 경쟁의 논리다. 전세계에서 영어를 사용하는 사람들은 수적으로 절대 소수지만, 세계 질서 속에서 권력을 쥔 제국들이 사용하는 언어이기 때문에 그것은 '지배적인 다수어'가 된다. 영어의 보편성이란, 그런 의미에서 권력과 자본의 보편성인 것이다.

영어를 배우자! 하지만 살아남기 위해 영어를 배우진 말자. 그건 배움이 아니라 명령에 대한 복종에 불과하다. 영어를 배우자! 또 하나의 언어를 배움으로써 더 넓은 세계를 품고, 더 다양한 사람들과 소통하기 위해. 영어를 배우자!! 즐겁게, 가볍게, 영어를 구부리고, 내 언어를 오염시키자!

모국어 안에서 외국어를 말한다는 것, 그것은 어떤 한 언어에 머무르지 않고 늘 새로운 언어를 향해 떠나는 방랑 같은 거다. 어떤 명령도 가벼운 것으로 만들어버리는 거다. 그럼으로써 언어의 의미를 무한히 확장시키고, 언어를 밖으로 여는 것이다. 굳게 잠긴 국어의 빗장을 풀어버릴 것. 그러나 거기서 멈추지 말고, 국어의 문을 활짝 열고 다른 언어와의 무한한 접속을 꾀할 것. 그리하여 마침내 그 경계를 흐려버릴 것.

이제 우리는 다양한 언어들이 출렁거리면서 이리저리 흐르는 글들을 만날 것이다. 아마도 그때쯤이면, 여러분들은 이미 다른 언어의 세계에 가 있게 되는지도.

표준어와 방언

전라도엔 전라도 말이 없다?

영화 〈친구〉를 필두로 최근의 〈응답하라 1997〉까지, 요즘은 특정 지역의 방언을 여과 없이 살린 '지역색 짙은' 드라마나 영화를 심심치 않게 볼 수 있다. 심지어 영화에 등장하는 독특한 방언들이 유행어가 되기도 하고, 주인공이 맛깔스럽게 방언을 못살리면 '발연기'로 비난받기도 한다. 하지만 불과 10년 전만 해도 이는 흔치 않은 일이었다. 방언은 개그의 소재로 사용되거나 드라마의 웃음 포인트로 잠깐씩만 등장하곤 했다. 세상이 상상을 초월해 글로벌해지다 보니 지역색이 그리웠던 것인가. 아무튼, 격세지감이다.

하지만 대부분의 멜로드라마에서는 주인공의 주위 사람들은 사투리를 남발하는 데 비해, 우리의 남녀 주인공은 여전히 깔끔하고 딱 떨어진 서울말을 구사한다. 주인공이나 아이돌이 사투리를 쓰는 게 종종 화제가 되는 것만 봐도, 은연중에 표준어와 사투리에 대한 선입견이 작동하고 있음을 부인할 수 없다.

사투리에 대한 우리의 편견은 생각보다 뿌리가 깊다. 한 친구가 우리 반으로 전학을 왔는데, 어째 영 옷도 촌스럽게 입은 데다가, 자기소개를 해보랬더니 어설프게 서울말을 쓰긴 하지만 그 투박한 사투리 억양만은 속일 수가 없다. '뭐야, 촌닭이잖아!' 그렇게 우리는 표준어와 사투리를 구분함으로써 그 친구를 '우리'와 '다른 사람'으로 만들어버린다. 표준어와 사투리를 재현하는 방식은 정확히 중심과 주변이라는 이분법을 따른다. 중심은 심각하고 지적이지만, 주변은 가볍고 무식하다. 사투리를 들으며 웃는 와중에, 어쩌면 우리는 그렇게 언어의 위계를 만들고 있는 것이 아닐까?

신라와 백제의 황산벌 전투를 소재로 한 〈황산벌〉이라는 영화에서는 왕부터 졸개까지, 남녀 구분 없이 모두가 사투리를 쓴다. 그 당시의 방언 형태를 알 길은 없지만, 아마도 그게 사실에 가깝지 않을까? 신라와 백제의 왕이라고 어찌 자신이 살아가는 시공간을 벗어난 언어를 사용했겠는가. 지배층에서 사용하는 언어가 어떤 식으로든 구분이 되긴 했겠지만, 그들 역시 백제와 신라라는 언어공동체의 일원인 이상, 사투리로부터 자유롭지 않았을 것이다.

우리는 무의식적으로 표준어만이 세련되고 정확한 말이라고 여기고, 방언은 '우습고, 교양 없고, 천한' 말이라고 간주하는 경향이 있다. 그리고 말을 통해 끊임없이 경계를 그리고, 그것을 지키려 하고, 그 안에 머무르려고 한다. 그런데 도대체 이 경계란 무엇인가? 말의 경계라는 것이 있기는 한 걸까? 그것은 어떻게 그어질 수 있을까? 이 모든 물음에 앞서 먼저 질문하자. "누가, 왜 표준어를 만드는 것인가?"

표준어 탄생의 비밀

프랑스의 언어학자 브루노는 『프랑스어의 역사, 그 기원에서 오늘날에 이르기까지』에서, 프랑스에서 언어를 단일화하는 과정이 어떻게 진행되었는지를 분석했다. 남의 나라 얘기지만, 앞에서 제기한 질문에 답을 던져줄지도 모른다. 브루노의 연구에 따르면, 프랑스의 언어 단일화는 절대국가의 형성과 함께 진행되었다고 한다. 즉 그 과정에서 부르주아 계급이 사용하던 언어가 고상하고 학식 있는 언어로 공식화되고, 상대적으로 민중들이 사용하던 여러 지역 방언들은 부정적이고 경멸적인 의미의 '사투리'로 격하된 것이다. 그리하여 원래 '이해할 수 없는 말'이라는 의미였던 '사투리'라는 단어가 1690년에 발행된 퓌르티에르 사전에서는 '보통 사람들의 비속하고 천한 말'이라는 의미로 정의되기에 이른다.

  여기서 중요한 것은, 부르주아의 언어가 공식 언어, 즉 표준어로 승격함으로써 부르주아들의 정치적 독점을 보장해주었다는 사실이다. 다시 말해서 여러 공동체들의 방언에 대한 공식 언어의 강요는 부르주아처럼 고상하고 지적인 '새로운 인간'을 만들어냄으로써 부르주아 계급의 지배를 지속시킬 수 있었다. '공식 언어-세련됨-교양' 그리고 '사투리-촌스러움-무식함'이라는 도식에 의해 '표준어'를 쓰는 사람은 '교양인'이 된다.

  이렇게 표준어는 단순한 언어의 차원에 그치는 것이 아니라, '교양인'으로서의 우리의 사고와 행위를 문제 삼는다. 때문에 어떤 언어가 표준어인지 사투리인지를 나누는 기준은 음운이나 어휘 등의 언어 자체의 구조 속에 있는 것이 아니라, 누가 만드는가, 왜 만드는가 등의 언어 '밖'에 있다.

표준어와 정서법을 확립하려는 노력이 국가적 차원에서 이루어진 것은 20세기 초의 일이다. 이때부터 국어 연구가 활발하게 이루어져서 국어의 음운과 문법에 관련된 저술들이 출판되기 시작했으며, 1905년에 지석영의 상소로 공포된 신정국문(新訂國文)은 그러한 노력이 정책에 반영된 최초의 예다. 이후 1933년에는 '조선어학회'가 『한글맞춤법통일안』을 제정하고, 곧이어 1936년에는 표준어를 사정했으며, 이 연구의 결과 1947~57년에 걸쳐 우리말 사전(『큰사전』)이 편찬되기에 이른다. 그리고 해방 이후가 되면 표준어 교육이 본격적으로 이루어지기 시작한다.

내 할머니 할아버지 세대만 해도 한글을 모르는 경우가 부지기수다. 실제로 어느 조사에 따르면, 광복 당시 78%가 문맹이었다고 한다. 물론 일제가 우리말과 글을 쓰지 못하게 한 것도 한 요인일 수는 있지만, 그것이 전부라고는 할 수 없다. 1960~70년대까지만 해도 농촌에서는 일손이 모자라면 노동력을 보충하기 위해 자식들을 학교에 보내지 않았다고 한다. 그러나 이래서야 어디 제대로 통제가 되겠는가? 지배 권력의 입장에서 보자면, 교육이야말로 명령을 통해 말과 행동을 강제할 수 있는 가장 효과적인 수단일 텐데, 학교에 나오지 않는 사람들을 무슨 수로 '의식화'한단 말인가.

'새 나라'를 건설하기 위해서는 무엇보다도 명령을 자기 스스로 작동시킬 수 있는 '새 인간'이 필요한 법. 광복 이후 건국의 주축 세력들이 국어 교육과 표준어 보급에 그토록 열을 올렸던 것은 어찌 보면 너무도 당연한 일이다. '조선어학회'를 중심으로 한 지식인들은 전국을 돌아다니면서 한글 강습회를 마련하였고, 특히 신문의 대량 보급을 통해 국어 교육의 필요성을 강조한 결과 1948년 정부 수립에 이르면 문맹자가 반으로 줄었다고 한다. 그리고 학교에서 교육을 하려면 교과서가 필요한 것은 당연한 이치. 1945년에 처음으로 국어 교과서가 만들어지고, 이제 본격적으로 '표준적인' 국어 교육이 실시된다.

방언을 위한 국어 교육으로!

그러니까 '표준어'는 고작 60년쯤 전에 갑자기 등장한 것이다. 혹시 현재 표준어에 대한 정의를 알고 계시는지? 표준어에 대한 정의는 '교양 있는 사람들이 두루 쓰는 현대 서울말'이다. 최초의 표준어에 대한 규정 역시 이것과 별반 다르지 않다. 다만 '교양 있는' 대신 '중류 계급'이라고 규정되었을 뿐이다. 그런데 이 정의는 어째 좀 이상하지 않은가?

우선 '교양 있는 사람'이라는 말부터 보자. '교양'이라는 말처럼 아무 데나 붙는 말도 없지만, 대체 '교양 있는 사람'과 '교양 없는 사람'을 가르는 기준은 뭘까? '교양'이라는 단어가 주는 막연한 느낌으로 추측하건대, 촌에서 올라와 막노동으로 잔뼈가 굵은 '노가다'는

'교양인'에 포함되지 않을 것 같다. 아마도 표준어는 배울 만큼 배운 '화이트칼라'의 언어인가 보다.

다음으로 '두루 쓰는 서울말'이라는 표현에 대해. 얼마나 많은 사람들이 써야 '두루 쓴다'고 말할 수 있는 것일까? 서울이야말로 '어중이 떠중이들'이 전부 모여드는 도시인데, 그 중에서 서울말을 쓰는 사람들이 정말 더 다수일까? 서울이 중심이 되었으니 서울말이 표준어가 되었을 뿐이지, 사실 서울말도 하나의 지역 방언일 뿐이다. 정의는 명확해야 한다고 배웠는데, 표준어에 대한 정의는 아무리 보고 또 보아도 모호하기 짝이 없다.

그런데 바로 이 모호함이 표준어의 가면이다. 무슨 말이든 다 표준어 노릇을 할 수 있을 것 같은 이 '애매한' 가면을 벗기면, 특정한 권력의 얼굴, 오직 하나의 표정밖에는 없는 권위적인 얼굴이 드러난다. 그 얼굴은 우리가 사용하는 말들을 '비표준적인' 것으로 몰아세우면서 자신이 명령한 대로만 말할 것을 강요한다. 욕은 안 돼! 은어도 안 돼! 이건 안 돼! 저건 안 돼! 안 돼, 안 돼, 안 돼!

그러나 생각해보면 '방언'이라는 관념은 상대적이다. 그것은 항상 어떤 하나의 기준, 하나의 중심과 관련해서만 기능하기 때문이다. 그러나 하나의 '중심'이란 수와 무관하게 '지배적인 것'이 될 때 생겨난다. 표준어가 국어 교육의 중심인 것은 그것을 사용하는 사람이 많기 때문이 아니라, 앞서 그 탄생의 비밀에서 살펴본 바와 같이 그것이 지배적인 권력의 언어이기 때문이다. 따라서 '표준어 사용'을 강요하는 것은 결국 '지배적인 언어'를 강요하는 것이다. 표준어를 일련의 가치들—세련됨, 교양 있음, 지적임 등등—로 그럴듯하게 포장함으로써 그 '지배성'이 드러나지 않을 뿐이다.

우리가 그토록 얘기했던 다양한 언어게임은 하나의 규칙이나 하나의 중심을 갖고 있지 않다. 표준어든 방언이든 각각 특정한 규칙을 갖고 있는 다양한 언어게임 중 하나일 뿐이지, 결코 중심과 주변의 관계가 아니다. 따라서 표준어를 쓰는 것만이 '바른 언어생활'이고 방언을 쓰는 것은 '잘못된 언어생활'이라는 사고, 표준어를 쓰는 사람만이 '교양인'이고 방언을 쓰는 사람은 '비교양인'이라는 사고는 낡은 이분법이다. '보다 더 세련된 표준어'를 구사하는 대신 '보다 다양한 방언들'을 구사할 수 있는 것, 그게 진정한 능력이 아닐까. 어떤 시공간 배경 속에 던져놓아도 완벽하게 그 지역의 사투리를 구사하는 배우들을 보라! 그들의 억양, 그들의 어휘, 그들의 맛깔스러운 리듬……. 진정한 배우는 천의 얼굴뿐 아니라 천의 목소리를 가진 변신의 귀재들이다.

다양한 방언들의 다양한 억양·어휘·의미를 통해 나의 언어 정보량을 무한대로 확장하기. 외국어가 우리의 국어를 풍부하게 해주는 것처럼, 방언 역시 국어를 풍부하게 해주는 원천이라는 사실을 잊지 말자.

노래가 되고 시가 되는 언어

은어와 속어

조선 후기의 문인 이옥(李鈺, 1760~1815)이 유배길에 얻어들은 얘기한 토막. 대구의 한 군교(軍校)가 김천역에서 가마 하나를 만났는데, 가마가 화려하고 따르는 하인들도 대단히 건장했다. 그냥 지나치려다 아무래도 수상쩍어 가마를 미행했더니, 아니나 다를까 소매치기 일당이었던 것. 장날 시장에서 비단과 돈, 재물을 훔치는 그들을 현장 체포하려던 찰나, 가마에서 한 여인이 내리더니 이렇게 말하는 것 아닌가. "나그네께서는 우리 장사꾼들을 다그치지 마셔요. 제가 떡을 드릴게요." 떡? 무슨 떡? 이옥은 포교에게 들은 후일담을 이렇게 전한다.

그녀의 자태는 절세미인이어서 보는 사람으로 하여금 마음이 황홀하게 하고 손에 맥이 풀리게 하였다. 대개 떡은 도적의 말로 '간음'을 뜻하는 것이다. 도적들은 본래 자기들끼리만 통하고 남은 알아듣지 못하는 말이 있다. 예를 들면, 중은 산나귀(山驢)라 하고, 여자는 심주(心主)라 하고, 사람은 연주(烟主)라 하고, 말은 용(龍)이라

하고, 소는 죽(竹)이라 하고, 도둑은 장사꾼이라 하고, 포교는 나그네라 하여 모든 사물에 없는 말이 없는데, 포교만은 다 알아들을 수 있다. 내가 길에서 포교에게 들었다. (이옥, 「가마를 탄 도적」)

소매치기의 신비한 은어세계에 빠져 유배길 위에서 이걸 기록하고 있었을 이옥의 모습이 선연하다. 조선시대나 지금이나 특정한 언어게임을 필요로 하는 집단들이 있다. 소매치기 조직도 그렇고, 조폭이나 은밀한 뒷거래를 업으로 삼는 이들도 그렇다. 그런 이들에겐 그들끼리만 가능한 언어게임이 있다. 물론 대단히 폐쇄적인 언어게임이긴 하지만, 사실 어느 집단이건 마찬가지다.

청소년이 자기 또래집단에서 나누는 말을 그대로 가지고 와서 부모와 대화하는 게 가능할까? 학교에서 우리가 친구들과 나누는 말들은 집에서는 거의 통용되기 힘든 은어고, 법정의 언어는 법조계 종사자들이 아닌 이상 알아들을 수 없는 은어들이다. 마찬가지로 초딩, 중딩, 고딩의 언어 또한 그들 사이에서만 통하는 은어고, 의학 언어, 식당 언어, 방송 언어 등도 그 집단 내에서만 통용되는 은어다.

그런가 하면 욕설이나 비하하는 말은 '속어'라고 정의된다. "담탱, 조낸 짱나!"와 같이 청소년들의 일상적 용어는 거의 속어로 이루어졌다고 해도 과언이 아니다. 이 말들을 고상하게 표현해보자. "담임선생님 말이야, 굉장히 짜증나는 분이셔!" 이렇게 말하는 친구들이 있다면, 그 친구는 아마도 담임선생님에게 짜증내는 일 따윈 절대 없지 않을까?^^

특정한 언어게임 집단은 은어와 속어를 사용함으로써 다른 집단과 구별짓기를 시도한다. 환자가 의사 앞에서, 피고자가 법관 앞에서 '쪼는' 건 무엇보다도 그들의 언어 때문이다. 전문용어가 이쪽과 저쪽을 경계짓고, 언어적으로 소외시키는 것. 이런 경우 언어게임들은 그 게임 밖에 있는 타자에게는 일종의 폭력으로 작동하기도 한다. 너 우리말을 못 알아 듣지? 우리말을 내면화하지 못하면 넌 이 안에 들어올 수 없어!

하지만 또 한편으로, 이런 언어게임들은 지배적 언어권력 사이에 균열을 만들어내기도 한다. 엄혹한 시기 혁명가들의 언어, 기성세대에 저항하는 젊은 세대의 언어, 지배세력에 항거하는 식민지인들의 언어 등은 은어와 속어가 적절하게 뒤섞인 흥미진진한 게임을 형성한다.

교과서에서는 이런 욕이나 앞서 말한 속어, 은어 등을 무조건 '나쁜 말', 일상생활에서는 쓰면 안 되는 말로 취급해버리지만, 이런 말들이 무조건 나쁘다고는 할 수 없다. '좋은 말'과 '고운 말'만을 강조하고 나머지 말들, 이를테면 욕설이라든가 우리가 흔히 사용하는 줄임말 등의 속어들, 인터넷이나 문자에서 사용하는 기능적 은어들을 모두 '예외적인' 것으로 취급하는 것은, 결국 그것들이 사용되는 다양한 언어게임들을 부정하는 것이기 때문이다. 문제는 말이 사용되는 맥락과 용법이라는 사실을 기억하자.

저항의 언어, 무기로서의 언어

예문들이 좀 길지만, 아주 재미있으니 큰 소리로 읽어주시길.

예문 ① 『열녀춘향수절가』 중 '춘향이 태형 맞으며 백으로 아뢰는 대목'
곤장 태장 치는 데는 사령이 서서 하나 둘 세건마는 형장(刑杖)부터는 법장(法杖)이라 형리와 통인이 닭싸움하는 모양으로 마주 엎디어서 하나 치면 하나 긋고 둘 치면 둘 긋고 무식하고 돈 없는 놈 술집 바람벽에 술값 긋듯 그어 놓(으)니 한 일자(一字)가 되었구나.
춘향이는 저절로 설움겨워 맞으면서 우는데,
"일편단심 굳은 마음 일부종사(一夫從事) 뜻이오니 일개 형벌 치옵신들 일 년이 다 못 가서 일각인들 변하리까."
이때 남원부 한량이며 남녀노소 없이 모여 구경할 제, 좌우의 한량들이,
"모질구나 모질구나. 우리 골 원님이 모질구나. 저런 형벌이 왜 있으며 저런 매질이 왜 있을까. 집장사령놈 눈 익혀 두어라. 삼문(三門) 밖 나오면 급살을 주리라."
보고 듣는 사람이야 누가 아니 낙루(落淚)하랴. 둘째 낱 딱 붙이니,
"이비절(二妃節)을 아옵는데 불경이부(不更二夫) 이내 마음 이 매 맞고 영 죽어도 이도령은 못 잊겠소."
셋째 낱을 딱 붙이니,
"삼종지례(三從之禮) 지중한 법 삼강오륜(三綱五倫) 알았으니 삼치형

문 정배(定配)를 갈지라도 삼청동 우리 낭군 이도령은 못 잊겠소."

네째 낱을 딱 붙이니,

"사대부 사또님은 사민공사(四民公事) 살피잖고 위력공사(威力公事) 힘을 쓰니 사십팔방(四十八坊) 남원 백성 원망함을 모르시오. 사지를 가른대도 사생동거(死生同居) 우리 낭군 사생간에 못 잊겠소."

다섯 낱 채 딱 붙이니,

"오륜(五倫) 윤기(倫紀) 그치잖고 부부유별(夫婦有別) 오행(五行)으로 맺은 연분 올올이 찢어낸들 오매불망 우리 낭군 온전히 생각나네. 오동추야 밝은 달은 님 계신 데 보련마는 오늘이나 편지 올까 내일이나 기별 올까. 무죄한 이 내 몸이 악사(惡死)할 일 없사오니 오결죄수(誤決罪囚) 마옵소서. 애고 애고 내 신세야."

여섯 낱 채 딱 붙이니,

"육육은 삼십육으로 낱낱이 고찰하여 육만 번 죽인대도 육천 마디 어린 사랑 맺힌 마음 변할 수 전혀 없소."

일곱 낱을 딱 붙이니,

"칠거지악 범하였소. 칠거지악 아니거든 칠개 형문 웬일이오. 칠척 검 드는 칼로 동동이 장(杖) 질러서 이제 바삐 죽여주오. 치라 하는 저 형방아 칠 때마다 고찰 마소. 칠보홍안(七寶紅顔) 나 죽겠네."

여덟째 낱 딱 붙이니,

"팔자 좋은 춘향 몸이 팔도 방백 수령 중에 제일 명관(明官) 만났구나. 팔도 방백 수령님네 치민(治民)하러 내려왔지 악형(惡刑)하러 내려왔소."

아홉 낱 채 딱 붙이니,

"구곡간장(九曲肝腸) 굽이 썩어 이 내 눈물 구년지수(九年之水) 되겠구나. 구고(九皐) 청산(靑山) 장송(長松) 베어 청강선(淸江船) 무어 타고 한양성중 급히 가서 구중궁궐 성상전(聖上前)에 구구원정(區區原情) 주달(奏達)하고 구정(九庭) 뜰에 물러나와 삼청동을 찾아가서 우리 사랑 반가이 만나 굽이굽이 맺힌 마음 저근듯 풀련마는."

열째 낱 딱 붙이니,

"십생구사할지라도 팔십 년 정한 뜻을 십만 번 죽인대도 가망없고 무가내지. 십육 세 어린 춘향 장하원귀(杖下寃鬼) 가련하오."

열 치고는 짐작할 줄 알았더니 열다섯 채 딱 붙이니,

"십오야 밝은 달은 띠구름에 묻혀 있고 서울 계신 우리 낭군 삼청동에 묻혔으니 달아 달아 보느냐. 님 계신 곳 나는 어이 못 보는고."

스물 치고 짐작할까 여겼더니 스물다섯 딱 붙이니,

"이십오현탄야월(二十五絃彈夜月)에 불승청원(不勝淸怨) 저 기러기 너 가는 데 어디메냐. 가는 길에 한양성 찾아들어 삼청동 우리 님께 내 말 부디 전해다오. 나의 형상 자세[히] 보고 부디부디 잊지 마라."

삼십삼천(三十三天) 어린 마음 옥황전(玉皇前)에 아뢰고저. 옥 같은 춘향 몸에 솟느니 유혈이요 흐르느니 눈물이라. 피 눈물 한데 흘러 무릉도원(武陵桃源) 홍류수(紅流水)라. 춘향이 점점 포악하는 말이,

"소녀를 이리 말고 살지능지(殺之陵遲)하여 아주 박살 죽여주면 사후(死後) 원조(怨鳥)라는 새가 되어 초혼조 함께 울어 적막강산 달

밝은 밤에 우리 이도련님 잠든 후 파몽(破夢)이나 하여지다."

예문 ② 『변강쇠타령』
이때에 변강쇠라 하는 놈이 천하의 잡놈으로 삼남에서 빌어먹다 양서로 가느라고, 연놈이 오다가다 청석 좁은 길에서 서로 만났거든, 간악한 계집년이 힐끗보고 지나가니 의뭉한 강쇠놈이 다정히 말을 물어, "여보시오, 저 마누라. 어디로 가시나요?" 숫계집 같거드면 핀잔을 하든지 못 들은 채 가련마는 이 자지간나희가 홀림목 곱게 써서, "삼남으로 가."

예문 ③ 『양주별산대 놀이』 중 제7과장 「샌님」
말뚝이와 쇠뚝이가 샌님(양반) 이야길 하다 쇠뚝이가 서방님께 문안간다. "아, 서방님, 서방님!" 하는데도 잠자코 있는 서방님을 보고 말뚝이에게 와서 "참 분명한 양반이더라" 하고 말하자, 말뚝이가 "샌님한테 문안을 드려두 개 엘렐레('성기'의 속어) 같구 아니 드려두 개 엘렐레 같구 서방님한테 문안을 다려두 개 씹구녕 넌덜머리 같은데 저 끝에 계신 종가집 되령님이신데 그 되령님한테 문안을 착실히 잘 해야지 만일 잘못했다가는 육시처참에 넌 송사리뼈도 안 남는다. 가봐라"라는 말에 쇠뚝이가 문안을 가 "아 되령님 아 되령님 소인······." 이에 말뚝이가 곧이 듣더니며 묻자, 쇠뚝이 말뚝이 앞으로 와서 "애 그 양반은 분명한 양반이더라. 거 우리네가 인사를 할 것 같으면 너 에미 애비 씹들이나 잘 하느냐 할 텐데 아주

고이 있더냐 하는 걸 보니 점잖은 양반이다" 하는 말에 말뚝이가 찬동한다.

예문 ④ 프랑수아 라블레, 『팡타그뤼엘』, 「서문」
만일 내가 이 이야기 전체에 대해서 단 한마디라도 거짓말을 한다면 몸과 영혼, 오장육부도 십만 광주리만큼의 악마들에게 뜯어먹혀도 좋다고 맹세하겠다. 이와 동시에 만일 여러분이 이 '연대기' 속에서 내가 말하는 것을 다 믿어주지 않는다면, 차라리 성 앙트완의 불에 타버리는 것이 낫고, 간질병에 걸리거나 탈저병에 걸려 절름발이가 되거나 이질에 걸려 쓰러지거나 요철(凹凸) 놀이 때문에 병들어 암소 털처럼 따끔따끔한 맛이 항문까지 옮아가는 것이 낫겠다. 그리고 소돔과 고모라의 마을처럼 유황이 되고 불꽃이 되어 지옥에 떨어져버려라!

대들고 욕하는 데는 나름 일가견이 있다고 자부하는 여러분이라도 이쯤 되면 두 손을 들 수밖에 없을 것이다.
예문 ①은 춘향이 수청을 들라는 변사또의 청을 거절한 '괘씸죄'로 태형을 당하는 장면이다. 보통 춘향이라고 하면 '열녀' 이미지가 강해서 여성적이고 순종적인 여인일 거라고 생각하지만, 천만에! 총 스물다섯 대를 맞는 동안, 단 한번도 살려달라고 애걸하지 않고 꼬박꼬박 변사또에게 대거리하는 저 용감무쌍한 춘향을 보라. 춘향이는 말로만 일부종사하면서 처량하게 이도령을 기다린 얌전녀가 아니라, 온몸으로 권력의 부당한 명령에 저항한 '투사'였다. 공부 좀 한 사람답게, 춘향은 일이삼사오 운자를 딱딱 맞춰가면서 우아하게, 하지만 강단 있게 저항한다. 욕도, 고함도 없지만, 상대방의 폭력에 맞서는 무기로서의 언어.

예문 ②는 조선 후기의 판소리 중 하나인 『변강쇠타령』이다. 예문에서 '천하의 잡년과 잡놈'으로 묘사되고 있는 인물은 그 이름도 유명한 '옹녀'와 '변강쇠'다. 이 언어게임에서 욕은 변강쇠와 옹녀의 캐릭터를 설명하는 데 있어서 아주 효과적일 뿐 아니라, 당시의 성문화에 대한 훌륭한 진술이다. 밤마다 눈을 시뻘겋게 뜨고 야동을 보면서도 낮에는 금욕적이고 근엄한 척하는 우리 시대의 '야동맨'들과 달리, 변강쇠와 옹녀는 자신의 성에 대해 거리낌이 없다. 그걸 얘기하고 듣는 사람들 역시 마찬가지다. 거나한 욕설과 성적 표현들은 자신의 욕망에 대해 당당하고 거침없는 당시 민중의 형상을 생생하게 드러낸다.

이에 비해 예문 ③의 적나라한 욕설은 말뚝이로 대표되는 민중이 샌님으로 대표되는 지배계급을 향해 시원하게 날리는 풍자의 똥침이다. 지배계급에게 복종을 안 하자니 그에 따라올 불이익 때문에 '개 엘렐레' 같고, 그런 '같지도 않은' 양반들을 꼬박꼬박 대우해주자니 그것도 참 '개 엘렐레' 같다는, 민중의 솔직하고도 날카로운 고백. 여기서 '욕'은 그런 민중들에게 더없이 '유쾌한' 언어가 된다.

예문 ④는 르네상스 시대 문학 작품인 라블레의 『팡타그뤼엘』 「서문」이다. 내용인즉, 내 얘기를 믿지 않는 자들은 지옥에 떨어지라는 협박이다. 예쁘게 봐주시고 많이 소문내주시라고 해도 모자랄 판국에, 뭐라고? 자신의 얘기를 믿지 못하는 자, 간질병에 걸려 절름발이가 되거나 지옥에서 불타버리라고? 하지만 이건 작가의 협박도, 욕설도 아니다. 독자들에게 온갖 저주를 퍼붓는 것 같지만, 실은 저 욕과 저주들은 교회의 설교 방식에 대한 패러디다. 교회가 말하는 것만이 진리고, 그걸 믿지 않는 자 지옥에 떨어지리라는 교회의 협박에 대한 유쾌한 패러디!

바흐친은 세계를 향해 똥오줌 같은 욕설을 소나비처럼 퍼붓는 라블레의 이 작품에서 "낡은 세계를 유쾌하게 매장하는 행위"를 본다. 라블레는 똥·오줌·질병과 관련된 변화무쌍한 욕설을 내뱉지만, 그럼으로써 민중에게 똥과 오줌이 갖는 재생력을 되돌려준다. 예를 들어 '이 똥 같은 놈아!'라는 욕은 배설물로서의 똥(=과거의 인간)과 양분으로서의 똥(=새로운 미래의 인간)이라는 이중적 의미를 내포한다. 그러니까 그 욕은 매번 자신을 버리고 새롭게 태어나라는 일종의 축복이기도 하다. 그래서 그들은 욕을 하고 욕을 들으면서 끊임없이 웃는다.

문학이니까 그럴 수도 있는 일이라고? 그러나 이건 단지 문학만의 얘기가 아니다. 생각해보라. 동네 공터에 모여 판소리를 듣거나 탈춤판을 벌이며 거나한 욕설들을 주고받았을 조선의 민중을, 시장 바닥에서 거나하게 취해 지배계급을 거침없이 욕했을 서양의 민중을. 현재의 우리도 마찬가지다. 불의를 보고 참지 못해 '쎈' 욕 한마디를 내뱉을 때, 혹은 독재자를 향해 가운데 손가락을 들어 보이며 시위를 벌일 때, 그때의 언어게임에서 욕은 단순히 '예외적'이거나 '저질적'인 언어가 아니다. 그 순간 우리의 욕은 그 어떤 비판적인 언어보다도 더 강력하고 효과적인 무기가 된다.

어느 소설가가 등단한 지 얼마 지나지 않아 전화 한 통을 받았다고 한다.

"저, 혹시 ○○년도에 ○○여고 졸업한 분 맞나요?"

"네, 맞는데요."

그 순간 전화기를 통해 울려오는 소리, "야, 이년아! 너 맞구나. 나 ○○야!"

'이년아'라는 말을 듣는 바로 그 순간, 눈물이 왈칵 솟아오르면서 "'이년아'라는 말이 이렇게도 아름다울 수 있구나" 하는 생각을 했다는 거다. 어떤 욕은 이처럼 우리에게 눈물과 웃음을 안겨주기도 하고, 때론 우리의 분노를 그대로 표현해주기도 한다. 따라서 욕설 일반이 우리말을 오염시킨다는 논리는 외국어가 우리말을 오염시킨다는 논리와 일맥상통한다.

그렇다고 해서 "이제 자유롭게 욕을 써도 되겠구나"라고 생각하는 독자는 설마 없으리라고 믿는다. 행복을 앗아가 버리는 욕, 기쁨이 아닌 슬픔을, 축복이 아닌 저주를 안겨주는 욕이 얼마나 많은가? 그런 욕은 상대방뿐 아니라 자신에게조차 아무런 기쁨이나 통쾌함을 주지 못한다.

다만, 게임에 따라서 욕도 아름다울 수 있다는 거다. 욕의 미학을 말할 수 있다면, 그것은 욕을 가지고 지배적인 권력에 저항할 수 있을 때, 욕을 가지고 보다 많은 즐거움과 기쁨을 표현할 수 있을 때, 그리고 욕을 가지고 새로운 의미를 만들어낼 수 있을 때다.

한마디 욕이 시가 되고 노래가 되고

'아리랑'을 모르는 사람은 아무도 없을 거다. 그러나 이런 아리랑이 있다는 사실을 아는지?

　① 아리랑인가 지랄인가 용천인가
　씨엄씨 잡년아 강짜를 마라
　너 아들놈 염렵함사 내가 밤모실 갈거나.

　씨엄씨 죽으라고 고사를 지낸께
　친정엄매 죽었다고 기별이 왔네
　② 저것을 길렀다 낭군을 삼으니
　솥씨를 뿌렸다 정자를 삼지

　물레야 돌 미테 잠든 낭군
　은제나 다 커서 내 배 탈꼬

　③ 문전의 옥토는 어찌 되고
　쪽박의 신세가 왼말인가

밭은 헐려서 신작로 되고
집은 헐려서 정거장 되네

말깨나 하는 놈 재판소 가고
일깨나 하는 놈 공동산 간다

아깨나 낳을 년 갈보질 하고
목도깨나 메는 놈 부역간다

    이쯤 되면 아리랑을 '한'(恨)의 노래라고 말하기가 어려워진다. 이렇게 욕설이 난무하고 성적인 묘사가 그득그득한데, 한은 무슨 한? 아리랑을 부르며 며느리는 못된 시어머니를 욕하고, 아리랑을 부르며 신부는 외로움을 달래며, 아리랑을 부르며 민중은 지배자를 조롱한다. 아리랑에서는 욕도 노래가 된다.
    우리에게 아리랑이 있다면, 흑인에게는 랩이 있다. 마티유 카소비츠의 영화 「증오」의 주인공들은 프랑스의 게토 거리를 어슬렁거리며 세상을 향해 끊임없이 욕을 뱉어대는 '막가는' 10대 청소년들(유태인 빈츠, 아랍인 사이드, 흑인 위베르)이다. 영화가 시작하면 화염병 하나가 지구에 떨어진다. 불타는 지구. 이어 장면이 바뀌면, 온갖 유색인종들이 득실거리는 파리의 게토 지역 방리유에서 시위대와 경찰이 전투를 벌이고 있다. 최루탄과 돌멩이, 그리고 온갖 욕설이 난무하는 이 장면 뒤로 익숙한 리듬의 음악이 물결치는데, 바로 밥 말리의 원조 레게 음악 「불지르고 약탈하고」(Burnin' and Lootin)이다.

자메이카 레게의 대부인 그는 "음악으로 혁명을 일으킬 수는 없다. 그러나 사람들을 깨우치고 미래에 대해 듣게 할 수는 있다"라고 하면서 자메이카 흑인들의 분노와 희망을 레게 리듬에 실어 노래한다. 이밖에도 이 영화에는 세상을 향해 던지는 주인공들의 쉴 새 없는 욕설과 함께 '갱스터 랩'이 끊임없이 흘러나온다. 랩의 기원이 노예선에 갇힌 흑인들이 부르던 분노와 절망, 그리고 그 속에서 비집고 새어나오는 희망의 노래였던 것처럼, 이 '막가는' 10대들의 세상을 향한 절규는 노래가 되어 흐른다.

또 영화 「슬램」에서 주인공이 세상에 던지는 분노의 욕은 시가 되고 노래가 되며, 그들의 욕에 담긴 분노와 증오는 어떤 언어보다도 아름답고 희망적인 메시지가 된다. 랩이란, 그렇게 탄생한 흑인들의 노래였으며, 노래이기보다 먼저 시였고, 시이기 전에 먼저 욕이었다. 지배적인 권력에 대한 '춘향이스러운' 저항, 새로운 욕망에 대한 '옹녀다운' 표현, 하나의 진리를 강요하는 교회 권력을 민중적 똥오줌으로 뒤범벅해버린 '라블레식'의 패러디! 그런 삶의 태도가 결여된 랩과 욕은 단지 속사포 같은 말재주나 상처를 입히는 무기에 불과하다.

저항하라, 노래하라, 그리고 웃어 젖혀라! 이게, 한 방울의 피도 흘리지 않는 유일한 전투다.

언어를 더듬거리게 하기

김삿갓은 한시에 욕을 기막히게 넣는 것으로도 유명해서, 그의 일화 중에는 욕과 관련된 것이 꽤 많다.

김삿갓이 황해도 땅의 한 서당에 들렀을 때의 일이라고 한다. 훈장은 안에서 나와볼 생각도 안 하고 꼬마들 몇 놈만이 문 밖을 내다보며 손님을 우습게 보고 시시덕거린지라, 우리의 김삿갓은 거만한 훈장을 향해 대뜸 시 한 수를 읊었다.

學生乃早知　학생은 이내 일찍 앎을 닦았는데
先生來不謁　선생은 와서 뵙지를 않는구나
房中皆尊物　방 안에는 다 귀한 물건들인데
學生諸未十　학생은 모두 열 사람이 안 되는구나

별 내용 아닌 듯 보이지만, 음을 읽어보면 깜짝 놀라리라. "학생내조지, 선생내불알, 방중개존물, 학생제미십" 그러고 보니 어디서 많이 듣던 말들이다. 인터넷을 떠도는 '욕설 한문'의 원조가 김삿갓이었다니! 물론, 떠도는 얘기라 믿을 건 못된다. 하지만 이런 식으로 말과 글을 가지고 놀았으리란 건 분명하다. 그런가 하면, 좌수와 진사의 벼슬을 가진 이에게 바친 이런 시도 있다.

六月炎天鳥座睡(육월염천조좌수)　유월 염천에 새는 앉아 졸고

九月凉風蠅盡死(구월양풍승진사)　　구월 찬바람에 파리들 다 뒤지다

　　뜻만 보면 새가 졸고 파리가 죽었다는 것뿐이지만, 한자의 음을 가만히 보면 '졸고 있는 새'는 조씨 성을 가진 좌수를 빗대고 있고(조좌수), '죽은 파리'는 승씨 성을 가진 진사를 빗대고 있음(승진사)을 알 수 있다. 글자 하나로도 이렇게 근사하고도 통쾌하게 지배자들에게 한방 먹일 수도 있다. 여기서 욕과 문학의 경계는 사라지고, 욕이 때로는 그 어떤 말보다도 비판적이고 논리적일 수 있음을 명쾌하게 보여준다.

　　언어를 '더듬거리게' 한다는 것은 단순히 말에 방언을 섞어 쓰거나, 욕을 많이 하거나, 사람들이 잘 알아듣지 못하는 단어들을 쓰는 게 아니다. 단지 그렇게 하는 건 '이리 가라'니까 '저리 가는' 식의 소극적인 명령 불복종에 다름 아니다. 중요한 건 그런 언어들을 가지고 우리 자신을 표현하는 것이다. 아리랑을 부르고, 랩을 중얼거리고, 시를 읊고, 소설을 쓰면서 우리만의 언어를 만들어내기다. 욕조차 희망적인 것으로, 기쁨으로, 아름다운 것으로 만들 수 있는 언어. 명령에 저항하여 달아나는 자들의 손에 쥐어진 무기로서의 언어. 그런 언어의 생산을 통해 지배적인 언어를 더듬거리게 할 때, 국어는 더욱 풍요롭고 다채로워지리라.

　　여러분들은 어떤 노래를 부르고 싶은가? 어떻게 욕을 시로 만들고 노래로 만들 것인가? 어떻게 그것으로 새로운 문화를 생산할 것인가? 이제 실험을 위한 시간이다.

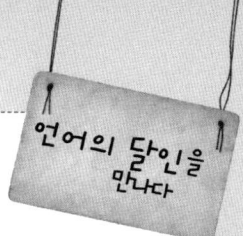

솔직해서 불순한 언어의 달인, 이옥

정조와 문체반정, 그리고 이옥

조선 제 22대 왕 정조는 알아주는 '책벌레'였다. 오죽했으면, 신하들이 '옥체를 보존하시려거든 책을 그만 읽으십시오'라는 상소를 다 올렸겠는가. 하지만 역설적이게도, 책벌레 정조는 책을 탄압한 왕이기도 했다. 이른바 '문체반정'(文體反正)은 조선 후기의 '불온한' 지식인들에 대한 정조의 사상탄압을 단적으로 보여준 사건이다. 18세기 조선에서는 대체 무슨 일이 있었던 걸까?

성균관 시험의 시험지 중에 만일 조금이라도 패관잡기에 관련되는 답이 있으면 비록 전편이 주옥같을지라도 하고(下考)로 처리하고 이어 그 사람의 이름은 확인하여 과거를 보지 못하도록 하여 조금도 용서가 없어야 할 것이다. 엊그제 유생 이옥의 응제 글귀들은 순전히 소설체를 사용하고 있었으니, 선비들의 습성에 매우 놀랐다. 지금 현재 동지성균관사로 하여금 일과로 사륙문(四六文) 50수를 짓게 하여 낡은 문체를 완전히 고친 뒤에야 과거에 응시하게 하도록 하였다. 그런데 그 사람은 일개 유생에 불과하여 관계되는 바가 크지 않지만 띠를 두르고 홀을 들고 문연(文淵)에 출입하는 사람들도 이런 문체를 모방하는 자들이 많으니 어찌 크게 안타까운 일이 아니겠는가.(『정조실록』 1792년 10월 19일 기록)

핵심인즉, 쓰라는 대로 안 쓰고 자기 마음대로 글을 쓴 선비들은 다시는 과거를 못 보게 하고 벌을 주어 버릇을 고쳐놔야 한다는 것. 조선의 주류 학문은 주자학이었고, 주자학의 고원한 사상은 고상하고 기품 있는 고문(古文)에 담아야 한다는 게 당시 주류 지식인의 상식이었다. 하지만 당시 지식인들 사이에서는 명청대의 소품문(小品文)이 널리 읽히고 자연스럽게 소품문의 문체를 모방하는 이들이 생겨났으니, 이게 바로 화근이었다.

소품문이란 자잘한 사물이나 소소한 일상을 진솔한 감정으로 표현한, 일종의 '아포리즘'이다. 지금 우리의 눈으로 보면 아름다운 수필처럼 읽히지만, 천리(天理)와 성(性)을 논하고 예(禮)를 중시하는 '정통 주자학자'인 정조가 보기에 그런 글은 경박하고 사악하고 음란한 글이 아닐 수 없었다. 글은 결국 읽는 자의 사고방식까지 물들이게 마련이니, 이를 그냥 내버려둔다면 결국 조선의 통치체제까지 위협할 터. 소품문의 폐단을 우려한 정조는 중국서적의 수입을 금지하고, 소품체를 본뜬 성균관 유생들에게 '과거금지'라는 처벌을 명한다. 이러한 과정에서 '본보기'로 걸려든 이가 바로 이옥이었다.

이옥은 연암 박지원처럼 좋은 가문 출신도 아니었고, 특별히 뛰어난 수재도 아니었다. 정조가 보기엔 이거야말로 사태의 심각성을 보여주는 증거였다. 아니, 이런 잔챙이들까지도 소품문을 흉내낼 지경이라면, 거의 모든 선비들이 소품문의 폐단에 물들어 있다는 얘기 아닌가! 결국 이옥에게는 충군(充軍)이라는 잔인한 벌이 내려졌다. 공부하는 선비에게 군대에 편입하라는 건 결국 공부를 하지 말라는 얘기. 이옥은 이후 십여 년을 이리저리로 떠돌게 된다. 벌을 받고 난 후에는 뼈저린 반성을 했느냐고? 천만에! 이옥은 끝까지 자신의 글을 썼다. 쓰라는 대로가 아니라 쓰고 싶은 대로, 보라는 것이 아니라 보이는 것을 보면서.

찬란하고 다양한 세계의 결들을 포착하다

이제 정조를 그토록 분노케 한, 이옥의 소품문을 들여다보자.

12월 27일은 장이 서는 날이다. 나는 대단히 심심해서 종이창의 구멍을 통해서 바깥 저자의 광경을 엿보았다……소와 송아지를 몰고 오는 사람, 소 두 마리를 몰고 오는 사람, 닭을 안고 오는 사람, 문어를 들고 오는 사람, 멧돼지 네 다리를 묶어 짊어지고 오는 사람, 청어를 묶어 들고 오는 사람, 청어를 엮어 주렁주렁 드리운 채 오는 사람, 북어를 안고 오는 사람, 대구를 가지고 오는 사람, 북어를 안고 대구나 문어를 가지고 오는 사람……서로 만나 허리를 굽혀 절하는 사람, 서로 이야기를 나누는 사람, 서로 화를 내며 발끈하는 사람, 손을 잡아끌며 장난치는 남녀, 갔다가 다시 오는 사람, 왔다가 다시 가는 사람, 갔다가 또다시 바삐 돌아오는 사람, 넓은 소매에 자락이 긴 옷을 입은 사람, 소매가 좁고 짧으며 자락이 없는 옷을 입은 사람, 방갓에 상복을 입은 사람, 승포와 승립을 한 중, 패랭이를 쓴 사람 등이 보인다.(「시장」 중에서)

읽기도 숨이 찰 지경이다. 그저 '별별 사람들이 다 있었다'라고만 해도 그러려니 할 터인데, 이옥에게 세계는 그런 상투적 표현들로 환원될 수 없다. 이옥은 현미경 같은 시선으로 시장을 오가는 모든 이들에게 포커스를 맞춘다. 그에게는 세상에 같은 꽃은 하나도 없고, 모두에게 같은 밤은 없으며, 하루도 같은 날은 없다. 살아있는 모든 것은 매 순간 다르다. 아니 매 순간 다른 모습으로 존재하는 것, 그게 바로 '살아있음'이다.

대체로 논하여 보건대, 만물이란 만 가지 물건이니 진실로 하나로 할 수 없거니와, 하나의 하늘이라 해도 하루도 서로 같은 하늘이 없고, 하나의 땅이라 해도 한 곳도 서로 같은 땅이 없다. 마치 천만 사람이 각자 천만 가지의 성명을 가졌고, 삼백 일에는 또한 스스로 삼

백 가지의 하는 일이 있음과 같다.(「이언」 중에서)

세계는 고요한 흑백의 세계가 아니라 매 순간 찬란하게 빛을 발하는 총천연색의 파노라마다. 그러니 어찌 한 가지 방식으로, 더군다나 '법대로' 글을 쓸 수 있겠는가. 이옥은 한없이 사소한 것들에 다양한 시선을 투사함으로써 고문의 권위를 조롱하고 거대한 인간의 욕망을 우습게 만들어 버린다.

이옥의 글쓰기에는 더와 덜의 위계가 없다. 모든 것은 그 자체로 가치를 지닌다. 벌레는 벌레대로, 잡초는 잡초대로, 들꽃은 들꽃대로, 모두 다 각자의 고유한 향과 모습을 간직한 채 자신의 삶을 살 뿐이다. 가문의 빽이나 천재적 재능은커녕 별다른 존재감도 없었던 '한미한 선비' 이옥은 그렇게 세상의 모든 것을 글로 포착함으로써 당대 선비들을 둘러친 거대한 그물을 유유히 빠져나갔다.

글쓰기의 달인 — 취하고 토하라!

이옥에게 글을 읽고 글을 쓰는 것은, 비유하자면 술을 마시는 것과 같았다. 술을 마시면 취하듯이 글을 읽으면 취하고, 술을 많이 마시면 어쩔 수 없이 토하듯이 글을 많이 읽으면 토하듯이 쓸 수밖에 없다는 것.

어떤 사람이 내게 술단지에다가 「시여취」(詩餘醉) 한 질을 선사하였다. 기이하여라! 먹은 누룩으로 빚은 술이 결코 아니고, 서책은 술통과 단지가 결코 아니거늘, 이 책이 어찌 나를 취하게 할 수 있으랴. …… 이렇게 생각하면서 그 책을 읽고 또 읽었다. 그렇게 읽기를 사흘이나 오래 하였더니, 눈에서 꽃이 피어나고 입에서 향기가 머금어 나왔다. 위장 안의 비린 피를 깨끗이 쓸어버리고 마음에 쌓인 먼지를 씻어주어, 정신을 기쁘게 하고 온몸을 안온하게 하여 주어, 나도 모르는 사이에 무하유(無何有)의 곳으로 빠져들었다. 아아! 이것이 바로 술지게미 언덕 위에 노니는 즐거움이니, 절묘한 시구에 깃들어 살아감이 마땅하도다. (「묵취향서」墨醉香序)

이 글을 읽는 자가 그 누구인들 취하지 않으리오. 나도 이에 진실로 몸을 가눌 수 없을 만큼 취하게 되었다. 크게 취해서 취함이 극에 달한 자는 반드시 토하게 되는 것이니……그런데 나는 술에 있어서 취하면 토하지 않을 수 없는 사람이다. 내가 이 글을 읽고서 이것을 지은 것은 또한 내가 취하여 토한 것이다……위가 술단지보다 좁아서 술이 넘쳐 위쪽으로 올라와 용솟음쳐 목구멍에서 토하게 된다. 혹은 콧구멍으로 토하기도 하고 간혹 귀로 토하는 자도 있는데, 모두 저절로 되는 것이다. 내가 토하는 것이 이와 무엇이 다르겠는가.(「묵토향전서」墨吐香前敍)

누군가로부터 『취』(醉)라는 중국 문인의 시집 한 권을 얻은 모양이다. 「묵취향서」는 이 시집을 읽고 '취해서' 쓴 서문이고, 「묵토향전서」는 '토해서' 지은 자신의 시집에 붙인 서문이다. 이옥에게 글을 읽고 쓴다는 건, 먹고 마시고 취하고 싸는 것과 마찬가지로 자연스러운 몸의 표현이다. 우리의 몸은 거짓을 모른다. 내가 행복한지 불행한지, 편안한지 불안한지를 몸은 그대로 느낀다. 시험 때만 되면 어김없이 머리가 아프고 배가 아팠던 경험이 한번쯤은 있으리라. 안 그런 척해도 몸이 먼저 긴장한 탓이다.
　글도 마찬가지다. 어떤 글은 우리를 정말 '취하게' 만든다. 그걸 읽기 전의 나와는 다른 사람으로 만들어 버린다는 얘기다. 또 그렇게 열심히 취해서 읽다 보면 정말 '토하고' 싶어진다. 뭔가에 빠져 본 적이 있는 독자라면 공감할 거다. 노래를 좋아해서 노래에 취하면 자기도 모르게 노래를 흥얼거리게 되듯이, 어떤 일에 심취하게 되면 결국 그 일을 할 수밖에 없는 법. 글쓰기의 왕도를 묻는 독자들에게 이옥은 이렇게 답하리라. 취하면 토하나니, 일단은 책에 취할 정도로 읽으시오!
　취하고 토하는 데 '법' 같은 게 있을 리 없다. 이런 생각을 가진 사람이 당대의 글쓰기 '법'을 따를 수 없었던 건 당연하다. 이옥은 고문(古文)을 본받은 규범적 언어 대신 비속어와 방언, 은어, 우리말 등등 생동하는 언어를 과감히 사용했다.

저 띠풀로 짜서 까는 것을 중국사람들은 석(席)이라 하는데 나와 그대는 돗자리라 한다……저 털을 묶어서 뾰족하게 한 것을 저들은 필(筆)이라 하는데 우리는 붓이라 한다……저들은 저들의 이름하는 바로써 이름을 삼고, 우리는 우리의 이름하는 바로써 이름을 삼는다. 나는 모르겠거니와, 저들이 이름하는 것이 과연 그 물건의 이름이라 할 수 있겠는가……저들은 마땅히 저들의 이름하는 바로 이름하고, 우리는 마땅히 우리의 이름하는 바로 이름하는 것이다. 우리가 어찌하여 반드시 우리의 이름하는 것을 버리고 저들이 이름하는 것을 따라야 하겠는가.(「이언」俚諺 중 '삼난'三難)

존재하는 것들에 위계가 없듯이 언어에도 위계가 없다. 이건 단순히 '우리말을 사랑하자'는 차원이 아니라 '이것이 옳은 말'이라고 하는 규범에 대한 저항이다. 때문에 인간의 언어를 고집할 이유 또한 없다. 개구리 소리나 풀벌레의 울음소리에서도 수천 가지의 감정을 읽어낼 수 있고, 그럴 수 있어야 하는 것이다.

그런가 하면 감정이나 욕망의 진솔한 표현을 천박한 것이라며 억압했던 사대부 남성 대신 고원한 가치들로부터 자유로운 여성을 화자로 내세워 소외된 자들의 목소리를 대변한다.

차라리 장사꾼의 아내가 될지언정 / 난봉꾼 아내는 되지 마소 / 밤마다 어딜 가는지 / 아침에 돌아와 또 술타령 // 당신을 사나이라 하여 / 여자 이 한 몸 맡겼는데 / 비록 날 어여뻐 여기진 못할망정 / 어쩌자고 번번이 날 구박한단 말인가……내 머리 빗질하는 틈 타 / 나의 옥비녀 훔쳐 갔네 / 두어도 내겐 쓸모없는 물건이나 / 누굴 줄는지 모르겠네 // 국과 밥그릇 사납게 집어다가 / 내 면전에 대고 던지네 / 당신 변한 입맛 때문이지 / 내 솜씨 어찌 전과 다르리(「이언」 중 '비조'悲調)

남편에게 버림받은 여인의 원통하고 절절한 심정이 느껴지시는지. 남성이 쓴 시라고는 도저히 믿기지 않을 정도다('이옥'이라는 이름만으로 이옥을 여성이라고 생각한 독자들을 위해 확인해 두건대, 이옥은 남성이다.). 격식과 허례, 체면치레에 사로잡힌 사대부들에 비해 감정을 진솔하게 표현하는 여성이 더 의리 있고 올곧은 존재가 아닐까. 또 때로는 권력관계로 맺어진 임금과 신하 간의 '의리'보다도 남녀의 통속적인 정이 훨씬 더 진실할 수도 있는 법. 이옥은 현미경적인 눈으로 세상의 모든 것에 초점을 맞추면서, 그 하나하나에 다양한 언어와 다양한 감정을 불어넣는다. 규범을 중시하는 정통 주자학자가 보기에 이옥의 소품문은 한없이 불온하지만, 이 불온함이야말로 이옥의 소품문이 내뿜는 치명적인 매력이다.

저항하라, 즐겁게!

이옥은 18세기의 기라성 같은 지식인들 틈에서 이름 없이 살다가 소리 없이 세상을 떠났다. 문체반정의 희생양이었지만 뭐 그렇게 세상을 떠들썩하게 한 것도 아니고, 정조에 맞서서 거창하게 영웅적으로 저항한 것도 아니다. 하지만 그는 '부정하는 용기'를 끝까지 잃지 않았다. 법을 부정하는 용기, 명령을 부정하는 용기, 정체성(사대부, 남성이라는)을 부정하는 용기. 그의 글은 한없이 사소한 것을 다뤘지만, 그의 글은 전혀 사소하지 않다.

부정의 용기, 세계의 다양함을 꿰뚫는 민감한 눈, 그 다양함에 취할 수 있는 말랑말랑한 감수성. 이옥은 이 세 가지를 갖고 세상에 저항했다. 가장 조용한, 가장 정적인, 하지만 가장 강렬한 저항. 자신의 자리에서, 자신이 할 수 있는 것으로, 자신을 둘러싼 벽에 틈을 만들기! 이옥의 소품문은 세상에서 가장 끈질기고 즐거운 저항의 방식을 보여준다.

3부

행복한 책읽기

"감당할 수 없을 만큼의 슬픔이 밀려와 사방을 둘러봐도 막막하기만 할 때에는 그저 땅을 뚫고 들어가고 싶을 뿐, 살고 싶은 마음이 조금도 없다. 하지만 다행스럽게도 나에게는 두 눈이 있고 글자를 알기에 한 권의 책을 들고 마음을 위로하면, 잠시 뒤에는 억눌리고 무너졌던 마음이 조금 진정된다. 내 눈이 제아무리 다섯 색깔을 구분할 수 있다 하더라도 책에 대해서는 깜깜한 밤과 같다면 장차 어디에 마음을 쓰겠는가?"(이덕무, 「선귤당농소」중)

슬픈 일이나 힘든 일을 당해도 한없이 슬퍼하거나 절망하지 않을 수 있는 건 우리 주위에 있는 친구들 때문이 아닐까? 아무리 힘든 일이 있어도, 친구의 격려와 위로와 질타는 다시 일어날 수 있는 힘이 되어주곤 한다. 그런데 친구로 말하자면, 책만 한 친구가 또 있을까? 언제든 그 자리에서 나를 묵묵히 기다려주고, 세상의 모든 지식과 지혜를 고스란히 내게 풀어내는 책-친구! 책은 앉은 자리에서 모든 시공간의 횡단을 가능케 해주고, 다양한 삶의 비전들을 탐사할 수 있게 해준다. 때문에 독서는 '취미'가 아니라 밥먹는 일처럼 일상적인 일이 되어야 한다. 책과 친구가 되자. 책을 자극하고, 책의 매력을 훔치고, 책을 살아가게 하는 베스트프렌드가 되자!

책의 무한한 공간

예전에 학교에서 교편을 잡을 때나 학원을 전전하며 알바를 하던 시절, 첫 수업 시간마다 내가 꼭 한 일이 있었다. 학생들에게 종이 한 장을 나눠주고 지금까지 읽은 책을 다 써보라는 것. 개중에는 굉장히 당혹스러워하면서 "책이면 다 되나요?"라고 묻는 친구도 있고(이런 친구들은 십중팔구, 만화책을 잔뜩 써놓는다), 아무 말 없이 눈동자를 굴리며 자신 있게 써내려가는 친구도 있다. 어쨌거나 이들이 써낸 독서 목록을 보면, 교과서에서 다루는 문학 작품들과 베스트셀러 소설, 공부 잘 하는 법과 관련된(이를테면 '나 이렇게 대학에 갔다', '하버드 천재의 공부법' 같은) 책들이 대부분이다. 학생의 성적이나 성향에 관계없이 대체로 비슷비슷한 책들이 아주 지루하게 나열되어 있다.

　대학생이라고 해도 사정은 별다를 게 없다. 언젠가 국문과 학생들을 놓고 강의할 기회가 있었는데, 국문과 학생들인 데다가 요즘 대학생들이 무슨 책을 읽는지도 궁금했던 터라, 대학 들어와서 읽은 책을 모두 써보라고 했다. 결과는 마찬가지. 대개가 베스트셀러 소설이거나 수업 시간에 다룬 소설들, 아니면 가벼운 수필집이나 처세서들이 대부분이었다. 무엇보다 내가 놀란 건, 그들의 독서 목록에서 인문학 분야의 책들은 거의 찾아볼 수 없었다는 사실이다. 대형 서점에

가면 그렇게나 많은 책들이 넘쳐나는데, 읽는 책들은 어쩌면 그리도 비슷한지. 대학에서 논술 시험을 도입한 이후로 독서 교육의 필요성이 강조되고, 인문학이 대중화되었다고 하지만, 청년들의 독서는 양과 질 모두에서 여전히 형편없는 수준이다. 분량이 많거나 주제가 조금만 무거워 보여도, 이 어려운 걸 어떻게 읽느냐며 지레 겁을 먹고 쉬운 책을 찾는다. 하여, 축약본에 해설본에 만화본까지 버전은 더욱 다양해졌지만, 글쎄…… 그게 열독률을 높였는지에 대해선 회의적이다.

생각해보면, 내가 중고등학생이었던 시절만 해도 영화를 본다는 건 연중행사였고, 텔레비전을 볼 기회도 별로 없었다. 인터넷? 그런 건 10년 전만 하더라도 꿈도 꾼 적이 없다. 말 그대로 '볼 게 없었다'. 콘텐츠가 부족했다는 뜻이 아니라, 하드웨어 자체가 없었다는 말이다. 때문에 자의 반 타의 반으로, 그저 읽을 수밖에 없었다. 간혹 만화방과 오락실, 롤라장을 비롯한 유흥업소를 순회하는 '자유로운 영혼'(우리들 용어로는 '날라리')들이 있기는 했지만, 그런 경우를 제외하면 우리가 학교로부터 달아날 수 있는 유일한 출구는 책이었다. 물론 그렇고 그런 '빨간책'과 만화책도 아주 좋은 위안거리가 되어주었지만, 도스토예프스키나 헤르만 헤세, 에밀리 브론테는 그 시절을 버틸 수 있게 해준 최고의 친구들이었다. 물론, 그 책들을 이해했다고는 할 수 없다. 라스콜리니코프의 행위를, 아프락사스의 날갯짓을, 히드클리프와 캐서린의 불가해한 사랑을 무슨 수로 이해했겠는가. 그러나 확신컨대, 잡힐 듯 말 듯 모호하고 묵직하게 전해지는 그들의 삶은 지금의 나를 있게 한 자양분이었다.

'책을 읽어야 한다'고 무섭게 강변하고 싶은 생각은 없다. 책을 읽는 행복함을 함께 나누고 싶을 뿐이다. 의무감으로 하는 일은 능력을 그다지 크게 변화시키지 못하지만, 자발적으로 하는 일은 설령 실패하더라도 자신을 변화시킨다. 책이 내게 준 기쁨을 독자들에게 전염시키는 것! 그게 이 장의 미션이다. 미션 파서블!!

느림의 기쁨

책을 읽으라는 애기는 수도 없이 들었고 책을 읽어야 한다는 것도 잘 알지만, 그런 독자들도 당장 자신의 난독증을 호소해올지 모르겠다. "저도 책을 읽고 싶은데요, 잘 안 읽히고……. 그리고 솔직히 책 안 봐도 인터넷에 다 있잖아요!!"

책에 대한 정보는 곳곳에 넘쳐난다. 모든 일간지마다 책에 관한 섹션이 따로 있고 일주일에 한 번씩 책에 대한 여러 정보를 제공할 뿐 아니라, 텔레비전에도 책을 놓고 토론하는 프로그램이 적지 않다. 하지만 "요즘 애들은 책을 안 읽어"라는 탄식은 날이 갈수록 커지고, 넘치는 정보에 비해 책에 대한 편식은 점점 더 심해지는 듯하다.

물론 책을 안 읽어도 살아가는 데 별 지장은 없다. 더군다나 우리에겐 인터넷이 있지 않은가! 인터넷 접속만으로도 필요한 정보를 언제든 얻을 수 있으니, 굳이 책을 찾아 읽지 않아도 문제될 것은 없어 보인다. 하지만 과연 그럴까?

미디어나 기술은 단지 편리함만 가져다주는 게 아니라, 그 편리함을 통해 우리의 신체를 바꾸어놓는다. 모니터로 글을 읽을 때를 생각해보자. 우리는 모니터에 '뜬' 글을 '읽는다'기보다는 '본다'. 책을 읽을 때는 한 단락을 건너뛴다든지 쓱 '훑을' 수가 없기 때문에, 한 글자 한 글자에 시선을 고정시키면서 뜻을 음미하게 된다. 그래서 속도는 더디지만 내용은 눈과 머리에 새겨진다.

반면, 모니터 상에서는 '읽기'가 끊임없이 방해받는다. 상하좌우에 많은 창들이 있고 시시각각 콘텐츠가 변하기 때문에 메인 화면에 뜬 기사를 보면서 동시에 좌우의 다른 기사들을 살피게 된다. 또 잘 인지되지는 않지만 화면은 끊임없이 깜빡거리면서 우리의 눈을 쉽게 피로하게 만든다. 때문에 집중할 수 있는 시간이 짧다. 쉼 없이 떴다 사라지는 팝업 창과 깜빡거리는 커서, 어디론가 움직이라고 명령하는 듯한 화살표는 '생각하면서 읽기'를 허용하지 않는다. 보다 적게 생각하고, 최대한 많이 보라! 이게 인터넷의 지상명령이다. 그러니 여기에 익숙해진 '인터넷 독자'들이 아무런 미동 없이 독자의 독해만을 기다리는 '미련한 책' 앞에서 쉽게 지루함을 느끼는 것도 이해 못할 바 아니다.

하지만 그런 편리함이나 빠름에 자신을 내맡겨버리는 건, 어떤 의미에서 우리의 무능함에 대한 고백이다. 우리는 굉장히 다양한 속도들을 경험하며 살아간다. 무언가 굉장한 아이디어가 번개처럼 지나갈 때와 갑자기 시간이 정지된 듯한 느낌이 들 때, 이 두 경우에 내 사고와 느낌의 속도가 같다고 할 수 있을까? 재미있는 시간은 빛의 속도로 지나가버리지만, 재미없는 시간은 달팽이처럼 느리게 흐른다. 또 어떤 사람은 아주 빠르게 내 안으로 들어오지만, 어떤 사람은 아주 천천히 오랜 시간에 걸쳐 내게 다가오기도 한다. 우리의 신체는 물론, 우리의 사고와 느낌과 감각들은 그렇게 매 순간 다른 속도를 경험한다.

모든 만남에는 그런 다양한 속도들이 존재한다. 어떤 만남은 아주 느린 속도로 오랜 시간에 걸쳐 이루어지는가 하면, 어떤 만남은 번갯불에 콩 볶아 먹듯이 이루어지기도 한다. 때문에 속도는 빠름만의 문제가 아니라 느림의 문제이기도 한 것이다. 그런데 인터넷은 오로지 빠름만을 추구한다. 더 빠르게 뜨고, 더 빠르게 바뀌고, 더 빠르게 반응하고, 그리고 더 빠르게 사라진다. 그 결과, 고속 열차를 타고 가다가 일반 기차를 타면 답답함을 느끼게 되는 것처럼, 한번 그 빠름에 중독되고 나면 다른 속도에 반응할 수도, 다른 속도를 즐길 수도 없게 된다.

인터넷은 굉장히 풍부한 접속 가능성에 열려 있는 네트워크의 바다. 하지만 그 바다에서 우리가 접속해 들어가는 경로는 의외로 한정되어 있다. 게다가 정보의 바다가 너무 넓어서 요령이 없으면 익사하기 십상이다. 네트워킹의 바다에서 유유히 헤엄치기 위해서는 육지에서 두 발로 걷는 능력도 매우 중요하다.

조언을 들을 수 있는 스승과 친구는 많으면 많을수록 좋고, 지혜는 나누면 나눌수록 커지는 법. 책은 인터넷만큼 신속·친절하지는 않지만 인터넷에 결여된 느림의 미학이 있다. 책은 알려줄 뿐 아니라 질문하고, 우리를 잡아 이끌 뿐 아니라 멈춰 세우며, 수다스럽기만 한 게 아니라 침묵하기도 한다. 책은 책을 향해 걸어오는 모든 생각의 속도를 긍정한다.

예전에 「X파일」이라는 외화 시리즈에서 상상을 현실로 나타나게 하는 초인적 아이가 등장한 적이 있었다. 멀더의 추리 결과는 그 아이가 지나치게 많은 책을 읽고 생각을 많이 한 나머지 상상을 현실적 힘으로 변화시켰다는 것. 사건의 결말이 어찌 되었느냐고? 그 아이를 텅 빈 방에 집어넣고 수십 대의 모니터를 보여주는 것으로 사건은 마무리되었다. 텔레비전만 들입다 보여주고 책을 읽지 못하게 하면 그 아이의 상상력이 저절로 퇴화되리라고 멀더는 확신했던 모양이다.

난 텔레비전 무용론자는 절대(!) 아니지만, 나 역시 확신한다. 책을 읽지 않고 텔레비전이나 인터넷을 '보는' 데만 길들여지면, 우리의 삶이 훨씬 불행해지리라는 것을! 왜냐구? 그들의 속도를 수동적으로 따라갈 수밖에 없을 테니까. 그러다 보면 어느 순간, 사고와 느낌의 다양한 속도들을 상실해버릴 게 뻔하니까.

인터넷의 빠름만큼이나 책읽기의 느림이 주는 기쁨을 알 수 있다면 우리의 사고와 감각이 더 풍요로워지지 않을까? 사진이 발명되었을 때 일부 화가들은 "이제 그림은 죽었다"고 탄식했지만, 죽기는커녕 그림은 사진이 담을 수 없는 세계를 담았고, 사진이 보여줄 수 없는 것들을 보여주었다. 사진은 사진이고 그림은 그림인 것처럼, 인터넷은 인터넷이고 책은 책이다.

비디오테이프는 우리가 알고 있듯이 색채와 선명도가 변질될 뿐만 아니라 금방 닳아 버립니다. 시디롬은 이미 끝났습니다. DVD의 시대 역시 오래가지 못할 것입니다. 또 이런 문제도 있어요. 우리가 앞에서도 말했지만, 미래에 우리가 우리의 모든 기계들을 돌릴 수 있는 충분한 에너지를 갖고 있을지는 미지수입니다. 2006년 7월에 뉴욕에서 일어났던 그 대규모 정전 사고를 생각해 봅시다. 그런 사고의 범위가 확산되고 기간이 길어진다고 상상해보자고요. 전기가 없으면 모든 것이 돌이킬 수 없이 사라져 버립니다. 하지만 그때에도 책은 계속 읽을 수 있습니다. 모든 시청각적 유산이 사라지고 난 후에도, 책은 낮에도 읽을 수 있고, 저녁에는 촛불을 켜놓고 읽을 수 있단 말이죠…… 20세기의 시청각적 기억이 전부 지워져 버린다 해도, 책은 여전히, 그리고 언제나 우리 곁에 남아 있을 겁니다.(움베르토 에코와 장 클로드 카리에르 대담,『책의 우주』) .

책 읽는 초상화

초상화 하나, '훔쳐본 책이 맛있다'.

요즘이야 컴퓨터만 켜면 어렵지 않게 야동을 볼 수 있지만, 비디오도 흔치 않던 시절에는 '야책'이 유행이었다. 여학생들이 주로 읽던 '하이틴 로맨스' 시리즈나 남학생들이 돌려보던 포르노 잡지들. 행여 선생님에게 들킬라 몰래몰래 책 속에 끼워넣어 가지고 다니며 밤새 읽었던, 스토리는 천편일률이었지만 읽을 때마다 '후끈'해지던

야책들. 지금 생각하면 시시하기 짝이 없는 그렇고 그런 얘기책들을 수업 시간에 선생님 눈을 피해가며 읽었던 기억들. 어디가서 '읽었다'고 하긴 민망하지만, 훔쳐 먹는 도시락 못지않게 훔쳐보는 책은 정말 맛있었다.

초상화 둘, '내 인생의 책'.

국어 시간. 오늘은 앞에 나가서 '내 인생의 책 한 권'이라는 주제로 10분간 발표를 하기로 한 날이다. 읽은 책도 별로 없는데 '내 인생의 책'이라니. 가장 재밌게 본 책은 일본의 학원 코믹류나 무협류 만화책들인데, 그렇다고 선생님 앞에서 그걸 '내 인생의 책 한 권'이라고 할 수는 없는 노릇, 고심 끝에 철수는 책꽂이에 꽂힌 책 한 권을 골랐다.

"제가 지금까지 읽은 책 중에서 가장 감명 깊었던 책은 헤르만 헤세의 『데미안』이었습니다. 새가 태어나기 위해선 먼저 알을 깨고 나와야 한다는 말은, 제게 정말 많은 걸 생각하게 해주었습니다."

그랬더니 여기저기서 친구들이 난리다. 다시 봤다는 둥, 맨날 이상한 것만 보는 줄 알았는데 지금 보니 문학 소년이라는 둥……. 살짝 민망하기는 하지만, 그래도 왠지 우쭐해지는 것 같다.

초상화 셋, '웬수 같은 동반자'.

철수가 가장 재밌게 보는 책은 만화책이고, 읽어야 한다고 생각하는 책은 '고전 명작'이지만, 막상 가장 많이 읽는 책은 '교과서 및 참고서'다. 하루에 적어도 일곱 시간은 봐야만 하는 책이니 말이다. 게다가 생각만 해도 끔찍한 일이지만, 시험 기간에는 밤을 새워가며 교과서와 참고서를 암기하기도 한다. 아! 어쩌면 '내 인생의 책'은 학창 시절 내내 나와 고락을 함께해온 교과서인지도 모르겠다. 그렇게 생각하니 갑자기 눈물 한 방울이 찍 흐르려고 한다.

이 세 가지 책읽기를 음식 먹는 일에 비유해본다면 어떨까? 첫번째 책읽기가 먹는 순간에는 맛있지만 씹자마자 너무 달아서 역겨워지는 그런 음식을 먹는 기분이라면, 두번째 책읽기는 맛이 없지만 '맛있을 거야'라고 생각하고 억지로 먹는 기분이 아닐까? 세번째 책읽기는 물론 '죽지 않기 위해' 먹는 거겠고.

이게 우리가 책을 만나는 세 가지 방식이자 책에 대해 품고 있는 세 가지 편견이기도 하다. 하지만 이 중 어떤 것도 '즐거운 책읽기'는 아니다. 물론 첫번째 책읽기도 잠깐은 재밌고 행복할 수 있다. 하지만 그 행복은 너무 금방 사라진다. 흡사 불량 식품을 먹었을 때처럼 자극적이긴 하지만 그게 몸에 좋은 음식이라고 생각하지는 않는 것처럼, 그런 책들도 인생에 양분이 될 거란 생각은 들지 않는다.

미묘한 맛의 세계를 지닌 좋은 책들은 맛없기 짝이 없는 교과서의 무미건조함에 밀려나 버리거나, 일시적인 정보나 자극을 주는 '유행서'에 밀려나기 일쑤다. 그렇게 책은 한없이 딱딱하고 무서운 얼굴로 우리를 주눅 들게 만들거나, 한철 유행하는 옷처럼 소비되고 있다. 트랜디하게 잘 차려입은 남자의 손에 들린 폼나는 액세서리 같달까. 책에 대한 정보는 넘치는데, 책을 고르고 읽고 사색하는 각자의 안목은 통 시원찮은 듯하다.

책의 맛을 알아내는 우리들의 혀는 너무 일찍 무디어져 버렸다.

미묘한 맛을 감지해내는 혀의 능력이 사라진 것. 이 능력을 되살릴 수 있는 길은 없을까? 책을 '맛있게' 볼 수 있는 방법은 정말 없을까?

책 읽어주는 여자

잠시 눈을 감고 아주 오랜 기억 하나를 떠올려보자. 엄마는 내게 이불을 덮어주면서 머리맡에 앉아 책을 펼쳐든다. 오늘 엄마는 또 어떤 이야기를 읽어주시려나. 간혹 며칠씩 같은 얘기를 들려주기도 하지만, 그래도 매번 엄마가 읽어주는 이야기를 들으며 마음을 졸이기도 하고, 재미있어서 키득거리기도 하고, 가끔은 주인공이 불쌍해서 눈물도 찔끔거리다가 어느새 잠 속으로 빠져든다. 그 시절의 엄마는 나를 잠들게 하는 요술을 부리는 것만 같았다. 아니면 책이 요술을 부리는 것이거나.

엄마가 읽어주던 그 책 속에서는 뭐든지 가능했다. 영원히 잠든 공주가 입맞춤 한 번에 깨어나기도 하고, 도망가던 주인공이 말이 되기도 하고, 심지어 하늘을 날 수도 있었다. 내가 되고 싶은 것들이 그 속에 고스란히 들어 있었다.

조금 더 커서 스스로 이야기책들을 고를 수 있게 되면, 머리맡에 책을 놓아두고 일찍부터 자리에 누워 엄마를 기다린다. 열 번이고 스무 번이고 내가 잠들 때까지 읽어주는 엄마의 목소리를 들으면서 꿈을 꾼다. 아기 코끼리가 되는 꿈, 앨리스가 되는 꿈, 콩쥐가 되는 꿈, 그토록 미워하던 팥쥐가 되는 꿈, 슬픈 인어공주가 되는 꿈.

내게는 사실 이런 기억이 없다. 책도 귀했을뿐더러 먹고살기 바쁘던 때였으니. 대신, 또다른 여자에 대한 기억이 있다.

"아 참, 한 날은 참 어딜 가는데, 낚시질을 허러 갔드래. 낚시질을 허러 갔는데, 잉어 한 마리가 특 잡히드라 이거야. 아, 근데 잉어는 잡아서 좋긴 좋은데 갖다 잡아먹기가 너무 뭘 해서 도루 물에다 놔줬다는구먼. 고 다음 번에 또 낚시질을 허러 갔는데 원 어린아이가 나오나서 거기 섰드래거덩……."

할머니. 할머니만의 냄새와 할머니만의 목소리를 지닌 그 옛날의 할머니. 그들만큼 구수하게, 마치 책을 줄줄 읽어 내려가는 것처럼 재미나게 얘기를 들려줄 수 있는 사람이 또 있을까? 시작도 끝도 없이 계속되는 할머니의 얘기들. 할머니는 걸어다니는 이야기책인 것만 같았다.

모두들 그 나름의 기억 속에서, 어린 시절은 그렇게 '책 읽어주는 여자'가 있음으로 해서 행복했던, 천국의 나날들이었다.

책읽기의 지옥에서 보낸 한때

그런데 대체 어느 순간에, 어린 시절 책과 나의 행복한 만남이 악연으로 돌변한 것일까? 책이 있어 행복했던 천국의 나날들은 어느 순간에 책이 가득 찬 지옥으로 변해버린 것일까?

조카 녀석이 하루는 이렇게 물어왔다. "고모는 책 읽는 게 재밌어?" "그럼! 재밌으니까 읽지!" 거짓말이 아니다. 난 책 읽는 것보다 재미있는 일을 알지 못한다. 물론, 이때 재미는 다른 데서 느끼는 재미와는 좀 다르다. 고생에 비례하는 재미라고나 할까? 아무 생각 없이 읽기만 해서는 재미도 없고 남는 것도 없다. 행간을 열심히 더듬어가면서, 또 책에 담긴 또 다른 책들로 부지런히 가지치기를 해가면서 읽어야 독서의 즐거움을 알게 된다. 말하자면 능동적으로 책에 개입하면서 해석하고 생각하고 몸에 새겨야 한다.

대부분의 사람들이 책을 읽는다는 데 많은 부담을 가지는 건 아마도 책 자체에 대한 고정관념 때문일 거다. 책을 가지고 놀이를 즐기는 것이 아니라 책 자체를 어떤 '진리의 창고'처럼 생각하기 때문에, 책을 앞에 두면 일단 몸이 뻣뻣해지고 '이해해야 한다'는 부담감이 어깨를 짓누르게 된다. 그러나 이건 책에 대한 일종의 '조작된 이미지'다. 이를테면 TV 드라마의 모 회장실 혹은 〈그것이 알고 싶다〉 같은 시사적인 프로그램의 배경에는 종종 고색창연한 '장서'(藏書)들이 전시되어 있는 걸 볼 수 있다. 어두컴컴한 '서재'를 빼곡히 채운 두꺼운 장정의 책들. 무의식 중에 책의 이미지는 그렇게 뭔가 무겁고, 딱딱하고, 심각한 것으로 머릿속에 저장된다. "책 속에 법이 있나니!" 무서운 책.

그러나 책읽기는 무엇보다도 우선 하나의 놀이여야 한다. 어떻게 책을 읽는 것이 놀이일 수 있느냐고? 놀이와 일, 혹은 놀이와 공부라는 이분법을 뒤집어서 다시 생각해보자. 일을 놀이하듯이, 또 공부를 놀이하듯이 즐기지 말란 법이 어디 있는가? 나아가 우리의 삶 자체를 놀이로 여기는 것도 얼마든지 가능하다.

놀이란 기본적으로 자유로운 것이다. 그리고 즐거운 것이다. 그러나 그렇다고 해서 진지하지 않은 것은 아니다. 어떤 놀이에 참여하는가 마는가는 자유로운 선택이지만, 일단 참여하게 되면 그 놀이의 규칙을 받아들이고 최대한 즐겁게 놀아야 한다. 그것으로 놀이는 충분히 진지해진다. 그러나 놀이를 지속시키는 원천인 즐거움이 사라지고 나면 그것은 더이상 놀이가 아니게 된다. 그리고 바로 그 순간, 놀이의 천국으로부터 의무의 지옥으로의 이행이 이루어진다.

책읽기의 즐거움은 책을 가지고 놀 수 있을 때, 책읽기를 놀이로 즐길 수 있을 때 가능하다. 어린 시절 엄마나 할머니가 읽어주던 이야기책은 분명 우리에게 놀이의 즐거움을 선물했다. 그러나 그것이 우리에게 '의무'로 강요되던 순간부터 책읽기의 즐거움은 사라지고, 놀이는 끝이 났다. 뿐만 아니라 책은 그 무궁무진한 표정들을 잃어버리고 몇 개의 굳어진 표정들로 분류되었다. 좋은 책과 나쁜 책, 읽어야 하는 책과 읽어서는 안 되는 책, 교과서와 비교과서 등등으로.

'젊은 날의 독서는 인생의 등불'이라면서 책읽기의 중요성이 여기저기서(심지어 교과서 이외의 책에는 눈을 돌릴 틈도 안 주는 교과서에서조차) 강조되지만, 그럴수록 책은 내 인생에서 점점 멀어져만 간다. 그리고 가끔은 책에 깔리는 악몽을 꾸기도 한다. 깨어나 생각해보면 그것은 아마도 참고서나 교과서였던 것 같지만, 그런 꿈을 한 번씩 꾸고 나면 책처럼 생긴 모든 것들이 혐오스러워진다. 지옥이 따로 있겠는가. 책이 나를 짓누르는 이곳이 다름 아닌 지옥이다.

물론 이 지옥을 입시 탓으로 돌릴 수만은 없다. 사실 자본의 속도는 생각할 틈을 허용치 않을 만큼 빠르다. 멈춰서 생각하는 순간, 의심하게 되고 질문하게 되고 다르게 생각하게 되기 때문이다. 묻지도 따지지도 말고 무조건 뛰어라! 더 빠르게, 더 멀리! 이게 자본의 지상명령이다. 이 명령에 부합되는 책읽기만이 허락된다. 때문에 고전 같은 묵직한 책들은 현실과 동떨어진 것으로 보이고, 먹고 사는 일이 충족된 다음에야 책읽기가 가능할 것처럼 여겨진다. 내 생각에 지옥은, 현실의 속도에 발맞추려는 책들만이 즐비한 곳, 깊은 생각과 행간의 여백을 허용하지 않는 책읽기가 지배하는 곳이다.

책은 자본의 속도와 명령을 거슬러 작동한다. 자본의 속도를 거슬러 우리를 멈춰 세우고 생각하게 한다. 지옥에서 벗어나고 싶은가? 그렇다면 멈춰라, 읽어라, 그리고 생각하라!

보이는 라디오 천국

잠시 타임머신을 타고 100여 년 전의 거리로 날아가 보자.

> 예문 ① 조수삼의 「기이」(紀異)
> 전기수(傳奇叟)는 동문 밖에 살고 있다. 언과패설(諺課稗說)을 구송하는데, 『숙향전』, 『소대성전』, 『심청전』, 『설인귀전』 등이다. 읽는 솜씨가 훌륭하기 때문에 주위에 사람들이 많이 모여든다. 가장 긴요해서 꼭 들어야 할 대목에 이르면 문득 소리를 멈춘다. 그러면 그 다음 이야기를 듣고 싶어 다투어 돈을 던져주었다.

예문 ② 김유탁의 「신문 광포 의견서」

동마다 넓은 집으로 신문종람소를 정하고 저녁을 먹은 뒤에 남녀노소가 각각 한 자리씩을 차지하고 둘러앉아 혹 담배를 피우고 혹은 아이를 안고 혹은 일거리를 하되, 유식한 한 사람이 높은 의자에 앉아서 신문을 낭독한 뒤에 뜻을 설명하면 내외국의 사정과 고금의 형편을 모를 것 없이 다 알게 되었다.

예문 ③ 한설야의 「나의 인간 수업, 작가 수업」

거기에는 허줄한 사나이가 가스등을 앞에 놓고 앉아 있으며, 그 사나이는 무슨 책을 펴들고 고래고래 소리 높여 읽고 있었다. 그 사나이 앞, 가스등 아래에도 그런 책들이 무질서하게 널려 있었다. 울긋불긋 악물스러운 빛깔로 그려진 서툰 그림을 그린 표지 우에 '신소설'이라 박혀 있고 그 아래에 소설 제명이 보다 큰 글자로 박혀 있었다. 그 사나이는 이 소설을 팔러 나온 것이며 그리하여 밤마다 목청을 뽑아가며 신소설을 낭송하고 있는 것이었다. 그리고 그 사나이의 주위에는 허줄하게 차린 사람들이 언제나 삥 둘러서 있었다. 얼른 보아 내 눈으로 판단할 수 있는 사람은 인력거꾼, 행랑어멈 같은 뒷골목 사람들이었다. 거기에는 젊은 여인의 얼굴도 띄엄띄엄 섞여 있었다. 가운데 앉은 사나이가 신이 나서 점점 목청을 뽑을수록 사람들은 귀담아 듣느라고 숨소리를 죽였다.

지금으로선 상상도 안 되는 일이지만, 100여 년 전만 하더라도 거리를 지나노라면 '책 읽어주는 남자'를 만날 수 있었다. 20세기 초까지만 하더라도 '읽는다'는 것은 개인적인 활동이 아니라 사회적인 활동이었다고 한다. 그러니까 내가 소유한 책을 속으로 읽는 독서가 아니라, 글을 아는 한 사람이 집단에게 읽어주는 방식이 더 일반적인 '독서'였다는 것이다. 예문 ②에서처럼 책뿐 아니라 신문도 '유식한 한 사람'이 낭독해주었고, 예문 ③에 보이듯이 새로 나온 신소설을 낭송하는 것은 책 장사의 중요한 '상술'이었다. 책 장사의 소설 낭송을 듣고서 "주머니를 탈탈 털어" 소설을 사는 사람들이 많았다고 하니, '낭송의 힘'을 짐작할 만하다.

내가 어렸을 때만 해도, 식사 후에 할아버지들이 모이는 공터나 가게 앞에 가보면 신문이나 글을 읽어주는 '유식한 할아버지'들을 어렵지 않게 볼 수 있었다. 이처럼 어떤 한 사람이 가족들이나 거리를 오가는 사람들을 대상으로 책을 구연하는 '집단적 독서'는 공동체의 공감을 이끌어내는 중요한 장치였다.

서양의 경우 '묵독'(默讀)이 일반화되기 시작한 것은 17~18세기라고 한다. 18세기 초까지도 유럽의 거리에서는 신문 읽어주는 남자를 만날 수 있었으며, 이 시기 영국의 '커피하우스' 같은 장소는 요즘처럼 연인들이 데이트를 즐기는 장소가 아니라 계몽주의적인 정치사상이 논의되고, 그런 사상을 담은 신문이나 책들이 '낭송'되던 장소였다는 것이다. 중세에는 아예 묵독을 '악마의 소행'으로까지 인식했었다고 한다. 왜냐구? 뻔하지 않은가? 그냥 책을 읽으라고 하면 무슨 생각을 하는지도 알 수 없을뿐더러, '속으로' 책을 읽다가 제멋

대로 해석하기라도 하면 이단이 되고 말 터이니, 사전에 그런 위험성을 없애자는 것. 그러니 "소리내서 읽으시오!"라고 명령했던 거다.

어떤 이유에서든, 근대 이전의 책읽기란 일종의 '보이는 라디오'였던 셈이다. 라디오 디제이에 열광하고 스피커를 타고 흐르는 소리에 귀 기울이며 다른 청자들과 공감을 주고받듯이, 예전의 민중들은 광장에서 울려 퍼지는 소리에 귀 기울이며 울고 웃고 분노했다. 글을 몰라도 그들은 모두 그렇게 책을 읽을 수 있었다.

여담 하나. 키아로스타미의 영화 「올리브 나무 사이로」의 주인공은 글을 모르지만 글을 읽을 줄 아는 여자를 짝사랑한다. 그녀가 글을 알기 때문에 더더욱 그녀와 결혼해야 한다고 말하는 주인공에게 감독이 묻는다. "자네는 글도 읽을 줄 모르면서 왜 글을 읽는 여자랑 결혼하려고 하나?" 그러자 그 남자의 대답, "그래서 하려는 거예요. 제가 글을 모르니까 글을 모르는 여자랑 하면 아이도 글을 읽을 수가 없잖아요. 그래서 전 돈이 많은 사람들은 돈이 없는 사람과 결혼하고, 글을 읽을 줄 아는 사람들은 글을 모르는 사람과 결혼해야 세상이 공평하고 행복해질 거라고 생각해요!" 독자 여러분의 생각은 어떠신지? 차라리 그 남자에게 글을 배우게 하자고?

허공에 새겨진 소리

문맹률이 낮아지면서 공동체적인 낭독 대신 점차 개인적인 묵독이 일반화된다. 글을 알게 된 대신, 이제 사람들은 광장을 잃고 혼자만의 공간에서 책과 고독하게 마주하게 된 것. 낭송하는 사람의 목소리나 표현 방식이 마음에 안 들었다면 자기 마음대로 읽는 그 시간이 행복하고 자유로울지 모르겠지만, 책을 '들으면서' 친구와 손뼉을 마주친다거나 부둥켜안고 우는 일은 더이상 없을 것이다. 고독한 시간이 도래했다. 이제 혼자 읽어야 하고, 혼자 느껴야 하고, 혼자 해석해야 하고, 혼자 울고 웃어야 한다. 혼자 구석에서 책을 읽는 모습이 어쩐지 좀 측은하게 느껴지고, 책을 읽는 초상화에서 진한 고독감이 느껴지는 건 순전히 묵독이 일반화된 근대 이후의 일이다. 그렇다고, "아, 내가 책을 읽으면 고독해지는 게 바로 그 때문이었구나!"라고 활짝 웃으며 자위하진 마시길. 책 안 읽기와 고독한 책읽기는 천지차이니까!

예문 ① 이덕무의 「이목구심서」(耳目口心書)
첫째, 굶주린 때에 책을 읽으면 소리가 배에 낭랑하여 그 이치와 취지를 잘 맛보게 되어서 배고픔도 느끼지 못하게 되고, 둘째, 차츰 날씨가 추워질 때 읽게 되면 기운이 소리를 따라 유전하여 체내가 편안하여 추위를 잊을 수가 있게 되며, 셋째, 근심 걱정으로 마음이 괴로울 땐, 눈을 글자에 마음은 이치에 집중시켜 읽으면 천만 가지 생각이 일시에 사라지게 되고, 넷째, 감기를 앓을 때에 책을 읽으면 기운이 통하여 부딪힘이 없게 되어, 기침 소리가 갑자기 그쳐버리게 된다.

예문 ② 홍대용의 「매헌에게 주는 글」(與梅軒書)

무릇 글을 읽을 때에는 높은 소리로 읽는 것이 좋지 않다. 소리가 높으면 기운이 떨어진다. 눈을 딴 데로 돌려도 안 되니, 눈이 딴 데에 있으면 마음이 딴 데로 달아난다. 몸을 흔들어도 안 된다. 몸이 흔들리면 정신이 흩어진다. 무릇 글을 욀 때에는 착란하지 말아야 하고 중복하지 말아야 하며 너무 급하게 하지 말아야 한다. 너무 급하게 하면 조급하고 사나워서 맛이 짧다.

조선시대에도 글을 아는 사대부의 경우라면 집에서 혼자 글을 읽는 게 일반적이었다. 단, 예전에 글을 읽는다는 것은 '묵독'(默讀)이 아니라 '음독'(音讀)이었다. 모르긴 몰라도, 담 너머 들려오는 낭랑한 목소리를 듣고 그를 흠모한 나머지 그 집 앞을 서성거린 여인네도 꽤 있었을 것이다. 고전소설을 보면 방자나 마당쇠가 제법 유식한 문자를 써가며 잘난 척하는 경우가 있는데, 이것도 거짓은 아니라 생각되는 것이, 그들이 도련님이나 서방님을 모시는 동안 '귀로 얻어들은' 게 얼마나 많았을 것인가. 글은 모르지만, 도련님들의 '음독' 덕택에 저절로 암기가 되었을 것이 당연지사. '서당 개 삼 년이면 풍월을 읊는다'는 것도 모두 '음독'의 결과였으리라. 그러니 묵독을 하면서 우리 집 개가 풍월을 읊을 날을 고대하지는 마시길.

위의 예문들을 읽고 나서 '아휴, 깐깐한 샌님들'이라며 내심 욕을 했을지도 모르겠다. 하지만 저건 그들이 그냥 폼 잡으려고 하는 말이 아니라, 사대부들의 중요한 공부법이었다. 지금도 한문을 공부하는 분들은 소리를 내서 낭송해야 글을 읽는 거라고 생각한다. 소리 내서 읽는 것은 단순히 책을 읽는 방법 중 하나가 아니라 일종의 '수행법'이라고 할 수 있다. 이덕무의 말대로 소리 내서 글을 읽으면 글자 하나하나를 놓쳐선 안 되기 때문에 배고픔도, 추위도, 아픔도, 걱정도 모두 잊고 한 가지에만 집중할 수 있게 된다. 나와 소리와 글이 하나가 되는 거다, 모든 걸 잊고 내가 소리가 되고 글이 되는 경지, 그 것이 깨달음이 아니고 무엇이겠는가!

불가의 수행법 중에는 '염불수행'이란 게 있다. 매일매일 염불만 열심히 하더라도 깨달을 수 있다는 것이다. "에이, 설마!" 하시겠지만, 여러분도 당장 시험해보시라. 한 시간이라도 쉬지 않고 소리 내서 글을 읽고 나면, 그 한 시간 동안 모든 잡념들이 사라지는 신비체험을 하게 될지도 모르는 일. 예문 ②의 충고대로, 소리를 너무 높지 않게, 한눈팔지 말고, 몸을 흔들지 말고, 급하지 않게 천천히! 일단 한번, 해보시라!

묵독은 자신의 마음에만 글귀를 새기지만(실은 새기는 척 넘어가는 경우가 더 많지만), 음독은 허공에 글귀를 새긴다. 절집에서 아침저녁으로 염불을 하는 것이나 교회에서 함께 성경을 낭송하는 것도 글-소리를 허공에 새기는 행위라고 할 수 있다. 마음속으로 읽을 때는 혼자만의 은밀한 독서가 되지만, 소리 내어 외우거나 말하면 서당 개든, 날아가는 새든, 쥐든, 담 너머의 아낙네든, 마당쇠든 누군가에게 퍼져 나간다. 누군가가 내 글 읽는 소리를 듣고 있다니! 고독한 묵독에 비해 이 얼마나 근사하고 짜릿한 경험인가.

조용한 도서관에서야 불가능한 일이지만, 집에서라도 책 읽는 소리를 허공에 새겨보시길. 그게 떠돌고 떠돌다 시험 날 내 눈앞에 일렬횡대할지도 모르는 일. 이게 과거의 선인들이 알려준 새로운 암기법이다. 믿고, 일단 한번, 해보시라!!

천국에서의 책읽기

소설가 베케트는 여행에 대해 멋진 정의를 내린다. 그에 따르면 인간이 여행을 하는 이유는 꿈이나 영혼 등으로부터 나온 표현할 수 없는 무엇인가를 확인하기 위한 것이라고 한다. 예를 들어, 눈이 파란 사람이 세상에 정말 존재하는지, 꿈에서 본 그 황홀한 하늘빛이 어딘가에 정말로 펼쳐져 있는 것인지를 확인하기 위해 아무런 목적지도 없이 무작정 길을 떠나는 것, 그게 여행이라는 거다.

여행이 그런 것이라면, 책을 여행하는 것만큼 효과적인 게 없다. 우리는 책을 읽으며 꿈을 꾸고, 내가 꾼 꿈을 책에서 만나고, 그 꿈들을 확인하기 위해 책 속을 헤매다닌다. 꿈속에서처럼 강아지가 말을 할까 싶어서 책을 찾아 나서면, 어딘가에서 나와 같은 꿈을 꾼 사람이 내 꿈을 확인시켜준다. 또 우주는 몇 살이나 될까, 우리 할아버지의 할아버지의 할아버지보다도 더 나이가 많을까 싶어서 책을 찾아 나서면, 내 막연한 의문이나 불확실한 지식들이 확인되기도 한다.

책을 여행하는 즐거움이란 바로 거기서 오는 즐거움이 아닐까? 한 번도 만나본 적이 없는, 이름도 얼굴도 모르는 누군가와 함께 꿈이나 삶에 대해 이야기를 나누고, 그의 아픔과 기쁨을 만나면서 나의 아픔을 잊기도 하고, 나의 기쁨을 확인하기도 하는 것. 내가 알지 못하는 우주를 여행하고, 내가 도달하지 못한 미래를 꿈꾸면서 새로운 세계를 상상하는 것. 여행 중에 만난 낯선 사람과의 대화에서 문득 아련한 깨달음 하나를 얻어내듯, 책으로의 여행 중에 신, 동물, 바람, 별 같은 것들과의 만남을 통해 다른 차원으로의 열림을 경험하는 것. 책은 우주를 품고 있다. 돈도, 시간도, 장비도 필요 없는 우주여행, 책은 그걸 가능케 해준다.

팁 하나 더. 장수하는 사람들의 비결이 뭘까? 요구르트? 물? 채식? 그것들이 장수와 관련이 있다고는 하지만, 나로선 아직 그것들의 효용을 확인할 길이 없다. 다만 내가 아는 가장 확실한 장수법이 한 가지 있는데, 그리 어려운 방법이 아니니, 한번 들어보시길.

토 끼 야, 두꺼비, 너 몇 살이니?
두꺼비 너보단 많을 거야.
토 끼 어쭈, 잘난 척하긴! 난 800년을 산 팽조(彭祖)와 동갑이거든. 그러니 나보다는 니가 훨씬 어릴 걸?
두꺼비 (고개를 푹 숙이며 울기 시작한다.)
토 끼 너 왜 그래? 뭐 그런 걸 가지고 우냐? 그냥 나한테 형님이라고 부르면 되잖아?
두꺼비 그게 아니야. 나는 동쪽 이웃집의 어린애와 동갑이거든. 그 애는 다섯 살 때부터 글을 읽었어. 처음에는 중국의 기원을 다룬 역사서인 『십팔사략』을 읽고, 고대를 다룬 『춘추』를 읽었지. 그런 다음 진나라와 한나라, 당나라의 글을 다 읽고 나서, 아침에는 송나라, 저녁에는 명나라의 글들을 읽었어. 그러는 동안에 갖가지 일을 다 겪으면서 기뻐하기도 하고 놀라기도 했으며, 죽은 이를 조문하기도 하고 장례를 치르기도 하면서 지금까지 이어져 왔지. 그런데도 귀와 눈이 밝고 이와 머리털이 갈수록 자라나니, 그 어린애보다 나이가 많은 사람이 있겠니? 팽조? 그 사람은 기껏 800년을 살고 요절해서, 시대를 겪은 것도 많지 않고 일을 겪은 것도 오래지 않았을 테니 안됐잖아. 그래서 눈물이 나. 흑흑.

토끼 (두꺼비에게 거듭 절을 하고는 달아나면서 외친다.) 너는 내 할아버지뻘이구나!

연암 박지원의 「민옹전」에 나오는 얘기다. 얘기인즉, "글을 많이 읽은 사람이 가장 오래 산 사람"이라는 것. 인간은 오래 살아야 고작 80년이니, 800년을 살았다는 팽조도 정말 대단하다. 그런데 책을 읽으면 몇만 년을 살 수 있다. 장수 비결? 책을 많이 읽어라!!

뭔가 대단한 비책이 있으리라 기대했던 사람이라면 살짝 실망했을지도 모르겠다. 하지만 이보다 더 확실한 방법이 또 있을까? 책을 읽으면 못 가는 시간대가 없고, 갈 수 없는 장소가 없다. 현실 속에서 우리가 갈 수 있는 곳은 뻔하고, 현재를 벗어나 다른 시간대로 이동할 수도 없지만, 책에는 모든 곳이, 모든 길이, 그리고 모든 시간이 있다. 그러니 장수 따위가 문제겠는가. 팽조 아니라 팽조 할아버지가

와도 책을 많이 읽은 사람 앞에선 깨갱하는 수밖에. 그러니 부디, 널리널리 이 비결을 퍼뜨려주시길, 그리고 직접 체험해보시길!

　이제 여러분이 서 있는 그곳으로부터 출발하면 된다. 여행이란 원래 아무 계획 없이 갑자기 떠날 때 더욱 여행다워지는 법 아닌가. 의무에서 놀이로, 지옥에서 천국으로! 행복한 여행, 행복한 책읽기를 위하여!

미식가적 책읽기

책 속에 길이 있다. 그런데 무슨 책을 어떻게 읽어야 하는 걸까?

　먼저, '무슨 책'을 읽어야 하는지부터. 난 가끔씩 미식가들이 부러울 때가 있다. 나로 말하자면, 우선은 먹는 것에 별 흥미가 없을 뿐 아니라, 맛있는 걸 먹어도 그 맛을 즐기지 못하고, 먹을 수 있는 음식의 폭도 한정돼 있는, 먹는 일에 관한 한 확실한 무능력자이기 때문이다. 그런데 미식가들은 나와 정반대다. 첫째, 그들은 먹는 걸 즐기고 그 순간 진심으로 행복해한다. 둘째, 그들은 음식을 가리지 않는다. 오히려 낯선 맛을 즐긴다. 각각의 음식들에서 고유한 맛을 뽑아낼 줄 알고, 각 재료들이 어떤 음식 속에서 어떤 맛을 발산하는지 그 미세한 차이를 긍정한다. 이런 능력이 없이 단지 '맛있는 것만 먹는 사람'은 미식가가 될 자격이 없다.

　내가 생각하기에 책을 읽는 가장 좋은 태도는 이런 미식가가 되는 것이다. 닥치는 대로 행복하게 많이 읽고, 거기서 독특한 풍미들을 뽑아내는 미식가적 책읽기! 하지만 훈련이 안 된 초보 독자들에게 '닥치는 대로!'라고 말하는 건, 먹는 데 별 관심이 없는 내 앞에다 진수성찬을 차려놓고 맛있게 즐기라고 말하는 것만큼이나 무책임한 일일 터. 이보다 더 쉽고 확실한 방법을 알려줄 테니 귀 기울이시길.

뭐든 모르는 게 있을 땐, 하나라도 더 잘 아는 사람에게 묻는 것보다 더 확실한 방법은 없다. 그러니 닥치는 대로 읽을 수 있는 능력을 기르려면, 먼저 미식가 친구를 사귀시라. 어떤 음식이 몸에 어떻게 좋은지, 어떤 경우에 어떤 음식을 먹으면 안 되는지, 무엇과 함께 먹으면 좋은지를 아는 사람과 친구가 되면, 자연스러운 배움을 통해 그와 비슷한 경지에 도달할 수 있다. 마찬가지로, 어떤 책이 좋은지, 그걸 왜 읽어야 하는지, 어떤 책들을 함께 읽으면 좋은지를 아는 사람과 친구가 되면, 어느 순간 자연스럽게 책을 고를 수 있는 능력을 갖게 될 거다. 그래서 친구가 많다는 건 능력이다. 내가 어떤 능력을 소유하는 것보다 더 중요한 건, 어떤 능력을 소유한 사람과 친구가 되어 그를 스승 삼는 것이라는 사실!

다음으로, 어떻게 읽어야 하는지에 대해.

"먼저 목차를 한 번 훑어본 다음에, 본문으로 들어가서 각 단락의 핵심어와 주제문을 찾는다. 그리고 모르는 어휘는 사전을 찾아 확실하게 이해한 뒤에, 주제문을 중심으로 전체 내용을 정리한 후, 최종적으로 필자의 궁극적인 의도가 무엇인지를 파악해본다."

아마도 이런 방법이 우리에게 가장 익숙한, '올바른 독서'의 표본으로 제시되는 '교과서적' 방법일 것이다. 그런데 이 경우에 대체

'읽는 나', 즉 독자의 자리는 어디인가? 독자의 역할은 그저 작가의 '의도'를 찾아내는 것뿐인가? 만약에 찾아내지 못할 경우에는? 찾아낼 때까지 다시 읽든지, 자신의 이해력 부족을 자책하며 책을 멀리하든지. 으~ 이 얼마나 수동적이고 끔찍한 독서인가?

도대체 책이 이해가 안 된다며 볼멘소리를 하는 독자들이 있다. 번역 탓을 하기도 하고, 저자의 비약적 사고방식을 탓하기도 하고, 자신의 무지를 탓하는 경우도 더러 있지만, 여하튼 '이해가 안 된다'는 걸 독서의 절대적인 장애물로 여기면서 책을 덮는 이들을 가끔 본다. 그런데 거꾸로, 이해가 다 되는 책이라면 굳이 읽을 필요가 있을까? 모르니까, 이해가 안 되니까 읽는 거다. 의도나 주제야 모르면 어떤가. 뭔지 모르는 단 한 구절이 내 가슴을 뛰게 하고 머리를 떠나지 않고 맴돈다면, 독서는 그걸로 충분하다. 그 때문에 다시 한번 책을 읽기 시작할 것이기 때문이다. 또 모르는 구절에 부딪힐 것이고, 정신없이 헤맬 게 뻔하지만, 바로 그 순간 책과의 '밀당 연애'가 시작될 터. 기억하자. 두번째 읽을 때부터가 진짜 독서의 시작이다.

정상에 오르는 것만을 목표로 하는 산행은 많은 것들을 보지 못하게 한다. 이런 산행처럼, 우리는 종종 그 글의 '궁극적 의도' 혹은 '주제' 등에 지나치게 집착함으로써 글을 여행하는 나 자신의 즐거움을 포기해버린다. 그러나 시험 문제에서 요구하는 것처럼 '작가의 의도'를 '궁극적인' 차원에서 말할 수 있는 사람은 없다. 아마 작가 자신조차도 글을 쓸 바로 그 당시의 의도를 정확하게 말할 수 없을 것이다. 일상생활에서도 말하는 사람의 의도와 듣는 사람의 의도는 어긋나기 일쑤다. 뿐만 아니라 아무런 의도가 없는 많은 말들이 얼마나 자주 무수한 의도를 가진 말들로 변형되고 마는가? 그럴진대 하나의 의도, 궁극적인 의도를 무슨 수로 찾아내겠는가?

 무엇인가를 확인하기 위해 무작정 길을 떠난 여행과 무엇인가를 '반드시 찾아야 하는' 임무를 띠고 떠나는 여행은 전혀 다르다. 정확하게 말하면, 후자는 여행이 아니라 심부름이다. 가도 가도 끝없는 삼만 리 심부름 길.

 어려우면 어려운 대로 쉬우면 쉬운 대로 부지런히 책들을 여행하다 보면, 어느 순간 뒤통수를 내리치거나 가슴에 팍 꽂히는 책들을 만나게 될 테고, 그때 책은 즐거움이 되고 책읽기는 놀이가 될 것이다. 기다려라. 그러나 가만히 서서 기다리기만 해서는 안 된다. 그런 우연 역시 스스로가 만들어내지 않으면 안 되는 법이니까.

 책의 주제나 의도는 숨겨진 보물 같은 게 아니라 독자 스스로 완성해야 하는 여백 같은 것이다.

책-기계, 독서-기계

책읽기, 그 강렬한 사랑

연인이 가끔씩 묻는 말, "너는 내 어디가 좋아?"

"전부 다!"라고 대답하면 연인은 감동에 겨워 말을 잇지 못할 테지만, 한참 생각한 후에 "나도 그걸 모르겠어!"라고 대답하면 아마도 토라질 것이다. 그러나 내 생각으로는, '모르겠다'는 말이 더 정답에 가깝지 않을지. 정확하게 꼬집어 말할 수는 없지만, 어떤 사람이 내게 전해주는 한 줄기의 '찌리리함', 그 전류와도 같은 한 줄기 흐름이 어느 날 갑자기 내 안에서 바다를 이루고, 폭풍을 만들고, 그런가 하면 따뜻한 봄 햇살이 되기도 하고, 여름날의 뜨거운 태양을 이루기도 하는 것. 우리는 거기에 '사랑'이라는 이름을 붙인다. 그렇기 때문에 '왜', '무엇이' 좋은지는 몰라도 그만이다. 아니, 모를 수밖에 없다.

책 이야기를 하다가 갑자기 웬 사랑타령이냐고? 책읽기도 일종의 사랑이다. 사랑을 하는 방식으로 책을 읽을 때, 그 책읽기는 기쁨이 되고 에너지가 된다. 사랑에 빠진 사람은 밥을 안 먹어도 배가 부르고, 세수를 안 해도 날로 예뻐진다고 하지 않는가? 우리는 이와 비슷한 경험들을 종종 한다. 어떤 음악에 푹 빠지면 그 음악만으로도 살아갈 수 있을 것 같은 충만함을 느끼게 되고, 어떤 운동에 푹 빠지면 하루 종일 그것만 하더라도 전혀 힘들다는 생각을 하지 못하는 그런 경험들 말이다. 그런 경험들은 내 영혼에 숨을 불어넣는 동시에, 나의 신체로부터 어떤 에너지들을 발생시킨다.

또 상대방의 과거나 조건이 사랑의 전제가 아닌 것과 마찬가지로, 책을 쓴 저자의 삶이나 책이 탄생하게 된 배경 등은 책을 이루는 하나의 구성 요소일 뿐이지 책읽기의 필요조건은 아니다. 사랑을 하는 나에게 중요한 건 지금 내 앞에 놓여 있는 사랑하는 사람, 그 사람과 내가 주고받는 흐름들과 그것이 만들어내는 이전과 다른 나이다. 마찬가지로, 책을 읽는 나에게 중요한 것은 지금 내 앞에 놓여 있는 한 권의 책 자체, 그 책을 흐르는 수많은 이야기들과 언어들이 내게 가하는 어떤 작용이며, 그 작용이 발생시키는 새로운 에너지와 힘이다. 이 변화로부터 독서는 점차 주변으로 확장되기 시작한다. 저자에서 시대로, 시대에서 여러 인연조건들로, 책을 읽고 있는 나의 시공간으로. 그렇게 우리는 한 권의 책을 통해 세계와 우주와 접속한다.

철수가 영희를 만나 새로운 힘과 기쁨을 얻었기 때문에 영희는 철수에게 더없이 특별한 존재일 수 있지만, 만약 철수가 아무 여학생에게서나 그와 동일한 감정과 기쁨을 느꼈다고 해보자. 그러면 철수와 영희는 썰렁하고 평범한 관계일 뿐이다. 그러나 철수가 (다른 사람이 아닌) 영희를 만남으로써, 또 영희가 (다른 사람이 아닌) 철수를 만남으로써 그 만남은 '특별한 만남'이 되었다.

책도 마찬가지 아닐까? 한 권의 책은 어디에서 누구를 어떻게 만나느냐에 따라 전혀 다른 에너지를 발산하고 전혀 다르게 작동할 수 있다. 동일한 한 권의 책이 어떤 상황에서 어떤 사람에게 읽혀지는가에 따라 그 책의 의미는 전혀 달라진다.

밤을 새워 책을 읽어본 적이 있는 사람이라면 알 것이다. 잠을 자지 않으면 거의 가사 상태에 빠지는 나를 또랑또랑한 정신으로 밤을 새우게 한 책의 힘이 어떤 것인지를. 그날 내가 그 책을 만남으로써 어떤 기적이 이루어졌는지를. 이런 의미에서, 책은 기계다.

책-기계, 독서-기계의 의미

기계? 책이 기계라고? 그러나 무턱대고 기계라는 말에 경계심부터 갖지는 말기 바란다. 기계에 대한 여러분의 선입견, 즉 누군가가 조종하는 대로, 수동적인 방식으로밖에는 작동하지 못하는 그런 소극적이고 부정적인 의미의 기계를 말하는 게 아니다. 내가 말하는 기계는 어떤 것과도 접속할 수 있고, 어떻게 접속하느냐에 따라 무한한 효과를 만들어낼 수 있는 무규정적 존재다. 접속하고 작동함으로써만 비로소 존재하게 되는 그런 기계.

믿지 못하겠다면, 이런 장면을 상상해보는 건 어떨까? 낡은 자동차 옆에서 놀다가 무심코 손바닥만 한 나무 조각 하나를 발로 찼다. 그러자 그 나무 조각에 걸쳐 있던 막대기가 쓰러지고, 막대기로 고정시켜놓은 받침대가 무너지면서, 받침대로 미끄러지지 않게 받쳐놓았던 낡은 자동차가 언덕길을 미끄러져 내려가기 시작한다. 언덕 아래에서는 어떤 상상치도 못할 사건이 기다리고 있을까? 나무 조각 하나가 만들어낸 재난, 혹은 나무 조각의 괴력.

찰리 채플린이나 버스터 키튼 같은 감독이 만든 코미디 영화에는 이런 장면이 자주 나온다. 아주 작은 행동이 엄청난 결과를 불러일으키는 장면 말이다. 사실 '지렛대의 원리'라는 것도 알고 보면 그런 것 아닌가? 문제는 접속이다. 접속만 성공적으로 이루어진다면, 조그만 탁구공 하나로도 못할 게 없다.

이와 같이 무엇과도 접속 가능하며, 무엇과 어떻게 접속하는가에 따라 전혀 예기치 못한 힘을 발휘할 수 있는 존재. '기계'란 바로 이런 존재에게 붙이는 새로운 이름이다. 무엇인가와 접속되기만 한다면, 손가락 하나로 지구를 들어 보일 수도 있는 것. 접속이 이루어내는 힘이란 그 정도로 어마어마하다.

다시 책으로 돌아가서, 그럼 책이 어떻게 기계일 수 있을까?

일정한 나이가 된 사람들에게는 '나를 바꿔놓은 책' 한 권쯤은 있을 법 하다. 작가 박완서는 고교 시절에 밤새워『폭풍의 언덕』을 읽고 난 후에, 인간의 사랑을 그토록 잔인하고도 아름답게 그려낸 작가의 능력에 묘한 질투를 느끼면서 작가가 되기를 결심했다고 한다. 이 책을 읽은 사람이 어디 박완서 한 사람뿐이겠는가? 그러나 이 책이 바로 이 작가와 접속됨으로써 책은 새로운 의미를 획득했고, 그의 인생은 전혀 다른 궤도를 그릴 수 있었다. 말 그대로 책 한 권이 한 사람의 인생을 바꾸어놓은 것.

따지고 보면 이 책이 바꾸어놓은 게 작가 한 사람의 인생뿐이랴.

박완서의 책을 읽음으로써 또 다른 영향을 받았을 수십 명의 사람들, 또 그들로부터 영향을 받았을 수백 명의 사람들……. 책과 인간이 각각 책-기계와 독서-기계로 접속함으로써 파생되는 결과란, 이처럼 예측을 불허한다.

 물론 가끔 『수학의 정석』을 '읽다가'(!) 자기도 모르는 사이에 그걸 베고 누워 코를 고는 사람들도 종종 있다. 이 경우에 『정석』은 더이상 책-기계가 아니고, 독자는 더이상 독서-기계가 아니다. 아마도 이 경우는 '베개-기계'와 '잠-기계'의 접속이라고 할 수 있지 않을까? 어쨌거나 『정석』이라는 책이 한 사람의 독자와 접속함으로써 '잠'이라는 하나의 효과를 만들어내기는 했으니 말이다.

 책과 나 사이에 가능한 접속의 수는 무한하다. 책-기계와 독서-기계로 접속하는 경우만 보더라도, 어떤 상황에서 어떻게 접속하느냐에 따라 그 효과는 예측할 수 없이 무한하다. 매일매일 대기의 상태에 따라 공기 입자가 빛을 산란하는 방식이 단 하루도 동일하지 않은 것처럼, 그리하여 우리가 매일 다른 노을을 볼 수 있는 것처럼.

 그러나 나무 조각이 자동차를 움직이기까지는 수많은 과정들이 있어야 하며, 그 각각의 접속은 저절로 이루어지는 것이 아니라 접속 가능한 상황을 준비한 경우에만 '우연인 듯' 다가온다. 아무것도 하지 않고 뻣뻣하게 굳어 있는 사람에게 무슨 우연이 찾아오겠는가? 보다 효과적인 접속을 이루는 것은 자신에게 달린 법. 접속의 대상이 책이든 사람이든 말이다. 그러니 언제고 다가올 운명적 접속을 위해 끊임없이 움직여라!

말라르메의 책-기계, 『책』

아직도 머리 위에 물음표 하나를 달고 있을 친구들을 위해, 지금부터 재미난 얘기 하나를 해주려고 한다.

말라르메라는 시인은 보들레르, 랭보와 함께 흔히 19세기 말의 대표적인 상징주의 시인으로 불리는 인물이다. 그가 쓴 책 중에 아주 기괴한 책이 하나 있는데, 이름하여 『책』이라는 책이다. 제목 한번 이상하지. 책 제목이 '책'이라니. 그런데 제목보다 더 이상한 건 이 책의 수수께끼 같은 구성이다.

이 『책』이라는 책은 보통의 책들처럼 일관된 내용을 서술하고 있는 것도 아니고, 그렇다고 어떤 단편들의 묶음도 아니다. 『책』은 몇몇 메모들과 뜻 모를 숫자들, 낱말들이 적힌 낱장의 종이들로 구성되어 있다. 게다가 페이지 수가 따로 적혀 있는 것도 아니기 때문에, 이 낱장의 종이들은 어떻게 배열되든 상관없다. 그래서 말라르메의 『책』이라는 책은 불안정하게 흩어져 있는 낱말들로 구성된, 어쩌다가 주위 모은 종잇장들의 묶음과도 같이 출판되었다.

만약 이 책이 우리 앞에 놓여 있다면, 대체 어떤 방식으로 읽어야 할까? 그 이상한 시인은 왜 이렇게 이상한 방식으로 책을 쓴 것일까? '아' 다르고 '어' 다르다고, 책 순서가 뒤죽박죽이 되면 작가의 의도가 제대로 전달될 수 없지 않을까? 꼬리에 꼬리를 무는 의문들.

우선 이 『책』이라는 책은 페이지 없이 낱장으로 뗄 수 있는 종이들로 되어 있기 때문에, 독자가 마음대로 그 위치를 바꿔가면서 여러 순서로 읽을 수 있다. 그렇게 되면 이 책은 읽을 때마다 다른 책이 된다. 또, 한 페이지가 어떤 페이지와 연결되어 읽히는가에 따라서 전체 내용이 변화하고, 그 부분들의 다양함이 일으키는 효과 또한 무수히 다양해질 것이다.

글을 쓴 건 말라르메라는 작가지만 이 책의 주인은 읽고 있는 우리들 자신이며, 이렇게 『책』은 여러 독자들과의 다양한 만남을 기다리는, 그야말로 '열린' 체계를 갖는 책이 되었다. 이 책에서 말하는 자는 저자가 아닌 언어이며, 책으로 하여금 말하도록 하는 것은 읽는 우리들 자신이다. 접히고 펼치고, 흩어지고 모이고, 만들어지는 한편 끊임없이 무너지는 중에 있는 책. 그리고 자유롭게 여기와 저기를 넘나들면서 무한한 의미를 생성해내는 책읽기. 말라르메의 이 이상한 책은 그런 의미에서 우주와도 같다. 말라르메는 책이 작동하게 함으로써 책을 변화무쌍한 우주로 창조해낸 것이다.

여기 접속하느냐, 저기 접속하느냐에 따라 다르게 작동하는 기계. 이렇게 저렇게 오작동되거나 고장남으로써 작동하는 기계. 이게 책-기계의 의미다.

판소리와 콜라주

판소리-기계에 대해서도 같은 식으로 말할 수 있지 않을까. 판소리라고 하면 우선 「서편제」라는 영화가 보여준 그 절절한 '한의 미학'을 떠올릴 것이 분명한데, '판소리-기계'라니, 이 무슨 괴상한 조어

(造語)인가? 그러나 판소리의 구성 방식을 가만히 뜯어보면 어딘지 말라르메의 『책』과 닮은 데가 있다.

'판소리'라고 할 때, '소리'가 뭔지는 알아도 '판'이 뭘 의미하는지는 아마도 잘 모를 것이다. '판'의 어원에 대해서는 몇 가지 의견들이 있는데, 어떤 놀이가 벌어지는 무대라고 해도 좋고, '살판났구나'라고 할 때처럼 어떤 상황을 나타낸다고 해도 상관없다. 중요한 것은 판소리의 짜임새다. 『흥부가』를 예로 들어보자.

대부분의 판소리들이 그렇지만 『흥부가』의 줄거리는 유독 간단하다. 못된 형과 착한 동생이 있었는데, 가난하지만 착한 동생은 복을 받고 부자이지만 욕심 많은 형은 벌을 받았다는, 뭐 그렇고 그런 얘기. 그러나 약 200년 전으로 거슬러 올라가, 광대를 놓고 빙 둘러앉아 이 『흥부가』를 들으며 자지러지게 웃고, 눈이 빠져라 울었을 우리의 조상들을 떠올려보자. 그들로 하여금 판소리에 열광하도록 만든 것은 무엇이었을까? '권선징악'이라는 그 뻔한 스토리와 주제, 그뿐이었을까?

요즘의 가수들에게도 팬들을 쓰러지게 할 만한 비장한 레퍼토리가 있는 것처럼, 그 시절의 연예인이었던 광대들에게도 자신만의 전문 레퍼토리가 있었다. 이를테면, 흥부가 이 직업 저 직업을 전전하다가 마침내 매품까지 팔게 되었을 때 흥부 아내의 탄식을 유난히도 구슬프게 구사하는 광대가 있었는가 하면, 놀부의 심술과 흥부의 가난을 포복절도하도록 재미나게 묘사하던 그런 광대도 있었을 것이다. 판소리는 바로 그런 판 하나하나, 그런 소리 하나하나를 독자적으로 즐길 수 있도록 구성되었다. 따라서 판소리에서는 전체 줄거리도 줄거리지만, 어떤 장면을 어떻게 공연하느냐가 더 중요하다.

다음 예문을 읽고 장면을 상상해보시길.

① 집안에 먹을 것이 있든지 없든지, 소반이 네 발로 하늘께 축수하고, 솥이 목을 매어 달리고, 조리가 턱걸이를 하고, 밥을 지어 먹으려면 책력을 보아 갑자일이면 한 끼씩 먹고, 새앙쥐가 쌀알을 얻으려고 밤낮 보름을 다니다가 다리에 가래톳이 서서 파종하고 앓는 소리에 동네 사람이 잠을 못 자니, 어찌 아니 서러운가.

② 정이월에 가래질하기, 이삼월에 붙임하기, 일등전답 못논 갈기, 입하 전에 목화 갈기, 이 집 저 집 이엉 엮기, 더운 날에 보리 치기, 비 오는 날 멍석 걷기, 원산 근산 시초 베기, 무곡주인 짐져주기, 각 읍 주인 삯길 가기, 술만 먹고 말짐 싣기, 오 푼 받고 마철 박기, 두 푼 받고 똥 재치기, 한 푼 받고 비 매기, 식전에 마당 쓸기.

③ 부모의 분재 전답 저 혼자 차지하고, 농사짓기 일삼는다. 윗물 좋은 논에 모를 붓고, 구렁 논에 찰벼하고, 살진 밭에 면화하기, 자갈밭에 서숙 갈고, 황토밭에 참외 놓으며, 비탈밭에 담배하기, 비옥한 밭에 팥을 갈아, 울콩 불콩 청대콩이며, 동부 녹두 기장이면, 참깨 들깨 피마자를 사이사이 심어두고, 때를 찾아 기음매어 우걱지걱 실어 들여 앞 뒤 뜰에 노적하네.

예문 ①은 가난함의 끝을 보여주는 장면이다. 오죽 가난했으면 쥐가 보름 동안 먹을 걸 찾다가 결국은 앓아누웠을까. 그런데 '완전 가난'을 묘사한 이 장면은 슬프다기보단 웃기다. 아니, 슬프면서도 웃기다. 예문 ②는 흥부가 했던 품팔이 종류를 늘어놓고 있는 장면이고, 예문 ③은 놀랍게도 놀부가 얼마나 부지런하고 '알뜰한' 인간이었는지를 나열한 장면이다. 판소리가 주는 즐거움은 이런 장면 묘사들이 주는 웃음과 눈물이다. 이 순서가 어떻게 배열되는가, 어떤 논리적인 인과관계 하에서 짜여지는가는 그리 중요치 않다.

따라서 이걸 만약에 책으로 만든다면, 말라르메의 『책』처럼 구성된다고 해도 크게 문제될 것이 없다. 각각의 장면이 독립적이다 보니, ①과 ②와 ③의 서술 순서야 어떻든 상관없다. 놀부처럼 부지런히 일해서 돈을 모은 '재산가'들은 예문 ③과 접속되었을 때 자신의 삶을 회고하며 감동의 눈물을 흘렸을 테지만, 흥부처럼 '찢어지게' 가난한 사람들이 이 장면과 접속되었다면 '천하의 노랭이, 욕심쟁이'라고 놀부를 욕했을 것이다. 반면에 이들이 예문 ②와 접속되었을 때는 자신의 인생을 한탄하며 코를 훌쩍이고 눈물을 훔쳤으리라는 건 쉽게 짐작할 수 있다.

그래서 판소리의 판본은 아주 다양하다. 쉽게 말해, 흥부의 가난을 묘사한 장면이나 내용이 각 지방의 현실적인 특성이나 광대 개인의 재량에 따라 조금씩 달라진다. 또 작품 전체를 공연하는 게 아니라 어떤 장면을 중심으로 공연하다 보니, 같은 지방이라도 이 장면과 저 장면을 이어 붙였을 때 아귀가 꼭 들어맞지 않는 경우도 생긴다.

이런 식의 짜임을 미술의 기법으로 말하자면, 일종의 '콜라주'라고 할 수 있을 것이다. 콜라주는 여기저기서 이질적인 이미지들을 가져다 붙임으로써 화면을 열어두는 기법이다. 즉 콜라주는 완성된 작품이면서, 동시에 늘 '진행 중'에 있는 작품이다. 언제고 그 위에 덧붙이는 것이 가능하고, 그럼으로써 작품이 늘 조금씩 새로워질 수 있으니 말이다. 판소리와 서사시는 그런 의미에서 '콜라주'이자, 각 부분들이 언제 어디서든 다른 것과 접속될 수 있는 '기계'다.

그러나 어디 『책』과 판소리뿐이겠는가? 모든 책들이 그런 방식으로 작동될 수 있고, 또 작동되어야 한다. 그러므로 이제 책의 정확한 내용과 정해진 의미를 파악해야 한다는 강박관념으로부터 자유로워지자. 책의 의미는 그 책이 누구를 어디에서 만나는가, 즉 어떤 기계와 접속되는가에 따라서 매번 달라지는 것이지, 원래부터 책 속 어느 한 곳에 자리 잡고 앉아서 누군가가 찾아주기를 기다리고 있는 것이 아니다.

상대방에게 아무리 눈치를 줘도 나의 사랑을 알아채지 못하고 다른 사람을 사랑해버리고 마는 실패한 사랑의 접속처럼, 아무리 읽어도 감동은커녕 아무런 느낌조차 없다면 그건 책과의 실패한 접속이다. 그러나 슬퍼하지 말기를. 그럴 경우에 우리는 미련 없이 책을 던지면 된다. 그리고 다른 책을 찾아서 다시 출발하면 된다. 바로 이것이 책과 놀고, 책읽기를 즐기는 방법이다. 그러다 보면 돌고 돌아 결국 헤어졌던 그 책과 재회하게 되는 순간도 종종 있다. 피하려고 했는데 결국은 만나지게 되는 책들. 책이든 사람이든 만나게 될 인연은 그렇게 결국 만난다.

길은 지금 내 눈 앞에 있다. 내 눈 앞의 그 길들이 서로 만나고 헤어지고 서로 가까워지고 멀어지는 모습을 나는 볼 수 있다. 그렇게 길은 어디로든 통해 있다. 그런 점에서 길은 세상의 어떤 의미에로든 다가갈 수 있게 하는 거대한 도서관과 같다. 서로 참조하고 서로 연결되며 끝없이 넓은 세계 속으로 우리를 인도한다.(김연수, 『7번 국도』)

책에서 텍스트로

만지는 눈, 보는 귀, 읽는 손

칸딘스키는 회화를 음악처럼 만들고 싶어했던 화가다. 그러고 보니 제목부터가 '음악스럽지' 않은가?(그림 23) 실제로 칸딘스키는 악보를 놓고 그것을 점과 선과 면으로 옮기는 작업을 통해 회화 이론을 제시했다. 이렇게 '귀로 들을 수 있는 그림'이 있는가 하면, '눈으로 볼 수 있는 음악'도 있다. 또 '코로 냄새를 맡을 수 있는 시'도 있다. 다음 시를 보자.

온 집안에 퀴퀴한 돼지 비린내
사무실패들이 이장집 사랑방에서
중톳을 잡아 날궂이를 벌인 덕에
우리들 한산 인부는 헛간에 죽치고
개평 돼지비계를 새우젓에 찍는다
끝발나던 금광시절 요리집 얘기 끝에
음담패설로 신바람이 나다가도
벌써 여니레째 비가 쏟아져

〈그림 23〉 귀로 듣는 그림(바실리 칸딘스키, 「즉흥 19」, 1911년)
이 그림 속엔 아무런 형태도, 아무런 이야기도 없다. 심지어 제목조차도 우리에게 "이 그림을 들으시오"라고 말한다. 점과 선과 색채가 만들어내는 한 편의 즉흥곡.

담배도 전표도 바닥난 주머니
작업복과 뼈속까지 스미는 곰팡내
술이 얼근히 오르면 가마니짝 위에서
국수내기 나이롱뻥을 치고는
비닐 우산으로 머리를 가리고
텅빈 공사장엘 올라가 본다
―신경림, 「장마」에서

무슨 냄새가 나지 않는가? 퀴퀴한 발냄새, 돼지 비린내, 장마철 곰팡이 냄새……. 갑자기 창을 열고 환기라도 시켜야 할 것만 같다.

귀로 듣는 그림, 눈으로 보는 음악, 코로 냄새 맡는 시. 이제 우리의 감각은 사방으로 열린다. 눈과 귀와 코와 입이 서로 연결되고 밖으로 열리면, 우리는 음악이나 회화를 책처럼 읽을 수 있게 된다.

당대(唐代)와 송대(宋代)의 선사와 사대부 지식인들은 유명한 선승들의 어록을 읽으며 마음 수행을 했다. 그런데 이 '어록'이라는 형식이 참으로 재미있다. 예컨대, 『벽암록』이나 『무문관』 같은 선(禪) 어록에는 선사들의 기행(奇行)이나 깨달음의 인연들이 실려 있는데, 이건 선사들의 의도와 전혀 무관하게 기록된 것들이다. 선사들은 문자를 매개로 한 가르침과 배움을 경계했기 때문에, 아마도 제자들은 직접 경험하거나 들은 얘기를 자신의 수행 지침으로 삼을 요량으로 몰래 기록해두기 시작했으리라. 그 과정에서 말하는 자의 첨삭이나 기록하는 자의 왜곡과 미화가 이루어졌을 테고, 그게 여러 사람의 손을 거치며 책으로 엮이는 과정에서 수정, 삭제, 정리가 반복되었을 터. 그렇게 전해져 온 선어록들은 처음의 형태를 추측하기 어려울 만큼 다층적이고 복합적인 텍스트다. 처음부터 문자로 기록된 책들이 아닌 경우는 대체로 이와 유사한 경로를 따른다. 때문에 『일리아스』나 『오뒷세이아』 같은 고대 그리스의 서사시들, 『논어』 같은 공자어록, 『벽암록』 같은 선어록 등을 읽으면, 다른 책들보다 훨씬 더 청각적이고 시각적이란(장면이 선연하게 그려진다는 점에서) 느낌을 받게 된다. 책은 읽는 것이지만, 한 권의 책 속에 여러 겹의 인연들이 쌓여 있음을 생각해 보면, 읽는다는 경험은 이처럼 온몸의 감각이 열리는, 충만한 경험이다.

텍스트로의 초대

읽을 수 있는 모든 것, 수없이 많은 의미의 가능성들을 포함하고 있는 기호들의 모음을 책보다 더 넓은 의미에서 '텍스트'(text)라고 부르기로 하자. 『허생전』이라는 텍스트, 『폭풍의 언덕』이라는 텍스트, 『광장』이라는 텍스트. 어디 이뿐인가? 〈에반게리온〉이라는 만화 텍스트, 〈타이타닉〉이라는 영화 텍스트, 노래 텍스트, 그림 텍스트, 의상 텍스트 등등 이 세상에 있는 모든 것들이 '읽을 수 있는' 텍스트다.

텍스트란 비유적으로 말하자면 아직 건설 중인 건물 같은 것이다. 건축가는 자신의 설계도에 따라 건물을 짓지만, 사실 그 건물을 '건물'로서 완성시키는 사람은 건축가가 아니다. 건물을 완성하는 건 그 건물 안에서 생활하게 될 거주자의 몫이다. 거주자야말로 건물을 '사용'함으로써 건물에 '생명'을 부여하는 존재이기 때문이다.

비유컨대 작가가 전체 뼈대를 세우는 건축가라고 한다면, 독자는 그 건축을 이러저러하게 사용함으로써 건축물을 건축물답게 만들어주는 거주자라고 할 수 있다. 그 '최초의 건축물'이 어떤 거주자를 만나 어떻게 완성될지는 아무도 알 수 없는 것처럼, 작가에 의해 탄생한 '최초의 작품'이 어떤 독자를 만나 어떤 효과를 파생시킬지는 아무도 모른다. 따라서 '책'을 '텍스트'로 확장시킨다는 것은, 언어의 구조물인 '책'이라는 공간에 독자의 사유와 숨결을 담음으로써 그 제한된 공간을 무한한 공간으로 확장시킨다는 말이다.

그러므로 하나의 텍스트에 숨어 있는 '결정된 의미' 같은 건 없다. 텍스트의 모든 가능한 의미들은 그 텍스트와 접속하는 독자에게 맡겨져 있다. 텍스트라는 건물이 만들어진 시대의 건축양식에 주목할 건지, 그 건물이 사용되어온 역사에 주목할 건지, 아니면 내 나름의 기준으로 건물을 리모델링할 건지, 그건 독자의 몫이다. 독자는 감각들을 사방으로 활짝 열어젖히고, 그 열린 감각으로 텍스트와 접속하고, 접속된 텍스트를 종횡무진하면서 그 작용들을 주고받으며 다양한 의미들을 만들어내야 하는 '막대한' 임무를 띤 존재들이다.

책은 물론이고 우리가 어떤 그림이나 영화를 보면서 지루함과 부담감을 느낀다면, 그것은 텍스트를 읽는 우리 자신의 역할을 단순한 '기호 해독자'로 축소시키기 때문이다. 그건 결국 텍스트를 가지고 놀 수 없다는 것, 즐길 수 없다는 것, 사랑할 수 없다는 것을 의미한다. 죽어가는 텍스트를 살리는 기적은, 그것과 접속하는 독자에 의해 이루어진다.

앞에서 예로 든 말라르메의 『책』을 기억해보자. 이 『책』의 의미를 작동시키는 것, 그럼으로써 『책』을 존재하도록 만드는 것은 낱장 하나하나를 이어가면서 읽는 독자들이 아닌가? 우리는 다음 장에서 독자가 어떻게 새로운 모습으로 탄생하게 되는가를 살펴보게 될 것이다. 그러나 그보다 먼저, 자신의 문을 활짝 열어놓고 독자를 기다리는 이 '텍스트'라는 공간 속으로 좀더 깊이 들어가 보자.

열린 텍스트로의 초대

1990년대 중반, 왕자웨이(왕가위)의 영화 「동사서독」이 개봉했다. 지금은 알 만한 사람들은 다 아는 영화지만, 내가 개봉관에서 그 영화를 보던 당시에는 관객이 나를 포함해 열 명도 채 안 됐던 걸로 기억한다. 그 덕분에(?), 나는 앉은 자리에서 3회 연속 그 영화를 봤다. 다음 날 다시 가서 또 몇 회를 보았고, 비디오로 출시된 후 또 몇 번, DVD로 다시 몇 번, 그렇게 「동사서독」이라는 영화를 어림잡아 열 번쯤은 본 듯하다.

다 아는 영화를 또 보면 지겹지 않느냐고? 천만에! 정작 내가 놀란 건, 열 번을 봐도 새로운 게 보인다는 사실이다. 한 번 보고 나면 다시 보고 싶은 생각이 전혀 들지 않을 뿐 아니라, 설령 다시 본대도 새로울 게 하나도 없는 영화가 있는가 하면, 이처럼 볼 때마다 새롭게 해석되고 새로운 걸 발견하게 하는 영화들이 있다. 보고 나서 남는 문장이 하나도 없는 글이 있는가 하면, 어떤 글들은 수백 년 동안 인용되고 수천 가지 방식으로 해석된다. 대개 뒤의 경우를 '고전' 혹은 '걸작'이라고 한다. 그런 의미에서 '고전'이나 '걸작'은 모든 시대에, 모든 독자들에게 '열린 텍스트'라고 할 수 있다. '열린 텍스트'란 여러 가지 해석의 방향을 함축한, 텍스트의 의미를 한 가지로 고정할 수 없는 텍스트를 의미한다.

칼하인츠 슈톡하우젠이라는 현대 독일 작곡가는 자신의 작품을 아주 독특한 방식으로 연주하게 했다. 예를 들어, 「피아노 소품 XI」이라는 작품은 연주자에게 음표군들이 나열되어 있는 커다란 악보 한 장으로 제시된다. 그러면 연주자는 악보를 보면서 어떤 음표군에서 시작할지, 어떤 식으로 곡을 이어나갈지를 스스로 결정해야 한다. 따라서 이 음악은 연주자가 조합해낼 수 있는 만큼 다양하게 연주될 수 있다. 연주자는 골이 지끈거리겠지만, 청자 입장에선 흥미진진한 일이다.

대개 고전음악들은 모든 부분을 분명하고 완결된 방식으로 배치해놓은 음절들로 구성된다. 연주자는 이들 작곡가가 제시한 틀에 따라 음표를 소리로 재생한다. 따라서 고전음악을 연주할 때는 연주자의 곡 해석에서 약간의 차이가 있을 뿐 전체 틀을 자유롭게 벗어날 수는 없다. 예컨대, 바흐의 「마태수난곡」을 해석하는 방법은 연주자마다 조금씩 다르지만, 그렇다고 곡의 배치나 전체 메시지가 달라지는 것은 아니다. 그러나 슈톡하우젠의 작품은 확정적이고 완결된 메시지를 거부하며 여러 요소를 배치할 수 있는 형식적 가능성을 확장한다.

심지어 존 케이지라는 작곡가는 「4분 33초」라는 작품에서 아무 것도 연주하지 않는다. 그가 하는 거라곤 4분 33초 동안 피아노 앞에 앉아 있는 게 전부다! 관객들의 미세한 숨소리와 기침 소리, 그러다가 '저 사람 왜 저래?'라는 웅성거림과 야유, 자리에서 일어나는 소리 등등 '4분 33초간' 만들어진 모든 소음들이 그 작품이다. 살짝 속는 기분이 들기도 하지만, 이건 어쩐지 말라르메의 『책』을 떠올리게 하지 않는가?

미술에서도 마찬가지다. 예컨대, '피에타'(Pietà)라는 주제는 죽은 예수의 몸을 떠받치고서 비탄에 잠긴 성모마리아의 모습을 묘사한 서양 미술의 중요한 주제 중 하나다. 물론 이 주제의 버전은 시대에 따라 다양하지만, 전체적인 틀과 요소들은 규정되어 있기 때문에 피에타에 대한 해석은 제한적일 수밖에 없다. 이에 비해 '키네틱 아트'(kinetic art)는 이름에서 이미 짐작했겠지만, 미술에 움직임을 도입해서 작품의 의미를 밖으로 열어버린다. 즉, 어떤 방향에서 보느냐에 따라 작품의 형태가 바뀌게 된다. 따라서 이 경우 작품의 의미와 감각을 만들어내는 것은 관객의 움직임이라는 작품 '밖'의 요소다.

한 가지 해석밖에는 허락하지 않는 '닫힌 텍스트'와 여러 가지 해석을 가능하게 하고 새로운 영감을 자극하는 '열린 텍스트'가 있다. 슈톡하우젠이나 존 케이지, 말라르메처럼 관객을 위해 완전히 열어버린 텍스트가 있는가 하면, 바흐나 비틀즈처럼 시공간을 초월해서 다양한 해석을 초대하는 열린 텍스트도 있다. '고전'이란 다양한 해석들로 들끓는, 수많은 출구들을 갖는 열린 텍스트다.

주변을 돌아보라. 많은 출구와 미로를 포함한 텍스트들이 문을 활짝 열어놓은 채 독자 여러분을 기다리고 있으리라.

텍스트 안으로의 여행

혹시 밤늦게까지 공부를 하다가 창밖을 내다본 경험이 있는지 모르겠다. 창밖으로 보이는 세상은 아마 대부분 이런 모습이 아닐까? 빨간 십자가가 여기저기, 낡은 아파트 혹은 고층 아파트들, 그 사이사이로 흉측하게 드러난 공사 중인 건물들, 그리고 갖가지 조명들. 갈수록 우리가 사는 도시의 모습들은 똑같아져만 간다. 서울, 대전, 대구, 부산, 광주, 그 어디랄 것도 없이 똑같은 모양의 건물들이 허물어지고 또 만들어지며, 그 안에 사는 사람들은 같은 TV프로를 보면서 같이 웃고 같이 울고 같은 얘기들을 하고 같은 옷들을 입는다. 진짜 무서운 건 똑같은 것들이 우글거리는 이런 세상이 아닐까.

이런 도시를 상상해보는 건 어떨까? 높이도 크기도 양식도 모두 다른 건물들이 들쑥날쑥, 삐쭉빼쭉 늘어서 있는 도시. SF영화에나 나오는 것 같은 미래 도시의 건물들이 있는가 하면, 나무숲 울창한 곳에 낡았지만 멋들어진 한옥이 놓여 있는 도시. 그 건물들에서 다른 옷들을 입고, 다른 표정들을 짓고, 다른 일들을 하는 사람들이 사는 그런 도시.

이런 상상을 두고 도시계획을 무시한 말도 안 되는 상상이라고 욕을 한대도 할 말은 없지만, 그런 '말도 안 되는' 도시를 어슬렁어슬렁 걷는 즐거움을 한번 상상해보라. 로마처럼 현대적인 건물들이 폐허가 된 수천 년 전의 건물과 공존하는 도시. 수 대를 살아온 낡은 집들이 새로 지은 우주적 건물들과 공존하는 도시. 로트레아몽의 시구에서처럼, 전혀 어울리지 않을 것 같은 '재봉틀과 우산'이 '행복하게 만나는' 그런 도시.

우리에게 즐거움을 주는 텍스트는 바로 그런 도시가 아닐까? 작가의 삶이라는 건물, 작가에게 영향을 준 수많은 사람들의 건물, 작가가 살았던 공간이라는 건물, 특수한 시대 현실이라는 건물 등등 수도 없이 많은 건물들이 모여 있는 도시. 그리고 그 건물들을 오가는 언어라는 도시인들. 독자는 말하자면, 그런 도시 속을 어슬렁거리며 걷는 구경꾼이다. 그러나 단순한 구경꾼이 아니라 걷는 내내 보고, 듣고, 때론 여기저기 참견하기까지 하는, 도시를 이루는 일부분이다.

텍스트는 '하나'의 원자가 아니라, 만들어지는 그 순간부터 수많은 원자들이 결합된 '집합체'라고 할 수 있다. 그림이 선·색·면 등의 다양한 요소들의 집합이자 그 요소들의 특정한 배열이었던 것처럼, 그리고 언어의 의미가 그 용법을 가능케 하는 정치적·사회적 요인들의 이러저러한 배열에 따라 달라졌던 것처럼, 텍스트는 언어를 비롯한 수많은 이질적 요소들의 집합이자 그것들의 특정한 배열이다. 그리고 그 한복판에 여러분과 나, 바로 독자의 자리가 마련되어 있다.

저자의 죽음과 독자의 탄생

저자의 독재, 닫힌 책읽기

다음 글씨(그림 24)를 보자.

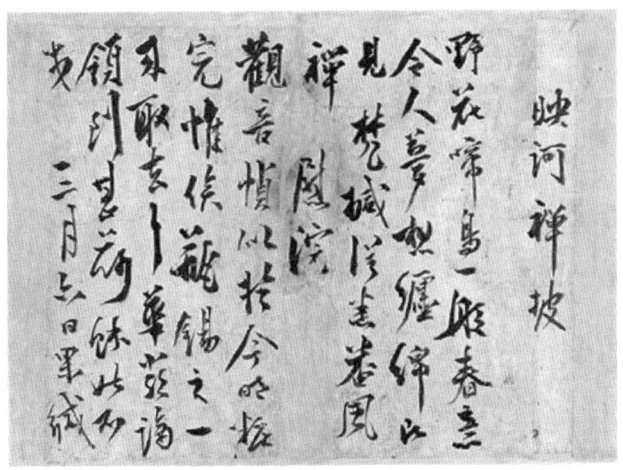

〈그림 24〉

여러분의 안목으로는 이 글씨가 어떻게 보이는가? 발가락으로 써도 저거보다는 잘 쓰겠다, 라고 생각하면서 그냥 지나치려 하는데, 가만가만…… 설명을 들어 보니, 저게 바로 그 유명한 추사 김정희의

'추사체'란다. 그제야 여러분은 주위 눈치를 슬금슬금 살피다가 아마도 이렇게 한마디씩 하지 않을까? "거봐. 그럴 줄 알았어. 처음부터 글씨가 좀 다르더라니까!"

이 놀이에서 우리는 먼저 저자의 이름을 모른 채 작품을 보았다. 다음에는 저자의 이름을 알고 나서 다시 작품들을 보았다. 그 결과 얻어낸 결론은 '작품에 대한 평가를 좌우하는 것은 저자의 이름'이라는 사실이다. 즉 이 모든 경우에 텍스트의 의미를 좌우하는 것은 텍스트를 낳은 '아버지'로서의 저자다. 하나의 유일하고도 동일한 목소리를 가진 '아버지-저자', 그리고 거기에 군말 없이 복종하는 '자식-텍스트'.

이런 텍스트 읽기는 사실 우리에게 가장 익숙한 방법이기도 하다. 그래서 여러분은 텍스트를 앞에 두고 먼저 이렇게 질문하지 않는가? "선생님, 이거 누가 쓴 거예요?"

그래서 저자를 알고 난 후에는 근원을 알 수 없는 자신감에 불타서, 윤동주와 이육사의 시는 무조건 식민 시대의 아픔과 저항을 노래한 것으로, 이상의 시는 볼 것도 없이 자아분열을 노래한 것으로 의미화해버리지 않았는지.

작품을 그 작품이 탄생된 시대에 고정시키는 것도 이와 다르지 않다. "선생님, 이게 몇 년에 쓰여진 거예요?"라고 물은 후 1910년에서 1945년 사이의 작품이면 무조건 '일제시대의 억압적 현실'로, 1950년 무렵의 작품이면 무조건 '전쟁의 비극'으로, 1970년경의 작품이면 여지없이 '근대화의 인간소외'로 짝짓는 것이 아마도 여러분들이 가장 자신 있게 할 수 있는 '텍스트의 의미화'일 것이다.

따라서 위의 놀이에서 여러분이 헤맨 건, 저자의 이름이나 작품의 탄생 배경을 미리 알려주지 않은 나의 잘못이니, 어찌 여러분들의 안목을 탓하겠는가? 그렇더라도 글이 수학 공식에 들어맞듯이 이렇게 작가나 시대와 딱딱 맞아떨어질 수 있다고 하는 건 아무래도 좀 이상하지 않은가?

저자'들'의 텍스트

퀴즈 하나. 『논어』의 저자는? 『장자』의 저자는? 『금강경』의 저자는? 『성경』의 저자는? 단번에 답할 수 있을 듯하다. "공자, 장자, 붓다, 예수요!" 정답을 확신했겠지만, 아쉽게도 모두 틀렸다.

『논어』는 공자가 한 말이 대부분이긴 하지만 공자가 쓴 책은 아니다. 공자가 이러저러하게 말했다는, 공자 제자들이 '전해들은 말씀'들이 기록되어 있을 뿐이다. 『장자』 역시 장자가 쓴 책이 아니라 '장자가 이렇게 말했다'는 소문들이 적혀 있는 텍스트다. 『금강경』과 『성경』 역시 마찬가지다. 이 텍스트들은 저자가 없다. 저자가 없을 뿐 아니라, 여러 시대를 통과하면서 누군가가 마치 성인의 말씀처럼 슬쩍 자기 얘기를 끼워넣기도 하고, 맘에 안 드는 구절은 읽다가 빼버리기도 하면서 변화되어 왔다. 그러니 그 텍스트들의 저자는 알 수 없는 '다수'다.

저자는 이러저러한 것들과 결합함으로써 특별한 유전자 조합을 가진 책을 태어나게 했지만, 책은 이미 세상에 태어난 그 순간부터 '아버지-저자'와는 다른 삶을 살아가게 된다. 내가 커가면서 다양한 경험들을 하고 다양한 것들과 관계를 맺듯이, 책 역시 다양한 시대와 다양한 공간 속에서 저자와는 무관하게 다양한 접속들을 이루고, 그만큼 다양한 삶을 살아가게 된다.

지금이야 저작권 개념이 엄격해서 누군가를 인용할 때는 반드시 출처를 밝혀야 하고, 행여 아무 생각 없이 베껴 쓰면 범죄가 되지만, 예전에는 성인의 말을 인용하거나 친구나 스승의 글을 인용하는 게 지금보다 더 자유로웠다. 물론 이건 예전 사람들이 얌체거나 양심이 없어서 그런 게 전혀 아니니, 오해는 마시길.

근대 이전에는 글이란 공적(公的)인 것이었다. 지식 자체가 개인의 사적인 소유물이 아니라 공적인 것이었기 때문이다. 나의 지식이란 선인들의 누적된 지식을 공부함으로써 축적된 것이다. 거대한 거인의 어깨 위에서 자신의 키만큼을 더 보는 것이 과학자라고 했던 아인슈타인의 말처럼, 우리가 새로운 것을 깨달았다고 하더라도 그건 나 이전에 이루어진 거대한 지식에 의존해서만 가능하다. 그럴진대 내 지식이 내 것이라고 주장할 수 있는 근거는 없다. 그래서 옛사람들은 굳이 출처를 밝히지 않았지만 그건 남의 글을 자기 것인 척 하려는 게 아니라, 자기 글마저도 자신의 사적인 소유가 아니라고 인식했기 때문이었다. 나의 지식은 모두의 것이고, 나의 글은 모두의 글이라는 것! 생각나시는지? "나의 목소리는 멕시코 원주민들의 목소리를 전달하는 확성기"라던 마르코스의 말이.

생각해보면, 모든 텍스트의 저자는 '저자들'이 아닐까? 내 안에 많은 목소리들이 웅성거리고 있는 것처럼, 텍스트 안에는 여러 저자들이 지나간 길이 놓여 있다. 텍스트를 탄생시키는 건 한 사람의 저자가 아니라, 그 저자가 만난 여러 저자들과 지식들, 그리고 그 저자를 관통하는 여러 힘들이다.

텍스트를 더 재미있게 읽는 또 하나의 방법: 다양한 '저자들'의 목소리를 찾으라!

됐어, 됐어, 이제 그런 질문은 됐어!

1965년에 밥 딜런의 문제적 앨범 『다시 찾은 61번 고속도로』(*Highway 61 Revisited*)가 발표되었다. 집에 혹시 이 앨범이 있다면 이 대목에서 앨범을 플레이시키는 것도 좋겠다. 없다면 「구르는 돌처럼」(*Like A Rolling Stone*)이라는 노래라도. 다음은 그 앨범 발표 직후 있었던 실제 기자회견 장면이다.

"당신의 그 앨범 커버에 실린 사진과 당신이 트라이엄프 셔츠를 입은 의미를 말씀해주세요. 어떤 의미가 있는 사진인지, 어떤 철학이 담겼는지 알고 싶습니다."
"흐흐, 음……. 별로 유심히 보질 않아서요, 별 생각이 없네요."
"전 많은 생각이 들던데요."
"음……. 촬영하는 데 하루가 걸렸고, 전 계단에 앉아 있었어요. 사진은 별로 신경쓰지 않았는데요."

"당신의 노래에 나오는 오토바이는 뭘 의미하나요?"

"모든 사람들이 오토바이를 좋아하잖아요.^^"

"숨겨진 메시지와 분명한 메시지 중 뭘 더 선호하시나요?"

"뭐라고요? 제 노래에 뭐가 있다구요?"

"당신은 가수인가요 시인인가요?"

"난 노래하고 춤추는 사람입니다. 으하하!"

"딜런 씨, 당신이 분류되는 걸 싫어하는 건 알지만, 서른 살이 넘은 사람들을 위해 당신의 역할이 무엇인지 말씀해주시겠습니까?"

"전 서른 살 이하로 분류되구요, 제 역할은 가능한 오래 여기서 버티는 거죠."

"누군가 당신이 너무 많은 사람들을 화나게 해서 관객들 앞에서 공연하는 것이 매우 위험할 거란 글을 썼습니다."

"이 바닥이 다 그렇죠, 뭐."

"당신이 인기가 많은 것은 팬들이 당신과 당신의 말과 곡에 공감하기 때문이라고 생각하나요?"

"나도 몰라요."

"당신이 걷고 있는 그런 음악 분야의 사람들은 얼마나 되며, 저항 가수는 몇 명이나 되죠?"

"136명쯤 있어요. 136명에서 142명쯤?"

인터뷰를 한 기자 입장에서는 정말 불성실하기 짝이 없는 가수가 아닐 수 없다. 하지만 잘 들여다보면 이 인터뷰의 문제점은 답이 아니라 질문에 있다. 시종일관 기자들은 묻는다. 그게 뭘 의미하는 거냐고, 정체를 분명히 밝히라고. 급기야 당신 같은 저항 가수가 몇 명이냐는 말도 안 되는 질문을 던진다. 그러니 말도 안 되는 대답을 돌려줄 수밖에!

우리는 저자를 향해 늘 그렇게 묻는 것에 익숙하다. 당신은 왜 이 글을 썼는가, 이 글은 무엇을 의미하는가, 당신이 하고자 한 것은 무엇인가, 어떤 의도로 이 단어를 사용하고 이러한 문장을 구성했는가 등등, 온통 저자의 '내면'을, 그 심층의 의도를 파 내려가려는 질문들뿐이다. 그러나 어떤 저자도 이런 질문에 정확하게 대답할 수 없을 것이다. 아니, 대답을 할 수 있다면 그게 오히려 이상한 일이다. 쓰는 것도 저자 자신이지만, 글쓰기를 가능하게 하는 지식·판단·감성은 무의식적으로 구성되기 때문이다.

추리소설에서, 탐정은 사건이 벌어진 장소에서 나름의 추리 판단 하에 사물들의 질서를 배열하려고 한다. 그러나 탐정이 생각한 대로 사건이 척척 해결되는 추리소설은 '꽝'이다. 흥미진진한 추리소설에서 사건의 열쇠를 쥐고 있는 것은 언제나 탐정이 만들어놓은 질서를 흩뜨리면서 사건을 다른 방향으로 몰고 가는, 전혀 의외의 사물 혹은 제3의 등장인물이다.

저자는, 말하자면 세계의 탐정과 같은 존재다. 나름대로 세계의 사건을 추리하고 자신의 논리를 펼치지만, 언제나 의외의 요소가 등장해서 저자의 의도를 비틀고, 저자가 한눈을 파는 사이에 텍스트 속으로 잠입한다. 그리고 의외의 단서를 발견하는 것은 또 다른 차원에서 이 사건-텍스트 속에 개입된 독자다. 그 단서를 발견하는 순간, 우리는 질문해야 한다: "이건 사건(텍스트)과 무슨 관계가 있는가?" 물론 사건-텍스트에 개입하는 독자들의 상황과 방식에 따라 발견되는 단서는 다를 것이고, 따라서 질문의 내용도 달라질 것이다.

그러므로 저자란 최초의 질문을 우리 앞에 던져놓는 존재, 그 이상도 이하도 아니다. 최초의 질문에서 시작해서 질문을 발전시키고, 알려지지 않은 새로운 질문을 던지기도 하고, 질문 형식을 바꿔가면서 텍스트를 또 다른 방식으로 살게 하는 것은 독자의 몫이다.

그러니 앞의 인터뷰에서처럼 저자의 의도나 숨겨진 메시지에 목숨 거는 질문은 하지 말자. 성공적인 인터뷰를 위해서는 한 번이라도 더 보고, 더 생각하자. 그런 다음 질문하자. 이런 건 어떤가. 당신이 쓴 가사 중에서 가장 맘에 드는 표현은 어떤 건가요? 당신은 어떤 상상을 할 때 가장 즐겁죠? 노래 말고 또 하고 싶은 일이 있다면? 존경하는 작가는 누구죠? 어느 순간 자신의 한계를 느끼나요?

저자가 대답을 해도 그만, 안 해도 그만. 사실 우리가 그에게서 얻을 수 있는 힌트는 별로 없다. 저자는 시험문제와 동시에 만들어지는 '정답표' 따위에 대해서는 알지 못한다. 저자는 문제를 던지지만, 그 문제를 다시 비틀면서 답을 만들어가는 것은 저자가 아닌 독자다. 그러니 저자가 어디로 갔든 알게 뭐람. 심지어 저자가 죽는다 해도 그리 통탄할 일은 아니다. 왜냐하면 저자의 죽음과 동시에 독자가 탄생하기 때문이다. 정확하게 말하자면, 텍스트 자체가 저자의 죽음과 독자의 탄생이라는 두 사건을 함께 잉태한 채로 태어난다.

이제 남은 문제는 이렇게 새롭게 태어난 독자가 텍스트라는 거대한 도시 속에서 어떤 길을 선택할 것인가다. 이질적인 것들이 공존하는 도시에서 어떤 길을 선택하느냐에 따라 독자는 전혀 다른 풍경과 전혀 다른 사람들을 만나게 될 것이다.

주의사항! 길을 잃어도 당황하지 말 것. 어딘가 반드시 출구가 있으리니, 길을 잃는 것도 즐겨가면서 쉬엄쉬엄, 텍스트의 다양한 길들을 다양한 속도로 탐사해보자.

창조적 독서, 텍스트 읽기의 무한함

중세의 책읽기와 우리들의 교과서 읽기

교과서 텍스트를 배우면서 한번쯤은 가졌음직한 의문. 시의 의미는 왜 꼭 그것이어야 하며, 어떤 소설의 주제는 또 왜 꼭 그것이어야만 하는가? 그건 당연히 시험이란 '하나의 답'을 요구하기 때문이다.

제도라는 것은 결국 사람들을 명령에 따르도록 길들이는 장치이다. 시험 역시 하나의 제도인 이상, 복수적 가치와 의미를 거부하고 단일한 의미작용 체계를 강요한다. 그렇기 때문에 모든 시험에는 '정답'이라는 것이 있게 마련이다. 세상 어디에도 '읽고 싶은 대로 읽고, 쓰고 싶은 대로 써라'라고 하는 시험은 없다. '정답'이라는 하나의 해석을 벗어나는 걸 시험은 절대로 참지 못한다. 옛날 과거시험도 그랬고, 요즘의 입시도 그렇고, 앞으로도 그럴 거다. 아무리 주옥 같은 텍스트라도 교과서에 실리는 순간 따분하게 느껴지는 건 그 때문이다.

서양의 옛날 얘기를 좀 해보자. 중세 때는 책이 귀해서 아무나 읽을 수 없기도 했지만, 책을 읽더라도 특정한 해석만이 허용되었다고 한다. 즉 텍스트의 의미는 네 가지 차원에서만 파악될 수 있었다.

문자적 의미, 도덕적 의미, 알레고리적 의미, 성령적 의미.

좀 어려워 보이지만, 이를테면 이런 거다. "In exitu Israel de Egypto, domus Jacob de populo barbaro, facta est Judea sanctificatio eius, Israel potestas eius."(이스라엘이 이집트에서 나올 때, 야곱의 집안이 야만족을 떠나올 때 유다는 그의 성소가 되고 이스라엘은 그의 영토가 되었다) 라틴어로 된 이런 성경 구절이 있는데, 중세인들은 이를 다음과 같은 네 가지 방법으로만 해석해야 했다.

첫째, 이 구절의 문자적 의미는 모세 시대 이스라엘 백성들이 이집트를 떠나가는 정경을 묘사하고 있다. 둘째, 알레고리적 의미에서 보면 그것은 그리스도를 통한 인간의 구원을 묘사한다. 셋째로, 도덕적 의미에서는 영혼이 고통과 번민에서 벗어나 은총을 입은 상태를 나타내며, 마지막으로 성령적 의미에서는 영혼이 죄로 가득한 이 세상의 끈에서 풀려나와 영원한 영광의 자유로 향하는 장면이라고 할 수 있다. 비록 네 가지 차원에서 의미가 파악되고 있기는 하지만, 가능한 해석은 오직 그 네 가지뿐이다. 즉, 그 외의 다른 해석들은 용납되지 않는다. 이처럼 닫힌 텍스트에 대한 닫힌 해석이 중세 교회의 권위적인 책읽기였다.

그래서 중세의 독자들은 텍스트를 읽다가 의미가 모호한 단어를 만나게 되면 백과사전이나 동물 우화집을 찾았다고 한다(우리가 사전을 찾는 것처럼). 그 안에는 모든 사물의 상징적 의미가 자세히 규정되어 있었기 때문에, 그 의미대로만 해석하면 되었던 것이다.

어떻게 이런 '정확한' 독서가 가능했냐고? 하지만 모르는 구절이 나오면 참고서 찾아서 밑줄 그어가며 외우는 우리들도 이와 별로 다를 것이 없지 않은가? 다른 게 있다면 그들에게는 텍스트의 질서 자체가 신에 의해 보증되는 것이었지만, 우리에게는 성적에 의해 보증된다는 사실뿐. 그러나 만약 텍스트 읽기가 이게 전부라면 저자의 죽음을 담보로 하면서까지 독자가 태어나야 할 이유는 없다. 독자의 탄생을 알리기 위해서라도, 이제부터 꿈틀꿈틀 우리들이 꿈꾸던 반란을 시작해보자.

유한한 텍스트의 무한한 공간

사랑하는 로테! 무서운 폭풍을 피해 도망쳐온 보잘것없는 시골 주막의 이 조그마한 방에서 나는 당신께 글월을 올려야겠습니다. 서글픈 D시에서 제 마음과는 아무런 인연이 없는 낯선 사람들 틈을 헤매고 다니는 동안에는 당신께 글월을 드릴 마음의 여유가 조금도 없었습니다. 지금 이 오두막집에서, 이 외로움 속에서, 눈보라가 미친 듯이 창문에 휘몰아치는 이 좁은 방 안에서 맨 처음 당신의 생각이 머리에 떠올랐습니다. 이곳에 발을 들여놓자, 내 마음을 엄습한 것은 당신의 모습과 추억이었습니다. 아! 로테여, 그토록 성결하고, 그토록 다정하던, 아아, 최초의 행복했던 순간이 되살아납니다.

겉으로는 "어휴~ 유치해"라고 욕하면서도, 뒤돌아서면 배를 움켜쥐고 부러워할 솔로들의 모습이 그려진다. 그렇다. 이 글은 모두가 한 번쯤은 받아보고 싶어하는 연애편지다. 누구의 연애편지냐고? 아는 사람은 알겠지만, 『젊은 베르테르의 슬픔』의 주인공 베르테르가 로테에게 보낸 연애편지이다.

사랑에 빠진 사람들은 연애편지를 읽을 때 온 주의를 집중할 뿐만 아니라 편지 한 장을 읽는 데 자신의 실력을 최대한으로 발휘한다. 편지 읽는 데 무슨 실력이랄 것까지, 하고 생각할지 모르지만, 천만의 말씀! 사랑에 빠진 사람은 단어 하나, 문장 하나를 수십 가지의 방식으로 읽는다. 읽고 또 읽으면서 편지의 의미를 무한대로 확장시킨다. 그들에게는 여백조차도 촘촘한 글씨가 빼곡하게 들어찬 것으로 보이며, 편지 한 귀퉁이의 얼룩조차도 다양한 의미를 갖는다(이걸 쓰다 울었나? 아니면 차를 마셨나? 커피? 홍차?). 어디 그뿐인가? 남이 보면 "닭살이야~"라며 치를 떨 그런 비유조차 무수한 함축적 의미를 내포한 시적 언어로 읽힌다. 그 텍스트에는 색깔이 있고 향기가 있으며 무게가 있다. 물론 그것은 읽는 당사자만이 느낄 수 있을 뿐이다. 사랑에 빠진 사람들에게 연애편지란 원래가 그런 것이다. 그저 '뻔한' 말 몇 가지가 나열되었을 뿐인 한 장짜리 편지 텍스트조차 연인과 접속되었을 경우에는 몇 권의 책보다도 더 무궁무진한 의미를 담은 공간이 된다.

책을 사랑하는 것은 연애편지를 읽듯이 책을 읽는 것이다. 내가 가진 최대의 능력을 발휘해서 책의 공간을 여행하는 것. 글자와 그 의미에만 집착하는 것이 아니라, 여백을 읽고 그 여백을 나의 언어로 채우는 것. 텍스트에 빛깔과 향기와 무게를 담는 것. 능동적이고 적극적인 독서, 행복하고도 강렬한 독서는 '연애편지 읽기'다!

텍스트와 독자의 무한 접속

연애편지를 읽으면서 연인의 목소리와 손길을 느끼는 것처럼, 텍스트를 읽는 것은 텍스트를 내 신체의 일부로 느끼는 것이며, 거기에 하나의 해석을 가하는 행위다. 다음 텍스트를 읽어보자.

우선 그는 조용히 방해받지 않고 자리에서 일어나, 옷을 입고, 무엇보다 아침을 먹고, 그러고 나서 그 다음 것을 생각해보려고 했다. 침대에 누워 있어서는 아무리 곰곰이 생각해봤자, 신통한 결말이 나지 않으리라는 것을 알아차렸기 때문이다. 침대에 누웠을 때는 벌써 몇 번씩이나 아마 누운 자세가 불편한 데서 비롯한 듯한 가벼운 고통을 느꼈던 기억이 나는데 일어나보니 단순한 착각이었음이 드러났다.
…… 이불을 떨치는 것은 아주 간단해서 숨을 쉬어 배를 조금 부풀리자 이불은 저절로 떨어졌다. 그러나 더이상은 힘들었는데, 특히 그의 몸이 워낙 심하게 넙적했기 때문이었다. 몸을 일으키기 위해서는 팔과 손이 필요할 텐데 그에게는 그 대신, 끊임없이 가지각색으로 움직이고 있는 데다가 그가 제어할 수도 없는 수많은 다리가 있을 뿐이었다.

멀쩡하던 그레고르가 어느 날 아침 한 마리의 벌레로 변했다는, 여러분들도 잘 아는 카프카의 「변신」 중 일부다. 발상 자체가 기괴하기 짝이 없는 이 소설을 우리는 흔히 현대인의 소외에 대한 암울한 메타포로 읽는다.

그런데 정작 이 소설이 발표되었을 당시의 독자들은 "정말 기막힌 발상 아니야?"라면서 소리내어 웃었다고 한다. 그러나 난 고등학교 때 이 소설을 읽고 너무나 괴로워서 꽤 오랜 시간 동안 맘을 진정할 수 없었다. 아마도 하루 15시간 이상을 학교에 처박혀 참고서 더미에 시달리는 내 자신이 벌레 같다는 생각 때문에 견딜 수 없었던 것 같다. 그런가 하면 어떤 친구는 이 소설을 읽고 단지 그 벌레가 불쌍해서 울었다고 한다. 자신은 그 벌레처럼 비참하지 않다는, 얼마간의 안도감을 느끼면서 말이다.

이렇게 똑같은 텍스트가 웃음을 발생시키기도 하고, 울음을 발생시키기도 하는 것은 왜일까?

이번엔 또 다른 텍스트를 읽어보자.

나의 단호한 성격은 조금도 변함이 없을 거요. 선택한 것에 대해선 결코 미련이 없소. 즐기는 대상 속에서 쾌락을 찾아낸다고 확신하는 이상 결코 그것을 개탄하여 내 취향을 바꾸는 일은 없을 것이오. 아주 어릴 적부터 엄격한 원칙에 따라 자랐기 때문에 난 내 원칙에 매우 충실하고 일관되게 행동하고 있소. 나의 원칙은 미덕의 공허함과 허무함을 깨닫게 해주었소. 나에게 미덕은 증오의 대상이오.

누구도 내가 미덕을 따르는 것을 볼 수 없을 것이오. 악덕이야말로 인간에게 도덕적이고 육체적인 갈등을 느끼게 해주는 유일한 것, 즉 달콤한 욕정의 근원이라는 것을 나는 나의 원칙을 통해 깨달았던 것이오. 나는 스스로를 바로 그것에 내맡겼소. 종교적 망상은 일찌감치 넘어섰소. 창조주의 존재는 아이들도 믿지 않는 언어도단의 역리라는 것을 난 완벽하게 깨달았소.

실링 성(城)을 지상의 아수라장으로 만든 장본인 중 하나인 블랑지스 공작의 섬뜩한 자기소개다. 그가 누구냐고? 저 악명 높은 사드 후작의 『소돔 120일』에 나오는 인물이다. 루이 14세 재위기간의 끝무렵을 배경으로 인간이 상상할 있는 극한의 방탕을 그린 『소돔 120』은 당시부터 지금까지 '세상의 모든 불경(不敬)'을 상징한다. 심지어 저자 스스로가 "나는 이 진술에 앞서 모든 독신자(篤信者)들에게 죄를 범하고 싶지 않다면 이 책을 즉각 버리라고 권고하는 바이다."라는 경고를 덧붙였을 정도다. 외설로 낙인찍히고 금서가 되었음은 말할 것도 없다.

하지만 사드가 바스티유 감옥 속에서 한 자 한 자 꾹꾹 눌러쓴 이 책은 몰락하는 귀족에 대한 장송곡이자, 모든 억압에 대한 무조건적 저항으로 읽힐 수도 있다. 이 잔혹소설이 인간의 본성과 폭력성, 억압, 성(性), 사유의 한계 같은 문제를 고심했던 여러 철학자들을 매혹시킬 수 있었던 이유가 거기에 있다. 특정한 맥락(context) 속에서 탄생하는 텍스트는 또 다른 맥락 속에 존재하는 독자와 만나 무수한 해석을 발생시킨다. 때문에 어떤 텍스트를 '예술이냐, 외설이냐'라는 관점에서 단죄하는 것, '그 내용이 불경한가, 아닌가'로 평가하는 것은 부당하다.

같은 텍스트라도 그것이 어떤 독자와 어떤 식으로 결합되었는가에 따라 그 의미와 거기에 수반되는 효과는 이렇게 달라질 수 있다. 그건 텍스트가 다양한 요소들의 집합인 것과 마찬가지로 독자 역시 다양한 요소와의 관계 속에서 존재하는 '집합적 개인'이기 때문이다. 예를 들어 같은 텍스트일지라도 스무 살에 읽었을 때의 느낌과 마흔 살에 읽었을 때의 느낌이 천지 차이인 것은, 텍스트를 읽는 나 자신을 이루는 구성 요소들이 달라졌기 때문이다. 그 사이에 나는 사랑도 하고, 이별도 하고, 더 많은 사람을 만나고, 더 많은 이야기들을 들었으며, 내 신체를 이루는 세포들의 수도 달라졌다. 따라서 스무 살의 나는 마흔 살의 나와는 '다르게 된' 나다.

마찬가지로 같은 텍스트가 누구에겐 '예술'이 되고, 누구에겐 '외설'(이 말이야말로 정말 '외설적'이지 않은가?)이 되는 것은 그 텍스트와 접속한 독자를 구성하는 요소들—사상·계급·성·인종·정치 등—이 다르기 때문이다. 그런데도 '법'이라는 이름으로 어떤 텍스트를 외설이라고 못박고 작가를 구속하려는 발상은 얼마나 어처구니없는 일인가? 그건 작가의 '표현의 자유'에 대한 억압이기 이전에 독자의 '읽기의 자유'에 대한 억압이다. 모든 심의에 우리가 분노해야 하는 이유, 작가보다 독자가 반란을 일으켜야 하는 이유는 바로 여기에 있다. 독자에게 자유롭게 읽을 권리를!

독자, 그리고 텍스트의 부활

다음 텍스트는 다소 생소할지도 모르는 어느 노랫말이다.

>깊은 산 오솔길 옆 자그마한 연못엔
>지금은 더러운 물만 고이고
>아무것도 살지 않지만
>먼 옛날 이 연못엔 예쁜 붕어 두 마리
>살고 있었다고 전해지지요.
>깊은 산 작은 연못.
>어느 맑은 여름날
>연못 속에 붕어 두 마리
>서로 싸워 한 마리는 물 위에 떠오르고
>여린 살이 썩어들어가
>물도 따라 썩어들어가
>연못 속에선 아무것도 살 수 없게 되었죠

이 노랫말을 쓴 작사가도, 나온 연도도 알지 못하는 독자들은 이 연못 이야기를 어떻게 받아들일까? 각계에서 활동하는 독자들의 의견을 들어보자.

교사 제 생각에는 학교 내의 집단 폭력을 비유한 게 아닐까 합니다.

사장 이건 지금 벌어지는 노사간의 갈등에 중요한 해결 방안이 될 수 있어요. 싸우면 결국 연못 속 붕어처럼 둘 다 죽는 거예요! 여러분~ 고통 분담합시다!
안기부 간부 이건 북한을 찬양하는 빨갱이 노래 아니야! 이거 만든 놈 가서 잡아와!
철수 오늘 아무래도 내가 영희한테 너무 심하게 한 거 같아. 앞으로는 안 싸우고 잘 지내야지.
영희 조카 붕어가 불쌍해~ 잉잉~. 빨리 붕어 살려내~ 잉잉~.

믿기지 않겠지만, 김민기의 이 노래는 당시 안기부 간부의 해석을 존중하여 금지곡이 되었다. 안기부 간부야 금지를 통해 자기의 해석이 틀림없다는 걸 증명하고 싶었겠지만, 이 중 어떤 것도 지배적인 해석이 될 수 없다. 이 노래는 당시의 정치에 대한 풍자였을 수도 있지만, 정말 금붕어들이 사는 연못에 관한 노래였을 수도 있다. 그 모든 것이 정답이고, 그 모든 것이 오답이다. 일단 작가의 손을 떠난 텍스트는 그것이 놓인 맥락 속에서, 그것과 접속한 독자에 의해 새롭게 태어난다.

예컨대, 프랑스 혁명 후 나폴레옹의 후원하에 그림을 그린 궁정화가 다비드는 혁명을 정당화하고 그 주요 인물들을 영웅화하기 위해 로마의 이야기 속 영웅들을 가져왔다. 그런가 하면 동아시아에서는 중요한 정치적 고비들마다 『사기』나 『삼국지』에 나오는 일화들이 리바이벌되곤 한다. 물론 그때마다 평가는 다르다. 어느 때는 백이

같은 인물이 부각되는가 하면 어느 때는 관중이 높이 평가되고, 항우와 유방에 대한 평가도 시대에 따라 다르다. 이처럼 텍스트는 원래의 맥락이나 저자의 의도와 상관없이 시대를 관통하며 끊임없이 재해석된다.

『춘향전』이라는 100년도 더 된 텍스트는 끊임없이 영화화되고 또 여기저기에 인용됨으로써 매번 새로운 『춘향전』으로 다시 태어난다. 우리나라에서 『춘향전』이 영화로 만들어진 것만도 열 번 안팎, 거기다 명절 때마다 방송되는 드라마나 코미디 프로그램까지 합치면 셀 수가 없을 지경이다. 그러나 같은 춘향이라도, 1960년대에 최은희가 연기한 춘향이가 '열녀 성(聖)춘향'이라면, 1990년대에 김희선이 연기한 춘향이는 '통통 튀는 신세대 춘향이'다. 이것은 『춘향전』이라는 텍스트를 읽는 서로 다른 방법이다.

모든 시, 소설, 철학서, 역사서 등이 다 마찬가지다. 그 텍스트들을 채운 언어는 그 언어를 가지고 '노는' 독자에 의해 다른 기능, 다른 의미를 갖는다. 이런 의미에서 모든 텍스트는 영원히 '지금, 여기서' 새롭게 씌어진다고 할 수 있다.

텍스트라는 도시는 이질적인 것들이 모여 있는 공간이며, 그 안에 있는 어떤 것도 지배적이지 않다. 따라서 텍스트의 '진정한' 의미는 존재하지 않는다. 그것은 매번 만들어질 뿐이다. 전류가 부딪칠 때 '팍'하고 불꽃이 튀는 것처럼, 텍스트는 접속에 의해 비로소 작동한다. 그러므로 "그 책 어떠니?"라고 묻는 질문에 "읽기는 읽었는데, 제대로 읽었는지는 잘 모르겠어요"라는 소극적인 대답일랑 하지 말

자. 텍스트의 주인은 독자다. 텍스트를 죽이는 것도, 텍스트를 화려하게 컴백시키는 것도 모두 독자인 여러분의 역할이다.

괴물-독자

이제 책은 무거운 하나의저자 대신 가벼운 복수의 독자를 갖는 텍스트가 되었다. 독자의 무한한 가벼움은 책의 새로운 가벼움을 긍정한다. 여기에는 우리의 머리를 아프게 하는 심각함도, 고된 작업도, 육중한 고뇌도 없다. 하지만 이 가벼움은 우리의 능력을 변화시키고, 우리에게 친구를 선물하고, 다른 세계를 보여준다.

책읽기는 자유다. 그것은 맞아들이고, 승낙하고, 나와 다른 것을 긍정하는 자유다. 니체는 "하나의 텍스트를 이해한다는 것은 낙타가 사자로 변신해야 하는 것과 같다"는 말을 했다. 책을 읽으면서 '동일한 나'를 계속 고집하고 거기에 집착하고, 그것이 사라지는 것을 두려워할 것이 아니라, 나를 버리고 기꺼이 그 공간 속으로 걸어 들어가야 한다. 그리고 바로 그 순간, 나는 무거운 짐을 견디는 낙타가 아닌 포효하는 사자로 다시 태어나며, 텍스트는 새로운 공간으로 재창조된다.

그런 점에서 좋은 독자는 일종의 '괴물'이다. "용기와 호기심이 어우러진 하나의 괴물!" 텍스트를 머리로 이해하는 것이 아니라 텍스트를 향해 질문하고 새로운 의미를 발견하고 텍스트 속의 미로를 모험하는 탐험가, 아직까지 있어본 적이 없는 새로운 존재로서의 괴물-독자만이 텍스트를 새로운 방식으로 작동하게 한다.

괴물-독자는 텍스트의 의미를 창조적으로 변형하면서 끊임없이 자신의 형상을 바꾼다. 괴물-독자에서 괴물-비평가로, 그리고 괴물-작가로. 독자와 비평가와 작가를 넘나들면서 괴물-독자는 자신의 글쓰기로 글읽기를 완성한다. 소비하는 것을 넘어 유희하고 생산하는 작가-독자. 이 책의 마지막 장에서 '글쓰기'를 다룬 것은 이러한 이유 때문이다.

그러나 아직 풀리지 않은 궁금증이 하나 더 남아 있을 것이다. "어떻게 읽어야 하는지는 조금 알겠어요. 그런데 무슨 책을 골라 읽어야 하는 거죠?"

미래의 책

가장 오래된 미래

수이전, 계원필경, 파한집, 삼국유사, 조선상고사, 사기열전, 삼대, 고향, 천변풍경, 택리지, 시경, 산해경, 삼국지연의, 꿈의 해석, 국부론, 자본론, 슬픈 열대, 프린키피아, 종의 기원, 부분과 전체, 일반 언어학 강의, 탁류, 변신, 일리아스, 오디세이아, 신곡, 테스, 햄릿, 젊은 예술가의 초상, 무기여 잘 있거라, 파우스트, 수상록……

이게 다 무슨 책들인가 하고 의아해 하겠지만, 이 책들이 바로 교육부가 청소년의 '필독서'로 제시한 고전 목록들 중의 일부다. 이걸 어떻게 다 읽느냐고? 놀랄 것 없다. 이 책들을 필독서로 제시한 분들 역시 다 읽었을 리 없을 테니. 늘 잡지만 즐겨보는 사람도 막상 '어떤 책이 좋은 책인가?'라는 질문을 받으면 생전 읽지도 않는 '고전'을 들이댄다. 그리고 '고전'이라는 '고전적인' 말 앞에서는 어쩐지 주눅이 드는 게 사실이다. 그런데 대체 어떤 책이 고전이라는 타이틀을 부여받게 되는 것일까?

고전은 원래 옛 책이나 옛 경전을 가리키는 말인데, 이것이 지금처럼 특정 분야의 권위서나 명저를 의미하게 된 것은 서구의 '클래식'(classic)이라는 개념 때문이다. 우리가 '고전음악'이라고 하면 '대중음악'이 아닌 '클래식 음악'을 가리키는 것처럼 말이다.

'클래식'이라는 말은 원래 로마에서 일정한 고정 수입을 가진 최고 계급을 지칭하는 라틴어 '클라시쿠스'(classicus)에서 비롯되었다. 여기에서 뜻이 변해 모범적이면서도 영원성을 지닌 최고의 예술 작품을 의미하게 되었다. 이러한 기준에 따라 르네상스 이후로는 '고전 작가'의 서열이 형성되기 시작했으며, 18~19세기에는 그 시대의 '교육적 이상'하에서 '고전'에 대한 목록들이 작성된다. 예컨대, 19세기에는 '내면적 자기완성과 시민적 덕성의 함양을 통한 조화로운 공동체 건설'이라는 교육이념에 발맞추어 문학과 철학을 중심으로 한 고전들이 '필독서'로 제시된다. 앞서 제시한 우리의 필독서도 이와 비슷한 이념 하에서 선택된 것이다.

요컨대, '고전'은 시대를 초월해서 작동하는 최고의 텍스트인 동시에 특정한 시대의 이념에 따라 선택된 동시대적 텍스트인 것이다. 고전의 권위에 압도되거나 지레 겁부터 먹을 필요는 없다. 고전을 읽어야 하는 이유는 하나, 시험이나 이념 때문이 아니라 거기 담긴 '오래된 지혜' 때문이다.

우리들은 대체로 이미 규정된 사회적 가치나 인식을 갖고 살아간다. 예컨대 재물과 명예에 대한 욕망이라든지, 인간과 사회에 대한 이분법적인 사고는 우리의 무의식 속에 뿌리 깊게 박혀 있는지라, 그것을 당연한 것으로 여기고 살게 된다. 우리 자신에게 모든 선택권이 주어진 듯하지만, 실제로 우리가 선택할 수 있는 길이란 이것 아니면 저것일 뿐이다. 그런 우리들에게 고전의 지혜들은 예기치 못한 곳에서 '출구'를 마련해준다.

예컨대 근대의 권력을 고민하던 철학자 푸코는 그리스인들의 사랑과 철학에서 '근대'를 넘어설 수 있는 새로운 가능성을 발견했으며, 클라스트르라는 인류학자는 인디언들의 사회질서에서 근대의 폭력적인 정치권력과는 다른 '미래의 정치'를 보았다. 내가 공부하고 있는 강학원의 많은 사우(師友)들은 니체, 맑스, 연암, 스피노자 등의 텍스트를 통해 '근대 너머'를 사유하고 새로운 윤리학과 정치, 새로운 인문학의 비전을 제시한다. 나 역시 그렇다. 동서양의 고전을 공부하면서 얼마나 다양한 삶의 길들이 있는지를 알게 되었고, 그 과정에서 말할 수 없는 기쁨을 느끼고, 막힌 부분을 뚫고 나갈 수 있는 지혜를 얻는다.

우리가 아직 경험하지 못한 미래, 우리가 꿈꾸는 행복한 미래는 이미 오래전에 와 있었다는 것. 고전은 아직 오지 않은 미래의 모습을 보여준다. 인류가 남겨준 '고전'이라는 선물이 아니라면, 어떻게 새로운 것을 꿈꾸고, 지금 내 앞에 놓인 벽을 뛰어넘을 수 있는 지혜를 어디서 얻을 수 있겠는가. 사는 게 답답하게 느껴지거나 자신의 미래가 보이지 않을 때 고전 텍스트 한 권을 펼쳐들어라. 거기, 우리와 같은 답답함을 겪었던 사람들의 탄식이, 그들의 고민과 절망이, 그들의 질문과 답이, 그들의 기다림과 희망이 있을 터. 거기서 미래를 발견하게 될 것이다. 고전에 길이 있나니, 드넓은 고전의 세계에 푹 빠져보시길!

> 책에 쌓인 먼지를 털어내고
> 단정한 차림으로 옛사람을 대하네.
> 책에 쓰인 건 모두 피와 땀이라
> 알고 나니 정신을 돕네.
> 도끼를 들어 주옥을 캐고
> 그물을 쳐 고운 물고기를 잡는 듯
> 나도 한 자루 비를 들고
> 온 땅의 가시를 쓸리라.
> ―원굉도, 「독서」에서

세상에서 가장 위험한 책

무릇 육경(六經)이나 유가(儒家)의 책들은 기름지고 맛난 음식과도 같다. 좁쌀밥과 고기를 지나치게 과식하면 체해서 뱃속이 더부룩해지고 응어리가 생기니, 의사가 대황이나 촉두라는 약으로 쌓인 오물을 배설시킨 다음이라야 비장이나 위가 회복되어 병이 없어지게 된다. 높은 분들을 모신 잔치라면 닭, 돼지, 양, 생선 등 온갖 음식이 연달아 진상된다. 해산물 중에서 안다니조개의 관자 같은 것은 입이 헐고 혓바닥이 갈라질 정도로 맛이 강렬하지만, 이것만 나오면 사람들은 한 젓가락이라도 입에 대고 싶어 입술을 움찔거리게 된다. 공의 저작은 바로 이처럼 쌓인 것을 소화하고 막힌 데를 뚫어주는 책이라고 말할 수 있을 것이다.

명나라의 원중도라는 학자가 이탁오에 대한 전기인 『이온릉전』에서 그의 책에 대해 쓴 부분이다. 어떤 책은 먹고 체하는가 하면, 어떤 책은 혓바닥이 갈라질 정도로 맛이 강하지만 모두들 한번 맛보고 싶어 안달하며, 어떤 책은 쌓인 것을 소화하고 막힌 데를 뚫어준다. 대체 이탁오의 글이 어떠하길래 그의 책을 두고 이렇게 묘사했을까? 그런데 정작 이탁오는 자신의 책에 대해 이렇게 쓴다.

이굉보(이탁오)가 친구들과 주고받은 서찰이며 묻고 답하면서 논쟁을 벌였던 여러 문장들을 모아 책으로 만들었다. 그리고 스스로 『분서』라고 이름을 붙인 뒤 그 책을 불태워도 된다고 말하였다. 굉보는 언사가 직설적이고 성격이 꼿꼿하며 세상의 어떤 것도 눈에 담지 않는 오연한 기상의 소유자였다. 격정적인 기세가 지나칠 정도로 심해 남의 비위를 거스르는 것도 전혀 괘념하지 않았다. 하지만 이런 그도 누군가 반드시 역정낼 것을 염려하여 책을 소각한다고 말을 에둘러 표현했으니, 어찌 슬픈 일이 아닐 것이랴! 결국 필설로 인해 자신을 죽이고 착취나 일삼는 탐관오리들은 그의 저작을 불길 속으로 던져버리고 말았으니, 이 무슨 재난이란 말인가!

기껏 책을 쓰고 나서는 '위험하니 태워버리라'는 뜻에서 『분서』

(焚書)라고 이름짓다니! 책이 위험해야 뭐 얼마나 위험할까 싶지만, 진시황의 저 유명한 '분서갱유' 사건을 생각해보라. 책이 위험하다는 건, 달리 말하면 책이야말로 사람들의 생사를 좌우할 정도로 강력한 힘을 지녔다는 말이다. 니체는 자신의 책 『아침놀』에서 "도덕에 대한 나의 전투"가 시작되었다고 했으며, 『차라투스트라는 이렇게 말했다』는 자신의 "가장 위험한 책"이라고 했다. 이탁오와 니체의 위험한 책들은 그 시대의 지배적인 사유와 치열한 전투를 벌임으로써 그 책과 접속한 독자들에게 새로운 언어와 비전을 선물한다.

물론 기존의 것을 단지 부정한다고 해서 '위험한 책'이 되는 건 아니다. 정말 위험한 건 사람들 스스로 생각하게 하고, 변하게 하고, 자신의 언어로 말하게 만드는 책들이다. 니체의 『차라투스트라는 이렇게 말했다』의 '위험함'은 낡은 가치에 대한 부정 못지않게 새로운 가치의 창조에서 감지되는 힘이다. 이탁오의 『분서』의 위험함 역시 그것이 기존의 주자학을 부정하는 데 그치지 않고, 옛 성인들로부터 새로운 해석들을 이끌어내고 어떤 권위에도 의존함 없이 자신의 목소리로 말하고 있다는 데서 기인한다. 카프카의 표현을 빌리자면, 그런 책들은 우리를 꽉 물거나 쿡쿡 찌른다.

나는 오로지 꽉 물거나 쿡쿡 찌르는 책만을 읽어야 한다고 생각한다. 우리가 읽는 책이 단 한주먹으로 정수리를 갈겨 우리를 깨우지 않는다면 도대체 무엇 하러 책을 읽겠는가? …… 우리가 필요로 하는 책이란 우리를 몹시 고통스럽게 하는 불행처럼, 자신보다 더 사랑했던 사람의 죽음처럼, 모든 사람을 떠나 인적 없는 숲 속으로 추방당한 것처럼, 자살처럼 다가오는 책이다. 한 권의 책은 우리 내면의 얼어붙은 바다를 깨는 도끼여야만 한다.

우리를 때리고 불편하게 만드는 책, 우리의 낡은 감각과 인식을 깸으로써 우리를 새롭게 태어나게 만드는 책. 그런 책은 파괴하면서 동시에 창조한다. 우리를 고통스럽게 하는 동시에 웃게 만든다. 소화불량에 걸리게 하는 기름진 언어가 아니라 막힌 곳을 뚫어주는 약의 언어들이 넘쳐나는 책! 위험한 사유, 위험한 책, 그리고 위험한 웃음. 이제, 여러분이 위험한 독자가 될 시간이다.

익숙함의 함정

미국 헐리우드의 '돈 되는' 영화 뒤에는 그 영화를 만들기까지의 눈물겨운 노력이 있다. 「타이타닉」을 제작할 때, 제작사는 영화 전체 줄거리의 대략적인 틀을 만든 뒤 그걸 토대로 치밀한 설문지 문항들을 만들었다. 예를 들어 "바로 당신이 한 남자의 그토록 감동적인 사랑을 받는다면, 상대 남자는 어떤 배우였으면 좋겠습니까?", "바로 당신이 그토록 감동적인 사랑을 줄 수 있다면, 당신의 사랑을 받는 상대는 어떤 배우였으면 좋겠습니까?", "당신이라면 결말을 어떻게 처리하겠습니까?" 등등.

이런 설문조사를 통해, 관람객들의 '기호'와 '욕구'를 최대한 대리만족시켜주기 위해 온갖 요소들을 짬뽕시킨다. 헐리우드 영화가 구미에 딱 맞아떨어지는 것은 그 때문이다. 음식에 비유하자면, 조미료와 양념이 범벅된 음식이라고나 할까? 그러다 보니 조미료가 안 들어간 영화들, 즉 나의 기대를 저버리는 영화들은 거부하게 되는 것이다.

음악도 마찬가지다. 처음 듣는 음악인데도 저절로 따라하게 되는 음악, 뒤의 진행이 예견되는 음악이 있는가 하면, 중간에 갑자기 예기치 않았던 음들이 튀어나와 편안한 마음의 흐름에 제동을 거는 음악이 있다. 십중팔구, 듣기 쉽고 금방 따라 부를 수 있는 노래가 히트하게 되는 것도 '익숙한 것'에 안주하려는 우리의 낡은 습성 때문이다.

그러나 또 한편으로, 우리의 열린 귀는 항상 새로운 음들을 탐색하는 안테나와도 같아서, 기존의 것에서 벗어난 음악을 만나면 미친 듯이 열광하기도 한다. 그 유명한 베토벤의 9번 교향곡 「합창」에는 그러한 불협화음들이 빈번히 등장하면서 음의 굴곡들을 만들어낸다. 당시의 비평가들은 이를 두고 그가 귀먹은 상태에서 작곡했기 때문에 생긴 '오류'라고 비난했다고 한다. 그들 역시도 익숙한 것에 너무 길들여진 탓에 새로운 것들을 불편해하고 배척했던 것이다. 결국 베토벤과 비평가들을 구분짓는 것은 청각의 유무가 아니라, '낡은 것의 숭배와 과거로의 닫힘' 대 '낡은 것에 대한 도전과 미래로의 열림'이 아니겠는가?

그러므로 읽어야 하는 책과 읽어선 안 되는 책이 아니라, 익숙함으로 유혹하는 책과 새로운 사유를 자극하는 책, 순종하는 책과 위험한 책, 딱 한 번 작동하고 전사하는 책과 끊임없이 작동하는 책, 우리로부터 '할 수 있는 힘'을 뺏으면서 한자리에 머무르도록 하는 책과 우리의 에너지를 배가시키면서 미래로 나아가게 하는 책이 있을 뿐이다. 그걸 어떻게 알 수 있냐고? 앞에서 말한 미식가의 태도로 혹은 미식가 친구와 함께 책의 세계를 탐사하라. 괴물이 될 준비를 하고, 질문을 하나씩 들고서. 그러다보면, 어떤 책이 우리를 기쁨으로 채우는지, 어떤 책이 더 많이 작동하고 더 많은 접속을 가능케 하는지를 자연스럽게 터득할 날이 있으리라. 좋은 책을 고르는 데 있어 좋은 친구와 스승으로부터 열심히 배우고 게걸스럽게 읽는 것보다 더 좋은 방법은 없다.

책을 사랑하는 세 가지 방식

우리가 느낄 수 있는 쾌락에는 두 가지 종류가 있다고 한다. 그 중 하나는 이미 알고 있는 것을 재확인하는 데서 오는 쾌락이고, 다른 하나는 지금까지 모르던 새로운 것을 발견하는 데서 오는 쾌락이다. 예를 들어 정석을 이용해서 어떤 수학 문제를 풀고 난 후에 간단한 공식을 통해 그 답을 다시 확인할 때 느끼는 쾌락이 첫번째 쾌락이라면, 몰랐던 수학 문제를 푸는 데 적용될 수 있는 새로운 공식을 발견했을 때의 쾌락은 두번째 쾌락이라고 할 수 있을 것이다.

우리는 많은 경우 첫번째 쾌락에 안주하려 한다. 즉 익숙한 것만을 취하고 새로운 것은 버리려 한다. 그러나 첫번째 쾌락은 다른 것들을 만들어내는 데까지 나아가지 못하는 수동적 쾌락에 그치기 때문에 진정한 의미의 기쁨이 될 수 없다. 진정한 기쁨이란 가만히 제자리에 서 있다가 내게 가해지는 작용에 수동적으로 반응하는 것이 아니라, 자발적인 욕구에 의해 새로운 것을 이루었을 때 생성되는 느낌이기 때문이다. 사랑받는 것보다 사랑하는 것이 행복한 이유도 '사랑하는' 행위가 나로부터 발생한, 나의 능동적인 행위이기 때문이다.

우리가 책읽기를 통해 진정으로 기쁨을 느끼고자 한다면, 우리에게 익숙한 것을 찾아 헤맬 것이 아니라 나의 감각을 불편하게 만들고 혼란시키며 그럼으로써 모든 감각들을 한꺼번에 열어젖히는 새로운 일탈을 찾아나서야 한다. 맨 앞 페이지 보고, 맨 끝 페이지를 보면 가운데가 훤히 들여다보이는 뻔하고 닫힌 텍스트가 아니라, 한 페이지를 넘길 때마다 자꾸만 새로워지고 점점 더 많은 길들이 열리는 열린 텍스트 속에서 자신의 감각과 생각을 실험하라! 텍스트의 처음과 끝에 얽매이지 말고, 온갖 불협화음들이 종횡으로 난무하는 그 '가운데' 과정을 즐기라! '가장 멀리 가는 자는 헤매는 자'라는 금언은 독서의 경우에도 그대로 적용된다. 이것이 바로 열린 텍스트에 대한 '열린 독서'이며, 글쓰기라는 또 하나의 창조를 위한 '탐구적 독서'다.

프랑스의 영화감독 프랑수아 트뤼포는 영화를 사랑하는 세 가지 방식을 이렇게 얘기했다고 한다. "첫번째는 같은 영화를 여러 번 보는 것이고, 두번째는 그 영화에 대해 비평하는 것이다. 그리고 마지막은 영화를 만드는 것이다"라고. 그의 얘기를 잠시만 빌리도록 하자. "책을 사랑하는 세 가지 방식이 있다. 첫번째는 같은 책을 여러 번 읽는 것이고, 두번째는 그 책에 대해 비평하는 것이며, 그리고 마지막은 책을 쓰는 것이다."

책 그 자체가 누군가에 의한 창조적 체험이었지만, 그것은 늘 다시금 또 다른 누군가에게 자유로운 창조적 터전을 만들어준다. 그리하여 우리가 마침내 이르게 될 곳은 '글쓰기'의 공간이다. 글을 쓰는 것이야말로 책읽기의 완성이며 자유의 터전이다.

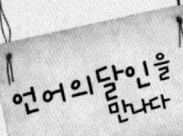

다종다양한 접속의 달인, 루쉰

의학도, 문예가가 되다

소설 「아Q정전」으로 유명한 루쉰(魯迅, 1881~1936)은 본래 의학도였다. 마을 의원이 처방해준 온갖 희귀한 약을 먹고도 끝내 세상을 뜬 아버지를 보면서 한의학(漢醫學)에 회의를 느낀 그는 일본으로 건너가 좀더 '과학적'으로 보이는 서양의학을 공부한다. 의학도가 된 사연치고는 좀 진부하다.

하지만 루쉰이 살던 당시만 하더라도, 모름지기 엘리트가 되려면 경서(經書)를 배워 과거를 치는 것이 정도(正道)였고, 서양의 학문을 공부하는 것은 "어쩔 수 없는 사람이 마침내 양코배기에게 넋을 팔아넘기는 것으로 간주"되던 시절이었으니, 의학도가 되겠다는 그의 결단은 꽤 파격적이었다. 그러나 이렇게 굳은 결심으로 고국을 떠났던 루쉰은 2년 만에 의학공부를 포기하고 말았으니 그 계기 중 하나가 이른바 '환등기 사건'이다.

당시에 학생들이 교실에 모여 환등기로 러일전쟁(1904) 사진을 비춰보고는 했는데, 루쉰도 그들 가운데 있다가 일본군이 러시아군 스파이의 목을 베려는 사진 한 장을 보게 된다. 그 잔인한 사진을 보며 낄낄거리는 일본인 틈에서 루쉰은 뭔가 설명할 수 없는 굴욕감과

회의감 같은 것을 느꼈다.

이 일이 있은 후로 의학은 하등 중요한 게 아니란 생각이 들었기 때문이다. 어리석고 겁약한 국민은 체격이 아무리 건장하고 우람한들 조리돌림의 재료나 구경꾼이 될 뿐이었다. 병으로 죽어 가는 인간이 많다 해도 그런 것쯤은 불행이라 할 수 없다. 그래서 우리가 제일 먼저 해야 할 일은 저들의 정신을 뜯어고치는 일이었다. 그리고 정신을 제대로 뜯어고치는 데는, 당시 생각으로, 당연히 문예를 들어야 했다.(소설집 『외침』 서문)

의학만 사람을 살릴 수 있는 게 아니다. 아니, 당장의 병든 이를 살리는 의학보다 더 시급한 일이 있다. 병 없이 죽어가는 자들을 살리는 일, 사방이 꽉 막힌 방에 갇혀 의식 없이 죽어가는 사람들을 깨우는 일, 그건 의학의 임무가 아니라 문학의 임무다!

의학을 버린 루쉰은 문예가의 길을 걷게 된다. 그는 뒤돌아보지 않았다. 물론, 이 길을 100퍼센트 확신했던 건 아니다(100퍼센트 확신이 있어야만 뭔가를 할 수 있다고 말하는 사람은 사실 아무것도 시작하지 못하는 비겁자인 경우가 많다). 쫙 뻗은 고속도로가 나올지 가시덤불이 나올지 사막이 나올지는 알 수 없으나, 일단 가보는 것이다. 길이란 "없던 곳을 밟고 지나감으로써 생기는 것"이라지 않았는가!

『새로 쓴 옛날이야기』— 역사가 현실을 만났을 때

의학공부를 접고 귀국한 후 한동안을 허무 속에서 방황하던 루쉰은 친구의 권유로 소설집과 여러 잡문집을 발표하기 시작한다. 그 중 『새로 쓴 옛날이야기』(故事新編)는 중국의 고사에 나오는 인물들을 주인공으로 한 여덟 편의 이야기를 모아놓은 책이다. 하지만 '고사'를 다룬다고 해서 어렵거나 따분할 거라 생각하면 오산이다. 루쉰 자신이 이 책에 대해 "옛날 사람에 대한 장난기가 발동함을 누를 수 없었다"고 했듯이, 『새로 쓴 옛날이야기』에 실린 여덟 편의 이야기는 우리가 알고 있는 고사 속의 캐릭터와 사건을 살짝 비틀어서 '지금'을 다시 생각하게 하는 한 편의 시트콤 같다. 한 마디로, 역사와 현실, 재미와 교훈, 웃음과 감동의 파노라마!

『새로 쓴 옛날이야기』에 실린 소설의 주인공은 그야말로 거성(巨星) 같은 인물들이다. 이름이라도 한번쯤은 들어봤을 법한 중국 고대의 철학자 장자, 묵자, 노자를 비롯해서 영원한 '충신'의 아이콘인 백이와 숙제, 요순을 잇는 성군(聖君)인 우임금, 중국 신화 속의 인물인 상아와 여와, 그리고 루쉰 자신의 필명이기도 한 연지오자(宴之敖者)라는 인물까지, 루쉰은 신화와 역사, 픽션과 논픽션, 과거와 현재를 종횡무진으로 넘나들면서 당시 중국의 현실을 파고든다.

예컨대, 「전쟁을 막은 이야기」는 잘사는 초나라가 가난한 송나라를 치려 한다는 사실을 알게 된 묵자가 초나라 왕을 만나 전쟁을 말리는 이야기다. 이 어마어마한 일을 묵자는 진심어린 '말빨'로 해결한다(괄호는 지은이가 추가).

"좋은 가마를 마다하고 이웃집 헌 수레를 훔치려 하며, 수놓은 비단옷을 마다하고 이웃집 짧은 모직삼을 훔치려 하며, 쌀과 고기를 마다하고 이웃집 겨가 든 밥을 훔치려 하는 사람이 있습니다. 이런 사람은 어떤 사람이겠습니까?"(묵자)
"그건 틀림없이 좀도둑병에 걸린 사람이겠구려."(초나라 왕)
"(초나라의 땅은) 사방 5천 리이나 송나라의 땅은 사방 5백 리밖에 되지 않습니다. 이것이 바로 가마와 헌 수레 같습니다. 초나라에는 윈멍과 같은 고장이 있어서 코뿔소, 고라니, 사슴 따위의 짐승들이 득실거리고 양쯔강과 한수이강에는 물고기, 자라, 악어와 같은 것들이 그 어디에 견줄 바 없이 많습니다. 그러나 송나라에는 이른바 꿩, 토끼, 붕어조차도 없습니다. 이것이 바로 쌀, 고기, 겨가 든 밥과 같습니다. 초나라에는 소나무, 가래나무, 녹나무, 예장나무 등이 있습니다. 그러나 송나라에는 큰 나무라곤 없습니다. 이것이 바로 수놓은 비단옷과 짧은 모직삼과 같습니다. 그러므로 소인이 보기에 폐하의 관리들이 송나라를 치려는 것은 바로 이와 같은 것입니다."
(묵자)

초나라가 송나라를 치는 건 결국 '도둑질'과 다를 게 없다는 저 빈틈없는 논리를 무슨 수로 당해내겠는가. 초나라 왕은 결국 허걱, 하면서 전쟁을 취소한다. 진정한 영웅은 전쟁을 일으켜 영토를 넓히는 자가 아니라 전쟁을 말리는 자라는 사실! 묵자는 루쉰에 의해 멋진 인물로 재탄생한다. 하지만 루쉰이 그려낸 묵자는 기골이 장대하고 사방으로 포스를 발산하는 '자체발광' 영웅이 아니라 직접 물을 긷고 불을 지피고 노동하는 가난한 농부의 형상이다. 심지어 초나라로 가는 길에 짚신 끈이 끊어지고 신발 바닥이 닳아서 발바닥에 물집이 잡히고 굳은살이 박히는 모습을 묘사한 대목에서는 눈물이 앞을 가릴 정도다. 그런데 이런 생고생을 해가며 전쟁을 막았으면, 송나라 백성들로부터 엄청난 환호까지는 아니더라도 최소한 감사인사 정도는 받아야 하는 게 상식 아닐까. 하지만 웬걸! 이 이야기의 마지막은 묵자 굴욕의 하이라이트다.

돌아가는 길이라 묵자는 천천히 걸었다. 첫째로는 지쳐 있었고, 둘째로는 발이 아팠고, 셋째로는 양식이 떨어져 배고픔을 면하기 어려웠고, 넷째로는 일이 해결되어 올 때처럼 급하지 않았기 때문이었다. 그러나 올 때보다 더 재수가 없었다. 송나라 국경에 들어서자마자 두 차례 몸수색을 당했고 도성 가까이 와서는 또 의연금을 모집하는 구국대를 만나 헌 보따리조차 기부해야만 했다. 남쪽 관문

밖에 이르러서는 또 큰 비를 만났다. 비를 좀 피할 생각으로 성문 밑에 잠시 서 있다가 창을 든 두 명의 순찰병에게 쫓겨났다. 묵자는 온몸이 흠뻑 젖게 되었고 그 바람에 코가 열흘 이상이 막혀 버렸다.

민중을 구원한 영웅에게 있을 법한 해피한 결말과는 한참 멀다. 그렇다고 '내 죽음을 알리지 말라'처럼 멋진 멘트 날리고 죽는 비장한 결말도 아니다. 그야말로 한없이 굴욕적이고 쓸쓸하고 어이없는 결말이 아닌가.

루쉰은 이처럼 인물의 영웅적 면모에 초점을 맞추기보다는 인물의 행위가 이루어지는 과정과 그것이 현실 속에서 인식되는 방식을 묘사하는 데 집중한다. 그는 현실과 판타지를 혼동하지 않는다. 안타깝지만, 현실은 '생각대로 하면 되고'가 안 된다는 것! 세상은 우리가 기대하는 것만큼 정의롭거나 행복하지 않다는 것! 하지만 그렇다고 절망할 필요는 없다. 희망이든 절망이든, 그건 아직 오지 않은 미래에 대한 우리의 섣부른 상상일 뿐이기 때문이다. 희망하지도 절망하지도 말고 최선을 다해 지금을 살자. 묵자는 집으로 돌아가 다시 전처럼 살 것이고, 그런 굴욕에도 불구하고 불의가 있으면 또 다시 불의와 싸우기 위해 먼 길을 떠날 것이다.

『새로 쓴 옛날이야기』를 통해 루쉰은 옛이야기를 우회하여 중국의 현실을 진단하고, 지식인들의 위선적인 사고방식과 관리들의 폭정, 그럼에도 불구하고 묵묵히 이어지는 중국 민중의 삶을 담담하게 그려낸다.

이상한 놈, 더 이상한 놈, 정말 이상한 놈
— 『새로 쓴 옛날이야기』의 새로운 캐릭터들

만약 루쉰이 살아 있어 요즘의 드라마를 본다면 분명 경악을 금치 못할 것이다. 백마 탄 왕자와 비련의 여주인공, 영원한 사랑, 권선징악적인 복수, 뜬금없는 해피엔딩… 오 마이 갓! 루쉰은 지겹도록 반복되는 뻔한 캐릭터와 뻔한 결말을 극도로 혐오했다. 잡문에서든 소설에서든, 그는 칼을 휘두르는 협객처럼 예기치 못한 반전과 웃음을 휘두르며 우리의 습관적 사고방식을 쳐나간다. 『새로 쓴 옛날이야기』에 실린 소설들도 예외는 아니다. 모두가 다 아는 인물들이 여기서는 전혀 다른 캐릭터로 재탄생한다. 허를 찌르는 유머와 기대를 저버리는 반전이 소설 곳곳에 숨어 있으니, 독자들이여, 읽는 내내 부디 몸조심하시라!

장자가 누구던가? 꿈에 나비가 되었으니, 내가 꿈에 나비가 된 것인가, 나비가 꿈에 내가 된 것인가라는 질문을 던진 철학자. 옳은 것과 옳지 않은 것, 있는 것과 없는 것이 상대적인데 무엇을 기준으로 옳고 옳지 않음, 있음과 없음을 나눌 수 있는가라는 알쏭달쏭한 질문을 던진 철학자가 아니던가. 그래서 종종 장자의 사유는 '상대주의'로 오해되고는 한다. 루쉰이 살던 당시에도 장자의 사유를 '상대주의'로 해석해서 현실에 대한 인식을 흐리는 이들이 있었던 모양이다. 「죽음에서 살아난 이야기」는 그런 식으로 이해되는 장자를 희화화한 희곡이다.

현실 속에서 '이것은 저것이고 저것은 이것이다'라는 식의 상대주의는 아무런 힘을 발휘하지 못한다. 예를 들어, 힘없는 송나라를 상대로 강대국인 초나라가 자국의 이익을 위해 전쟁을 벌이는데, 거기다 대고 제3국이 나타나 둘 다 틀렸다거나 둘 다 옳다고 한다면, 겉으로는 중립인 듯 보이지만 결과적으로는 강자인 초나라를 편드는 꼴이 되고 말 것이다. 이야기 속의 장자는 죽은 사람을 살려내서 그런 식의 논리를 장황하게 늘어놓지만, 그를 끝끝내 이해시키지 못한 채 냅다 줄행랑치고 만다. 곤이라는 거대한 물고기가 붕이라는 거대한 새가 되는 이야기를 들려주던 호탕한 장자의 모습은 오간 데 없고, 자기 힘으로 안 되니 호루라기로 경찰을 부르는 비겁한 장자의 모습이 있을 뿐이다.

그런가 하면 「관문을 떠난 이야기」에서 노자는 아무도 못 알아듣는 헛소리를 떠드는 '한 토막의 시든 나무' 같은 인물로 묘사된다. 그의 강의를 듣고 난 이들의 대화 한 토막을 보자.

"'도를 도라 할 수 있는 것은 상의 도가 아니요'…… 홍, 여전히 그 타령이로군. 정말 듣기만 해도 골치가 아파, 지겨워…….."
"골치 아픈 데는 조는 게 최고지요."
"하하하……! 정말 조는 수밖에 없겠더라고. 정말이지, 나는 그가 자기 연애담이라도 하는가 해서 들으러 갔었던 거지. 처음부터 그런 엉터리 얘긴 줄 알았다면 난 절대 그렇게 한나절 동안 벌을 받으며 앉아 있진 않았을 거야……."

세상에, 이 '뒷담화'가 정녕 노자의 강의를 듣고난 소감이란 말인가! 노자 입장에서 보면, 이건 거의 테러 수준이다. 동아시아 최고의 철학자 중 하나인 노자의 철학이 여기서는 따분하고 골치 아픈 타령으로 전락하고, 노자는 '연애도 못하는 사람'으로 조롱된다. 하지만 백이와 숙제가 당하는 조롱에 비하면 이 정도는 약한 편이라 할 수 있다. 「고사리를 캔 이야기」에서는 모든 사대부들의 정신적 스승이랄 수 있는 백이와 숙제가 시대착오적이고 찌질하고 위선적인 인물로 그려진다. 주나라 땅의 곡식은 먹지 않겠다는 굳은 결의로 수양산에 틀어박혀 고사리만 뜯어먹고 사는 그들에게, 어느 날 스무 살 짜리 처녀가 찾아와 묻는다.

"왜 이렇게 변변찮은 걸 드세요?"

"우리는 주나라의 곡식을 먹지 않기 때문에…….."
…… 그녀는 잠시 냉소를 짓더니 이내 정의롭고도 늠름하게 단도직입적으로 말했다.
"'무릇 하늘 아래에 임금의 땅 아닌 곳이 없다' 했으니, 당신들이 먹고 있는 고사리는 우리 성상폐하의 것이 아니란 말인가요?"

차라리 굶어죽고 말 것이지, 구질구질하게 사는 주제에 뭘 그리 잘난 척하느냐는 말이다. 순간 백이와 숙제는 정신이 아득해졌다. 왜? 말인즉 바른 말이니까! 이 일이 있은 후로, 부끄러워서였는지 고사리가 다 떨어져서였는지, 아무튼 그들은 그렇게 굶어 죽고 말았다(이 이야기의 서스펜스와 반전은 직접 확인하시길!). 배에서 꼬르륵 소리가 나는데도 절개가 어쩌구저쩌구 하며 고사리만 먹고 있는 백이와 숙제의 모습은, 루쉰이 보기엔 한 편의 코미디였다. 그런데 그걸 두고 충성이니 절개니 하며 칭송하다니, 이보다 더 썰렁한 코미디가 어디 있단 말인가. 역사상 백이와 숙제의 스타일이 이보다 더 구겨진 적은 없었다.

현재, 과거와 미래가 만나는 자리

오해하지는 말자. 루쉰은 장자와 노자의 사상을 높이 평가했으며, 그들로부터 영향을 받기도 했다. 루쉰이 비판한 건 그들의 사상과 삶 자체가 아니라, 옛 사상들이 중국의 현실 속에 녹아들지 못하고 진부한 관습으로 굳어졌다는 사실이었다. 어떤 위대한 사상도 현실과 접속하지 못하면 독이 되고 만다. 아무리 위대한 역사라도 현재의 지혜로 작용하지 못하면 무용한 것이 되고 만다. 이게 『새로 쓴 옛날이야기』의 이야기를 꿰뚫는 핵심이다.

개혁이든 혁명이든 머리로, 말로 하는 게 아니다. 루쉰은 입으로 혁명하려는 지식인들을 경멸한다. 공자왈 맹자왈 떠들면서 민중의 현실을 보고도 못 본 체하는 자들, 자신의 낡은 습관과 무의식은 조금도 바꾸지 않고, 자신의 이익은 절대로 버리지 않으면서 오로지 입으로만 혁명을 말하는 자들. 루쉰이 보기엔 그런 자들이야말로 비겁한 장자요, 무력한 노자요, 찌질한 백이와 숙제였다.

루쉰은 『새로 쓴 옛날이야기』에서 누구나 잘 알고 있는 고사 속의 인물을 패러디하고 희화화함으로써 역사를 현실로 이끌어내고, 현실 속에서 역사를 사유한다. 마치 장난치고 농담하듯이. 하지만 그 장난과 농담 속에는 사람들이 외면하고 싶어하는 무서운 진실이 있다. 모름지기 강렬한 유머란, 그처럼 웃음과 함께 우리의 낡은 사고방식을 깨뜨리는 법이다.

『새로 쓴 옛날이야기』에 실린 소설은 옛 이야기[故事]지만, 이 이야기가 루쉰에게는 1930년대 중국의 현실과 접속되었다. 1930년대는 일본의 침략이 극에 달한 시기였다. 이런 상황에서 노자나 장자의 논리를 멋대로 끌어다가 '싸우지 않는 것이 싸우는 것'이라든지 '지는 게 이기는 것'이라 한다면 어찌 될까. 루쉰은 그런 식으로 과거의 사상을 낡고 무력하게 만들고 현실의 권력에 안주하는 것이야말로 시대의 '병'이라고 진단했다. 때문에 "조상의 나쁜 무덤을 파헤쳐" 무덤 속의 혼령들을 현실로 불러들였던 것이다.

　루쉰의 펜 끝에서 새롭게 변형된 고사의 주인공들은 역사로부터 뚜벅뚜벅 걸어나와 '지금 여기'의 우리들에게 말을 건넨다. 우아한 인물들이 볼품없이 와르르 무너지기도 하고, 그다지 높이 평가되지 않았던 인물들이 새롭게 재조명되기도 하며, 심지어 신화 속의 인물까지 현실 속으로 불려 나온다. 새로운 형상으로 재탄생한 그들은 질문한다. 역사란 무엇이냐고, 우리 시대의 진보와 파괴, 지혜와 어리석음, 영웅과 민중은 무엇이냐고. 때로는 단호하게, 때로는 유머러스하게, 때로는 조롱하듯이, 때로는 고뇌하듯이. 그 답을 찾는 것은 독자의 몫일 터.

　『새로 쓴 옛날이야기』는 과거의 이야기들이다. 하지만 그 과거는 현재의 기억이고, 현재의 해석이다. 즉, 과거는 그것을 생각하고 해석하는 지금 우리의 의지로 인해 비로소 의미를 갖는다. 그런 의미에서 과거는 현재의 과거이며, 현재에 대한 고민 속에서 과거와 접속할 때만 과거는 미이라처럼 굳은 채로 존재하는 것이 아니라 우리의 현실에 작용하는 힘이 될 수 있다.

과거는 지나가 버렸고, 미래는 아직 오지 않았다. 하지만 지나간 것과 아직 오지 않은 것은 모두 '지금, 여기'에 있다. 그렇다면 과거를 바꾸려는 자, 그리고 미래를 꿈꾸는 자가 명심할 것은 오직 하나. 현재에 올인하라! 현재를 바꾸면 과거가 바뀐다. 현재가 곧 내 미래다! 루쉰은 그렇게 말했다.

4부

펜을 들고 세상 속으로

"나는 알고 있다. 사람들이 어떻게 공리니 정의니 하는 미명으로, 성인군자란 간판으로, 점잖고 성실한 체하는 가면으로, 유언비어와 여론이란 무기로, 구렁이 담 넘어 가는 식의 글로 사리사욕을 채우면서 칼도 없고 붓도 없는 약자들을 숨도 못 쉬게 하는지를. 나에게 이 붓이 없었다면 수모를 받고도 어디가서 하소연할 길조차 없는 사람들 가운데 하나가 되었을 것이다. 나는 깨어났다. 그러기에 늘 이 붓을 들어 기린의 피부 속에 감춰진 마각(馬脚)을 드러내고 있다."(루쉰, 『화개집 속편』)

페이지(page)라는 말의 어원인 라틴어 '파구스'(pagus)는 농부가 일구는 밭을 의미한다고 한다. 그러고 보니 쓰여진 글들이 경작된 밭고랑을 닮은 것도 같다. 좋은 농부의 덕목이 토양과 기후, 경작물에 대한 앎과 성실함, 그리고 뿌린 것 이상을 탐내지 않는 정직함이듯이, 좋은 글을 쓰려는 사람에게 요구되는 덕목은 세상에 대한 앎과 자신에 대한 정직함이다. 물론 이때의 '앎'이란 추상적이고 단편적인 지식이 아니라 삶 속에서 터득한 직관적이고 구체적인 지혜를 의미한다. 글을 이루는 것은 어떤 법칙이나 현란한 수사, 잡다한 지식이 아니라, 그 사람의 걸음걸이와 세상에 대한 시각, 그가 사랑하는 것과 미워하는 것 등이다. 그러니 자신이 궁금하거든 자신이 쓴 글을 보시라! 그리고 또 다른 글을 쓰면서 새롭게 자신을 구성하시라! 어떻게 밭을 갈고 무엇을 심을 것인지, 누구와 싸우고 누구에게 말 건넬 것인지, 이제 여러분 자신의 '붓'을 쥘 차례다!

글쓰기의 즐거움을 위하여

영희는 가끔 작가가 되고 싶다는 생각을 한다. 글을 잘 쓴다는 소리도 가끔 듣지만, 무엇보다도 근사하지 않은가? 누구 앞에서든 '소설가', '시인'이라고 자신을 소개하면 멋있을 것 같고, 사람들도 나를 달리 볼 것이다. '작가 이영희'라는 타이틀은 영희의 많은 꿈들 중 하나다. 그래서 영희는 가끔 자신의 습작 시를 짝꿍에게 읽어주기도 한다. 영희의 단짝인 혜미는 그런 영희가 늘 부럽기만 하다. 혜미는 '백지 공포증'을 가지고 있기 때문이다. 백일장이 있는 날이면 온몸이 아프고, 뭘 쓰라고 백지를 주는 선생님은 쳐다보기도 싫고, 당연히 시험문제도 서술형 주관식을 제일 싫어한다. 그러니 자작시를 써서 읽어주는 영희가 말도 못하게 부러울 수밖에.

그러나 글을 잘 쓴다는 소리를 듣는 영희나, 글을 못 쓸 뿐 아니라 쓰는 것 자체를 싫어하는 혜미나 모두 글쓰기에 대한 편견을 가지고 있기는 마찬가지다. 글을 쓴다는 것은 특별한 능력으로부터 나오는 것이 아니다. 그것은 내가 가진 것들을 밖으로 표현하는 여러 활동 중 하나다. 말을 쏟고, 땀을 쏟고, 배설물을 쏟는 것처럼, 글 역시 내 안에서 넘쳐나는 그 무엇인 것. 즉 글쓰기는 나 자신을 드러내고, 내 존재를 확인하는 자연스러운 인간 행위 중 하나지, 혜미가 생각하듯 공포스럽고 강제적인 행위도 아니고, 영희가 생각하듯 특별하고 멋있는 행위도 아니다. 영희가 상상하는 '멋있는 작가'라는 것도 사실은 글쓰기를 특수한 행위로 고정시켜놓음으로써 만들어진 '조작된 이미지'다. 그러나 정작 '작가'가 되는 길, 혹은 글쓰기가 자유로워지는 방법은 아주 가까이에 있다.

우리는 머릿속에 저장된 모든 것들을 의심하는 것에서 이 여행을 출발했다. 그리고 새로운 그림들을 하나씩 하나씩 그려가면서 이곳에 도달했다. 마침내 우리 앞에 펼쳐진 하얀 눈밭. 이제 우리가 해야 할 일은 이곳에 발자국을 남기는 일이다. 글쓰기란 하얀 종이 위에 나의 발자국을 남기는 것이다. 그 순백 위에 첫발자국을 찍는 것은 어쩐지 좀 두려운 일이기도 하지만, 한편으로는 참으로 설레는 일 아닌가? 처음 출발할 때의 그 마음 그대로, 미지의 세계를 찾아 다시 길을 떠나자.

백지 앞에만 서면 나는 왜 작아지는가

공포의 백지 한 장. 그것이 반성문이건 논술문이건 자기소개서건, 그 내용과 양에 상관없이 하얀 종이 한 장이 주는 공포가 어느 정도인지는 모두가 한번쯤 경험해보았으리라. 그래서 혹, 백색의 종이를 보고 무엇인가를 표현하고 싶다는 충동보다는 찢어버리고 싶은 폭력적 본능을 먼저 느낄는지도. 그럭저럭 참아가며 책 한 권을 독파하는 인내심 많은 독자일지라도, '자, 한번 써봐라'하는 명령이 떨어지면 어김없이 '으악~!'하고 비명을 질러대지 않는가? 대체 이 아무것도 아닌 종이 한 장 앞에서 느끼는 공포는 어디에서 비롯되는 것일까?

뭔가 하고 싶은 말은 많은데 막상 하려고 하면 무슨 말부터 어떻게 시작해야 할지 모르는 당혹스러운 순간들처럼, 종이 한 장을 앞에 두고 펜을 쥐면 머릿속이 순식간에 하얗게 탈색되는 듯했던 기억들. 그런 기억은 누구에게나 있지 싶다. 심지어 글을 써서 먹고사는 작가들조차도 글을 시작할 때의 공포와 부담감을 고백할 지경이니 말이다. '산 넘어 또 산'이라더니, 책읽기보다도 더 끔찍한 글쓰기.

하지만 창작의 고통에 억눌리는 작가들이야 문장을 뽑아내는 데 시간이 걸릴 뿐 글을 못 써서 공포스러워 하는 건 아니니까 예외로 치고, 잘 쓰든 못 쓰든 아예 글 자체를 못 쓰겠다고 고백하는 사람들이 종종 있다. 그런데 내가 경험한 바로 미루어보면, 그건 대개 둘 중 하나다. 지나친 자기애거나, 자포자기거나. 즉, 자신을 너무 사랑하는 나머지 완벽하지 않은 글을 남들 앞에 보여주고 싶지 않은 경우거나, "내가 무슨 글을 쓰겠어. 아는 것도 없는데……"라며 서둘러 자신을 포기하는 경우거나. 하지만 '완벽한 글'이라는 게 허상인 이상, 완벽하지 않으면 보여줄 수 없다는 것 역시 자신의 무능에 대한 고백일 뿐이다. 글을 쓸 엄두조차 내지 못하는 건 더 말할 것도 없고. 이 두 경우 모두 결국은 자신으로부터 한 발짝도 떠나지 못했다는 점에서는 한 치의 차이도 없다.

글은 자신을 지키는 것이 아니라 자신을 떠날 수 있을 때 시작된다. 그렇다면 글 쓰는 나에 대한 진단부터 시작해보자.

글은 나다

글쓰기에 대한 관심이 대단하다. 글쓰기에 대한 책들이 베스트셀러가 되기도 하고, 글쓰기 강좌를 개설하면 다양한 분야의 사람들이 몰려든다. 이유는 제각각이지만 '글을 잘 쓰고 싶다'는 욕망만큼은 하나같다. 대체 글을 잘 쓴다는 건 뭘까? 어떻게 써야 잘 쓴 글이 될까?

사람들이 쓴 글을 볼 때마다 새삼 깜짝 놀라게 되는 사실은, 글을 보면 그 사람이 보인다는 사실이다. 매사에 허술하고 틈이 많은 사람은 글도 빈틈이 숭숭 뚫려 있고, 치밀하고 정확한 사람의 글은 그 사람만큼이나 치밀하고 허점이 없다. 말이 장황하고 실속이 없는 사람, 정확하지만 자신감이 없는 사람, 잘난 척하는 사람, 유머러스한 사람, 끝마무리가 안 되는 사람, 매사에 진지한 사람 등등은 글도 꼭 자기 생긴 그만큼 쓴다. 친구들의 글을 보라. 심지어 휴대폰 문자 하나에서도 그 친구의 행동이나 말투가 그대로 묻어나지 않는가? 글은 그 사람이다!

그러니 자신을 알고 싶으면 자신의 글을 보라. 무슨 말인지도 모르겠고, 생각이 흩어져 있고, 횡설수설한다고? 그렇다면 그게 바로 여러분들의 지금 모습이다. 아무리 봐도 자기 글을 스스로 진단할 수 없다면, 주위에서 친구나 스승을 찾아 그들에게 자신의 글을 내밀어라. 자신을 똑바로 볼 수 있어야 자신을 떠날 수도 있는 법이니, 우선은 있는 그대로의 자신을 보는 게 급선무다.

학생들이 과제를 제출하고 난 다음에 학점이 예상보다 나쁘면 이렇게 따져 묻곤 한다. "제 글이 다른 사람들 글보다 못하다고 생각하지 않는데, 왜 그들보다 학점이 나쁜가요?" 이런 학생들의 글을 다시 검토해보면, 온갖 지식을 나열해가면서 자기를 뽐내고 싶어하는 글인 경우가 많다. 배우고 생각하려는 진심보다는 자신을 드러내려고 안달하는 몸부림이 느껴진다고 할까. '생얼'로 자신을 드러내지 못하고 화장발과 조명발에 의존하면서, "나 이쁘지 않나? 나 좀 봐줘라"라고 소리치는 글. 이런 사람들은 대개 자신의 글에 빨간 펜 수정을 가하면 자존심 상해한다. 자신을 떠나지 못한다는 건 이런 경우를 두고 하는 말이다.

글을 쓰려면 우선 불완전한 자신을 인정할 수 있어야 한다. 다시 말해, 자신의 병과 버릇에 대한 진단을 기꺼이 받아들일 수 있어야 한다. 그게 자신의 병으로부터, 자신으로부터 떠나는 첫걸음이다. 그럴 수 있는 사람만이 글쓰기를 통해 다른 것이 될 수 있고, 글을 '잘 쓸 수' 있다. 글을 잘 쓴다는 건 완벽하게 쓰는 걸 의미하는 게 아니라 글쓰기를 통해 매번 달라지는 자신을 긍정한다는 걸 의미하기 때문이다.

글을 잘 쓰는 첫번째 방법 | 글에서 자신을 보고, 자신을 떠나라!

형식을 넘쳐흐르는 언어들

글을 쓴다고 생각하면 거의 무조건 자동적으로 '글의 종류'를 떠올리게 된다. 설명문, 논설문, 시, 소설, 수필 등과 같은 글의 형태를 미리 전제해놓고서 어떻게 쓸 것인가를 고민하는 것이다. 하지만 글의 종류에 대한 지식은 글을 쓰는 데 도움이 되기는커녕 종종 장애물로 작동한다. 예컨대 문학적인 글에서는 화려한 미사여구를 동원해야 한다고 생각한다든지 논리적인 글에서는 강한 주장이 논리적으로 드러나야 한다든지 하는 식으로, 우리의 생각을 끌어내기에 앞서 글의 형태에 우리의 생각을 맞추려고 한다.

따지고 보면 시나 소설이라고 해서 주장이 드러나지 않는 게 아니고, 논리적인 것과 문학적인 것이 모순되는 것도 아니건만, 새로운 단원을 시작할 때면 '글의 종류'부터 따지고 드는 게 우리 국어 시간의 관습이다 보니, 무슨 말을 할까가 아니라 어떤 형태로 써야 할까라는 문제에서 지레 겁을 먹는 것. 이는 자신에게 어울리는 옷을 사기 전에 자신의 신체 사이즈와 몸매부터 진단해야 하거늘, 일단 예쁜 옷부터 고르고 거기에 몸을 맞추려는 꼴이다. 한마디로, 우물가에서 숭늉 찾기.

세상에서 정말로 문장을 잘 짓는 사람은 모두 처음부터 문장을 짓는 것에 뜻이 있지 않았다. 그의 가슴속에 말로 형용하기 어려운 수많은 괴이한 일이 있고, 그의 목구멍 사이에 토해내고 싶지만 감히 토해내지 못하는 수많은 것이 있으며, 그의 입에 또한 때때로 말하고 싶지만 말할 수 없는 수많은 것이 있어, 이것이 오랫동안 쌓이고 쌓여 도저히 막을 수 없는 형세가 되는 것이다. 그러할 때 일단 어떤 정경을 보고 감정이 일고, 어떤 사물이 눈에 들어와 느낌이 생기면, 남의 술잔을 빼앗아 자기 가슴속에 쌓인 응어리에 뿌려 씻어내고, 마음속의 불평함을 호소하여, 기이한 것을 찾는 사람을 천년만년 감동시킨다.

이탁오가 『분서』에서 원대의 희곡인 『배월정』(拜月亭)과 『서상기』(西廂記)를 두고 쓴 글이다. 이 작품들이 감동적인 이유는 무언가를 억지로 꾸민 글이 아니라 주체 못할 느낌과 감정들이 저절로 넘쳐흐르는 글이기 때문이라는 것. 무언가를 얘기해야 하기 때문이 아니라 얘기하지 않고서는 견딜 수 없기 때문에 쓰는 글. 사정이 이러고 보면, 글의 형식이나 수사 등이 무슨 장애가 되겠는가. 진실한 글은 의도하지 않아도 넘쳐흐른다. 저절로 넘쳐흐르기 때문에 지극히 평범한 말로도 심금을 울릴 수 있고, 형식으로부터 자유롭지만 모든 형식을 다 품게 된다.

모두 비슷한 경험이 있지 않은가? 참고 참은 끝에 터져나오는 말은 내가 말을 하는 건지 말이 말을 하는 건지 알 수 없게 줄줄 흘러나오지만, 미리 각본을 짜놓고 무슨 말인가를 하려고 하면 한마디 뱉어놓고 갑자기 머릿속이 캄캄해지던 기억. 말도 글도 각본대로 되는 게 아니다. 우선은 가슴속에서 넘쳐흘러야 하고, 그러려면 생각과 문장들이 고여 있어야 하고, 만물과 교감할 수 있는 예민한 감수성을 일깨워야 한다. 누가 뭘 하든 세상이 어떻게 돌아가든 상관없이 자기만의 세계에 갇혀 사는 사람들이 무슨 할 말이 있겠으며 쓰고 싶은 글이 있겠는가. 자신과 세계의 접속들로 넘쳐흐르는 글들에는 수사와 형식으로 담을 수 없는 진실이 담겨 있게 마련이다.

<u>글을 잘 쓰는 두번째 방법</u> | 생각이 고여 넘쳐나기를 기다려라. 사방을 향해 촉수를 곤두세우고, 끊임없이 움직이면서!

글쓰기라는 전투

언제든 나를 떠날 준비도 되었고, 안테나도 풀가동시켰고, 거짓으로 글을 꾸미느니 차라리 글을 쓰지 않겠다는 각오도 되었다면, 이제 구체적인 글쓰기 전략이 필요하다. 연암의 다음 글은 훌륭한 '글쓰기 병법'을 제시해준다. 천천히 소리 내어 읽어보시길, 강추!

> 글을 잘 짓는 자는 아마 병법을 잘 알 것이다. 비유컨대 글자는 군사요, 글 뜻은 장수요, 제목이란 적국이요, 고사의 인용이란 전장의 진지를 구축하는 것이요, 글자를 묶어서 구(句)를 만들고 구를 모아서 장(章)을 이루는 것은 대오를 이루어 행군하는 것과 같다. 운(韻)에 맞추어 읊고, 멋진 표현으로써 빛을 내는 것은 징과 북을 울리고 깃발을 휘날리는 것과 같다. 앞뒤의 조응이란 봉화를 올리는 것이요, 비유란 기습 공격하는 기병이요, 억양반복(抑揚反復:문장 기세의 억제·고조를 여러 번 되풀이함)이란 끝까지 싸워 남김없이 죽이는 것이요, 파제(破題:과거시험에서 시제의 의미를 먼저 설파한 것)한 다음 마무리하는 것은 먼저 성벽에 기어올라가 적을 사로잡는 것이요, 함축을 귀하게 여기는 것이란 반백의 늙은이를 사로잡지 않는

것이요, 여운을 남기는 것이란 군대를 정돈하여 개선하는 것이다. …… 그러므로 용병 잘하는 자에게는 버릴 병졸이 없고, 글을 잘 짓는 자에게는 따로 가려 쓸 글자가 없다. …… 대저 자구(字句)가 우아한지 속된지나 평하고 편장(篇章)의 우열이나 논하는 자들은 모두 변통의 임기응변과 승리의 임시방편을 모르는 자들이다. …… 그 변통하는 방편은 역시 때에 있는 것이요, 법에 있지는 아니한 것이다.

─박지원, 「소단적치인」(騷壇赤幟引)에서

연암에게 글쓰기란 제목이라는 적국과 벌이는 한판 전투다. 예컨대 '행복론'이라는 글을 쓴다고 생각해보자. '행복'이라는 적국을 쓰러뜨리려면 먼저 그 적국의 지형도를 파악하고 난 다음(다른 사람들은 행복에 대해 뭐라고 말했나, 우리는 행복을 뭐라고 생각하나 등등), 적국을 가장 효과적으로 정복할 수 있는 병사를 뽑아 배치하고, 진지를 구축하고, 북을 울리며 출정한다(어떤 글자를 쓸 것인가, 무슨 글을 인용할 것인가, 문장을 어떻게 배치할 것인가). 그리고 싸운다, 최선을 다해(써내려간다, 진심으로). 물론 싸움에서 패배할 수도 있다. 하지만 어차피 아무도 죽지 않는 싸움이므로 낙담은 금물이다. 또 다시 병사를 모아 진지를 구축하고 적국을 향해 돌진하면 그만이다. 세상에서 가장 즐겁고 위험한 전투!

말하기나 책읽기처럼 글쓰기 역시 주어진 명령에 따라 의무로 이행된다면 즐거워질 수 없다. 하지만 병법을 짜고 군사를 배치하는 용장이 되어 글쓰기를 신나는 한판 전투로 만들 수 있다면, 글을 쓸 때마다 우리에겐 더 많은 계책과 지략들이 쌓이지 않을까? 그렇다면 실패가 두렵지 않으리라.

"글은 이래야 한다"라는 절대적인 법은 없다. 주어진 주제에 대한 여러 전투들—흥미진진한 전투, 지루한 전투, 왜 싸우는지 모르는 이상한 전투, 누가 이겼는지 누가 졌는지 알 수 없는 전투, 압승을 거둔 전투, 역전에 역전을 거듭하는 전투 등 무수한 전투들이 있을 뿐이다. 우리는 우리의 병법으로 최선을 다해 싸우면 된다. 그 결과, 그 글이 누군가의 마음을 움직이고 웃게 할 수 있다면 그것으로 충분히 '좋은' 글이 된다. 그러므로 글쓰기에서 형식이나 규칙이란 절대적인 것이 아니라 상대적인 것이다. 중요한 것은 '주어진 것'을 잘 따르는 것이 아니라 글을 쓸 때마다 '새롭게 작전을 짜는 것'이다.

글을 잘 쓰는 세번째 방법 | 자신만의 병법을 짜라. 그리고 최선을 다해 싸워라!

세상 속에서 언어를 길어내다

아주 간단한 느낌조차도 표현하는 일이 쉽지 않음을 우리는 종종 경험한다. 기쁨, 슬픔, 분노, 증오, 그리움, 외로움 등의 느낌들이 얼마나 다양한 빛깔을 지니고 있는가를 생각해보면, 그에 비해 우리의 언어란 참으로 빈약하기 짝이 없다는 생각이 든다. 그래서 불교에서는 말로 진리를 포착하는 것은 불가능하다는 의미에서 '불립문자'(不立

文字)를 말하기도 하고, 가르침의 방법으로 이심전심(以心傳心)을 중시하기도 한다.

그러나 간혹 '말없이 통하는' 그런 일이 벌어진다고는 하더라도 그건 아주 특별한 경우에 한해서일 뿐, 우리는 언어 없이는 단 하루도 살아갈 수 없는 사람들 아닌가? 접속을 무한히 늘리고, 그럼으로써 나의 힘을 더 크게 하기 위해서 우리는 어쩔 수 없이 언어에 의존할 수밖에 없다.

〈그림 25〉를 보자. 어디선가 많이 본 적이 있을 법한 피에트 몬드리안의 그림이다. 그런데 이 화가가 처음부터 이렇게 그림을 그린 건 아니다. 이제 어떻게 이런 그림이 탄생되었는지, 그 비밀(?)을 벗겨보자.

피카소가 그림을 못 그려서 그렇게 말도 안 되는 그림을 그린 게 아니었듯이, 이 화가도 나무 한 그루를 저렇듯 그럴듯하게 그릴 수 있는 사람이었다(그림 26). 하지만 원래의 나무 형태에서 줄기를 추상화하고, 다음에는 가지를, 그리고 마침내는 나무의 색을 변형시킴으로써 나무는 〈그림 29〉와 같이 새롭게 탄생했다. 하여 마지막 그림은 더이상 '나무'를 지시하지 않고 보이는 것 너머의 무언가를 보게 한다. 즉, 누군가는 여기서 질서정연한 유토피아를 보기도 하고, 또 누군가는 여기서 음악을 듣기도 한다. 몬드리안은 이런 식으로 자연에서 새로운 회화 언어를 추상해내고, 선과 색의 새로운 용법을 발명했으며, 새로운 세계의 의미를 창조해냈다.

몬드리안이 복잡한 사물과 세계로부터 단순한 색과 형태를 '추

〈그림 25〉 피에트 몬드리안, 「커다란 파란 면, 빨강, 검정, 노랑, 회색의 구성」(1921년)
검은 선들과 다양한 크기의 색면들. 몬드리안은 일종의 우주를 의미하는 캔버스 위에 우주의 균형된 구조를 건축적 구조로 전환시키려 했다.

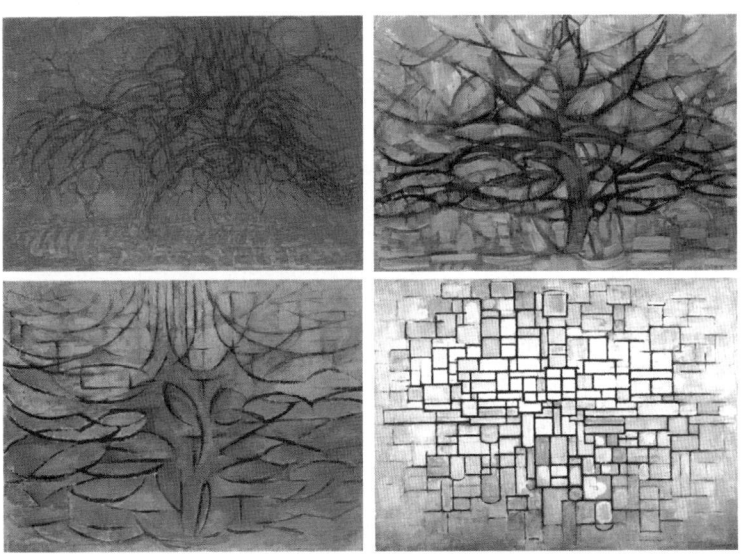

〈그림 26〉 몬드리안, 「빨간 나무」(1908~10년); 〈그림 27〉 「회색 나무」(1912년)
〈그림 28〉 「꽃피는 사과나무」(1912년); 〈그림 29〉 「파랑, 회색, 분홍의 구성」(1913년)
나무 한 그루에서 선과 면과 색채의 단순한 구성으로 변형되는 신비로운 과정!

글쓰기의 즐거움을 위하여 295

상'해낸 것처럼, 시인들은 세계 속에서 언어를 길어낸다.

첨피기욱(瞻彼淇奧)	저 기수 벼랑을 보니
녹죽의의(綠竹猗猗)	푸른 대나무 울창하구나
유비군자(有斐君子)	멋있는 군자여
여절여차(如切如磋)	자른 듯 다듬은 듯
여탁여마(如琢如磨)	쪼은 듯 갈아낸 듯
슬혜한혜(瑟兮僩兮)	치밀하고 굳세며
혁혜훤혜(赫兮喧兮)	빛나고 점잖으니
유비군자(有斐君子)	멋있는 군자여
종불가훤혜(終不可諼兮)	끝내 잊을 수가 없구나

『시경』(詩經)에 나오는 「기욱」(淇奧)이라는 시 일부다. 외모와 인품과 지성을 겸비한 '멋진 남성'(유비군자)을 예찬하기 위해 '절, 차, 탁, 마, 슬, 한, 혁, 훤'이라는 여덟 글자면 충분하다. 도끼로 자르고, 줄로 다듬고, 정으로 쪼고, 사포로 간다는 뜻의 '절차탁마'는 원래 사람에게 사용되는 말이 아니지만, 이 노래를 지은 '작사가'는 그 단어에서 '멋진 사람'(군자)의 인품을 추상화해낸다.

그런가 하면 「맹」(氓)이라는 시에서는 '자아조이 삼세식빈'(自我徂爾 三歲食貧, 내 그대에게 시집간 뒤로 삼 년 동안 가난을 밥 먹듯이 했다)이라는 구절이 나온다. 가난함을 묘사하는 여러 방법이 있지만, '食貧'(가난을 밥 먹듯이 한다)이라는 두 글자보다 더 절실하게 가난을 묘사할 수 있을까? 화가가 세상에서 형태를 길어내고, 춤꾼이 세상에서 몸짓을 길어내듯이, 세상에서 언어와 의미를 길어내는 존재. 그럴 수 있다면, 여러분은 이미 시인이다!

또 다른 예문을 보자.

싸움하는사람은즉싸움하지아니하든사람이고또싸움하는사람은싸움하지아니하는사람이었기도하니까싸움하는사람이싸움하는구경을하고싶거든싸움하지아니하든사람이싸움하는것을구경하든지싸움하지아니하는사람이싸움하는구경을하든지싸움하지아니하든사람이나싸움하지아니하는사람이싸움하지아니하는것을구경하든지하였으면그만이다.

어려운 단어라고는 하나도 없는데, 읽어도 도무지 알 수 없는 정말 이상한 이 글은 이상(李箱)의 「시 제3호」이다. 이상은 모순된 언어들을 그대로 나열한다. 그래서 아무리 읽어도 논리적으로 이해가 되지 않지만, 사실 생각해보면 우리의 사고나 느낌이 논리에 따라 이루어지는 경우는 거의 없다. 예를 들어 '기쁘다'라는 정서에는 얼마나 다양한 기쁨의 형태들이 있는가? 환희, 흐뭇함, 희열, 서운한 기쁨, 슬픈 기쁨⋯⋯. 이렇게 되면 '기쁨'을 정의하는 것조차 사실은 불가능하다. 그런 점에서 모순으로 가득 찬 이상의 시야말로 사실은 '언어화할 수 없는' 우리의 느낌을 가장 정확하게 표현하고 있다고 할 수 있다.

『시경』의 시도 이상의 시도 지극히 단순한 언어들로 이루어져 있지만, 시인은 이처럼 가장 평범한 언어들로 세계의 모습을 있는 그대로 드러낸다. 이야말로 언어의 새로운 용법을 모색하고, 새로운 언어게임을 창조하는 '탐구적' 글쓰기가 아니겠는가!

이미 알고 있는 것과 '이렇게 쓰라'라는 명령을 지우고 어린아이의 눈으로 세상을 보면, 반짝거리며 빛을 발하는 사물들이 거기 있을 터. 그 사물들로부터 자신이 느낀 바를 언어로 길어낼 수 있다면 "언제든 좋은 글이 써지지 않는 때가 없고, 누구든 좋은 글을 쓰지 않는 사람이 없으며, 어떤 글이든 새로운 형태를 창작해도 좋은 글이 아닌 것이 없다"(이탁오, 「동심설」).

좋은 글을 쓰려거든 어린아이의 진심을 배울 일이다. 알고 있는 대로가 아니라 느끼는 대로, 말해야 하는 대로가 아니라 말하고 싶은 대로. 자기 안에서 길어올린 말들로 세상을 표현하는 어린아이야말로 진부한 글의 권위를 강요하는 작가들보다 더 좋은 글쓰기 스승이다.

공명하는 글쓰기

얼마 전에 텔레비전에서 아주 흥미로운 실험을 본 적이 있다. 철 가루가 소리에 반응하는 모습을 보여주는 실험이었는데, 실험에 따르면 철 가루는 특정한 소리에 반응한다고 한다. 예컨대 피아노로 '미'를 치면 아무 일도 일어나지 않지만, '솔'을 치면 철 가루가 살아 있는 듯이 춤을 추는 게 아닌가! 소리와의 공共-명鳴. 소리는 눈에 보이지 않지만 그것이 만들어낸 파장이 우리가 눈으로 볼 수 없는 철 가루의 에너지와 공통의 리듬을 만들어낸 것이다.

세상의 모든 것들은 다른 존재와의 공명을 통해 자신의 존재를 구성해간다. 어떤 존재의 능력이란 힘이나 크기로 결정되는 것이 아니라 얼마나 더 많은 것들과 공명할 수 있는가에 따라 결정된다. 여러분의 공명 능력은 얼마나 되는지? 혹, 자기 자신하고밖에 공명하지 못하는 '자발적 왕따'라면, 어서어서 마음의 빗장을 풀고 다른 사람들과 함께 리듬을 타시길.

글에도 공명의 능력이라는 게 있다. 어떤 글은 오랜 시간을 거치면서 매번 새롭게 공명하지만, 어떤 글은 그 시간과 공간을 벗어나면 아무것과도 공명하지 못한다. 장수하는 글과 요절하는 글의 차이는 바로 공명의 능력이다!

지금 여러분은 글을 통해 누구와 어떻게 공명하고 싶은가? 접속과 공명을 꿈꾸는 미래의 작가들을 위한, 이야기 한 토막.

글을 잘 짓고 못 짓고는 자기한테 달렸고, 글을 칭찬하고 비판하고는 남의 소관이다. 이는 꼭 이명(耳鳴)이나 코골이와 같다.
한 아이가 뜰에서 놀다가 갑자기 '왜앵'하고 귀가 울자 '와'하고 좋아하면서 가만히 옆의 동무에게 이렇게 말했다.
"얘, 이 소리 좀 들어봐! 내 귀에서 '왜앵'하는 소리가 난다. 피리를 부는 것 같기도 하고 생황을 부는 것 같기도 한데 소리가 동글동글

한 게 꼭 별 같단다."

그 동무가 자기 귀를 갖다대 보고는 아무 소리도 안 들린다고 하자, 아이는 답답해 그만 소리를 지르며, 남이 알지 못하는 걸 안타까워 했다.

언젠가 어떤 시골 사람과 한 방에 잤는데 그는 드르렁드르렁 몹시 코를 골았다. 그 소리는 토하는 것 같기도 하고 휘파람을 부는 것 같기도 했으며, 탄식하는 것 같기도 하고 한숨 쉬는 것 같기도 했으며, 푸우 하고 입으로 불을 피우는 것 같기도 하고 보글보글 솥이 끓는 것 같기도 했으며, 빈 수레가 덜커덩거리는 것 같기도 했다. 숨을 들이쉴 땐 톱질하는 소리 같고 숨을 내쉴 땐 돼지가 꿀꿀거리는 소리 같았다. 하지만 남이 흔들어 깨우자 발끈 성을 내며 이렇게 말했다.

"나는 그런 적 없소이다!"

쯧쯧! 제 혼자 아는 게 있을 경우 남이 그걸 모르는 걸 걱정하고, 자기가 미처 깨닫지 못한 게 있을 경우 남이 그걸 먼저 깨닫는 걸 싫어한다. 어찌 코와 귀에만 이런 병통이 있겠는가! 문장의 경우는 이보다 더 심하다.

연암 박지원의 「공작관 글 모음」에 나오는 구절이다. 이명(耳鳴)이 남의 귀에 들릴 리 없건만 자신만 듣는 그 소리를 남이 듣지 못한다고 화를 내고, 코 고는 소리를 자신이 들을 수 없건만 남이 지적해 주면 그런 적 없다고 화를 낸다. 이런 걸 두고 적반하장(賊反荷杖)이라고 하던가. 그런데 글을 쓸 때, 누구나 한번쯤은 이 적반하장의 어리석음을 범한다.

철수는 나름대로 함축을 담아 "널 향한 내 마음은 핏빛 와인"이라고 문자를 보냈는데, 영희는 "너 미쳤냐? 무슨 헛소리냐?"며 핀잔을 준다. "아, 대체 왜 이 말을 못 알아듣는 거야!"라는 이명. 이번에는 영희가 철수의 글을 읽고 논평을 한다. "넌 글을 쓸 때 너무 무게를 잡는 경향이 있어. 그냥 니가 아는 대로 써. 너무 잘 쓰려고 하지 말고!" "뭐? 아, 내가 언제? 나는 정말 솔직하게, 내가 아는 대로 썼거든!!"이라는 코골이.

자기만 아는 비유와 맥락 없는 인용들, 현학적인 어휘들로 가득 찬 글을 쓰고는 그걸 이해 못하는 사람들을 원망하거나, 남들이 지적하는 단점을 인정하지 못하고 자신의 글만을 고집하는 건, 글쓰기에 있어서 치명적인 병통이다. 단점이 아니라 병통. 병통이라면 마땅히 최선을 다해 고치려 해야 하지 않겠는가?

혼자 보기 위해 쓰는 글은 엄밀한 의미에서 글이 아니다. 심지어 일기조차도 다른 존재와의 대화라고 할 수 있다. 혼자 소비하고 버릴 글이라면 누가 이해하든 못하든 아무 상관이 없지만, 글을 통해 세상과 소통하고 만물과 접속하려는 사람이라면 다른 사람들과 공감하고 공명할 수 있는 글을 써야 한다. 물론 그 공감의 대상이 꼭 지금 사람은 아닐 수 있다. 사마천처럼 천 년 후의 독자들을 위해 책을 쓸 수도 있고, 니체처럼 미래의 독자들과 공명할 수도 있다. 하지만 그러기 위해서조차, 우선은 내 주위의 친구들이나 다른 존재들과 공명하고 소통할 수 있어야 한다.

　그런 의미에서 글쓰기는 단순한 의사 전달이나 표현 수단이 아니라 새로운 존재가 되어가는 실천이자 세계를 창조해내는 예술이다. 시나 소설을 쓰지 않더라도, 등단을 하거나 글쓰기를 직업으로 삼지 않더라도, 그 순간 여러분들은 이미 '작가'다. 그렇다면 어떻게 글쓰기에 자신의 숨결을 불어넣고, 자신만의 색깔을 입히고, 자신만의 향기를 뿜어나게 할 것인가? 그 고유한 숨결과 색과 향기를 가지고 어떻게 세상 속으로 뛰어들 것인가?

언어의 변주로서의 문체

스타일에 산다

다음 페이지의 〈그림 30〉을 처음 보는 사람이더라도, 그림에 조금만 관심이 있다면 이것이 피카소의 작품임을 금방 눈치챌 수 있을 거다. 어떻게? 바로 그게 피카소의 스타일이니까!

어떤 감독의 영화 한 편을 보았다. 그런데 카메라가 사람의 얼굴을 아주 가까이에서 일그러지게 잡은 장면이나 혹은 주인공은 정지하고 있는데 주위 사람들은 엄청 빠른 속도로 움직이는 장면이 나온다면, 아마도 이렇게 한마디씩 할 것이다. "이거 왕자웨이(왕가위) 영화구나!" 몇 장면만으로도 그것이 왕자웨이의 영화라는 걸 어렵지 않게 알아맞힐 수 있다. 어떻게? 바로 그게 왕자웨이의 스타일이니까!

화가가 세계를 창조하는 연장은 물감과 붓이다. 그런데 화가마다 그 연장을 사용하는 방식은 모두 다르다. 어떤 회화가 사물의 옆면과 앞면과 뒷면을 한꺼번에 보여준다면 그것이 피카소(혹은 입체파 화가)의 작품일 거라고 짐작하듯이, 구불구불하게 선들이 굽이치는 풍경을 본다면 반 고흐라는 이름을 떠올릴 것이다. 그 작가의 고

〈그림 30〉 파블로 피카소, 「만돌린을 든 소녀」(1910년)
앞모습과 옆모습, 뒷모습의 공존. 깨진 유리 파편들을 붙여놓은 듯한 저 화면은 ······.
아! 하는 감탄사와 함께 떠오르는 화가가 있지 않은가? 피카소 스타일!

유한 표현형식, 다른 것으로 환원될 수 없는 그 작가만의 독특한 색채, 우린 그걸 '스타일'(style)이라고 부른다.

영화감독 중에서도 자신만의 스타일을 갖고 있는 사람들에게 우리는 '작가'라는 칭호를 붙인다. 영화감독이 세계를 창조하는 연장은 물론 카메라다. 하지만 똑같은 카메라로 찍더라도, 장면을 어떻게 구성하고, 조명을 어떻게 쓰고, 편집을 어떤 방식으로 하는가에 따라 작품의 스타일은 전혀 달라진다. 그리고 그 스타일에 의해 새로운 세계가 태어나고 새로운 문법이 만들어질 때, 우리는 비로소 '감독의 스타일'에 대해 이야기할 수 있다. 왕자웨이 스타일, 오즈 야스지로 스타일, 히치콕 스타일 등등 영화의 거장들은 모두 자신만의 스타일을 가지고 있다.

그러나 허구한 날 베끼기에 바쁜 TV 프로그램을 보면서, "저건 저 PD의 스타일이야"라고 하지는 않는다. 또 친구들이나 따돌리면서 잘난 척하는 친구에게 '저 친구는 참 더러운 스타일이야'라고는 하지 않는다. '스타일'이란 억지로 꾸며대는 '뽀다구'나 '후까시'가 아니라 우러나는 멋이요 창조이기 때문이다.

글과 문체

화가, 음악가, 영화감독뿐만 아니라 무엇인가를 창조하는 사람들에게는 그들만의 비밀병기가 있으며, 그것으로 표현해내는 그들만의 스타일이 있다. 글을 쓰는 작가의 경우도 마찬가지다.

글을 쓴다는 것은 언어로 연주하는 것이라고 할 수 있다. 작곡자가 음표 하나의 배열과 순서, 길이 등을 세심하게 고려하여 곡을 만들듯이, 작가는 이 언어를 어떻게 배열할까, 문장의 길이를 어떻게 할까, 어휘는 이게 좋을까 저게 더 좋을까 등을 끊임없이 고민한다. 그리고 그렇게 태어난 작품에는 저자의 색깔이 배어 있게 마련이다. 저자에 의해 창조된 작품의 스타일을 '문체'라고 한다.

문체는 단순한 형식이 아니라 글의 본질이고, 글 전체를 관통하는 작가의 통찰력(vision)이다. 만연체니 우유체니 간결체니 하는 것들은 표면적인 형식이 아니라 글 쓰는 사람의 호흡이고 표정이며 속도다. 다음 예문들을 보자.

예문 ① 스피노자, 『에티카』
(이 책은) 기하학적 질서에 따라서 증명되고 다섯 부분으로 나누어지며 그 안에서 다음이 다루어진다.
정의 1. 나는 자기원인이란 그것의 본질이 존재를 포함하는 것, 또는 그것의 본성이 존재한다고 생각할 수밖에 없는 것이라고 이해한다.
......
공리 1. 존재하는 모든 것은 그 자신 안에 존재하거나 아니면 다른 것 안에 존재한다. ......
정리 1. 실체는 본성상 자신의 변용에 앞선다.
증명 정의 3과 5에 의하여 명백하다.

예문 ② 니체, 『즐거운 지식』

23. 해석

해석이라는 것은 자기 자신을 끌어들이는 것이기에

나는 스스로 자기의 해석자가 되지 않는다.

다만 자신의 길을 오르는 자가 있다면

나의 모습도 밝은 빛 속으로 높여주리라.

24. 페시미스트를 위한 처방

무엇 하나 뜻대로 되는 것이 없는가, 친구여?

너의 불평에 나는 피곤하다.

너의 끝없는 욕설, 격정, 비방에

나의 심장과 인내는 찢겨간다.

내게 처방이 있다: 나의 좋은 충고와

보증된 휴식을 따르라.

너는 두꺼비를 삼킬 필요가 있다.

그러면 너의 소화불량은 고쳐질 테니.

위의 두 예문은 각각 17세기와 19세기의 유명한 철학자인 스피노자와 니체의 글이다. '철학'이라고 하면 당장에 손금이나 관상을 떠올리거나, 혹은 존재니 삶이니 죽음이니 하는 골치 아픈 말들밖에 떠올리지 못하는 사람들은, 철학적인 글은 당연히 처음부터 끝까지 어렵고 따분할 것이라고 생각한다. 그러나 항상 새로운 개념을 창조하고, 그 개념들을 어떤 그릇에 어떻게 담아낼 것인가를 고민하는 철학자들은 글의 스타일을 통해 자신의 사유를 드러낸다.

스피노자의 글쓰기는 한눈에 보아도 수학 공식처럼 되어 있다. 유클리드 기하학에 관한 수학 책처럼 정의와 공리와 정리들, 그리고 그 각각에 대한 증명들로 이루어진 기하학적 글쓰기. '왜 철학적 문제들을 이렇게 수학적인 방식으로 서술한 것일까?' 하는 의문에서 시작하여, 스피노자의 글쓰기는 읽는 우리들로 하여금 다차원적인 독해를 하도록 유도한다. 스피노자의 문체는 단순한 '멋부리기'가 아니라 사유의 형식에 대한 치열한 고민의 결과다.

니체의 글쓰기는 또 어떤가? 『차라투스트라는 이렇게 말했다』를 음악으로 생각해도 된다고 했던 니체의 말대로, 그의 텍스트는 마치 한 편의 시를 읽거나 한 곡의 음악을 듣는 것처럼 읽힌다(들린다). 빨라지고 느려지고, 세지고 약해지고……. 니체의 글쓰기는 그의 내적 상태만큼이나, 그가 느낀 정서만큼이나, 그가 경험한 속도만큼이나 다양한 문체들에 의해 주파된다. 그 결과 우리는 그의 다양한 스타일만큼 다양한 '니체들'을 만나게 된다. 그래서 니체의 텍스트를 읽는 느낌은 아주 강렬하고 역동적이다.

어떤 글의 내용에 대응되는 고정된 글의 형식이나 스타일이 따로 있는 것이 아니다. 논설문에서는 항상 논리적인 말만 해야 하고, 설명문에서는 항상 객관적인 말만 해야 한다는 '법' 같은 건 없다. 시적인 표현으로 내 주장을 펼칠 수도 있고, 수학적인 표현으로 소설을 쓸 수도 있는 것. 문체는 이미 주어진 것이 아니라 내가 만들어가야 하는 것이다. 문체는 내가 세계를 보는 방식이다.

　같은 말이라도 어떤 방식으로 하는가에 따라 전혀 다른 의미와 결과를 가져오게 되는 것처럼, 같은 내용이라도 그걸 어떤 방식으로 표현할 것인가, 어떤 색깔로 표현할 것인가에 따라 전혀 다른 글이 될 수 있다. 생기 있는 글, 살아 있는 글이란 자기만의 '스타일'을 가진 글이다.

내용이 머무는 그곳, 형식

우리는 어떤 글을 읽을 때 글의 형식은 뒤로 밀어둔 채 그 내용을 쫓아가는 데만 급급해한다. 그래서 열 페이지도 채 읽지 않았는데 조바심을 내면서 책의 끝 페이지를 살짝 뒤적여보지 않는가? 이런 책읽기의 경우, 문제는 둘 중 하나에 있다. 텍스트가 아무런 스타일도 없이 오로지 '스토리'로만 승부하는 경우이거나, 독자가 텍스트의 진행 과정과 그 과정이 흐르는 스타일을 즐기지 못하고 '스토리'에만 길들여진 경우이거나. 어느 쪽이든 책을 즐길 수 없기에는 충분한 조건이다.

　내용 따로, 형식 따로. 이렇게 내용과 형식을 나누는 건 흡사 음악을 들으면서 가사 따로 보고 멜로디 따로 듣는 것과 같다. 이건 나 자신을 내용으로서의 정신과 형식으로서의 신체로 나누어 생각하는 것과 마찬가지 발상이다. 나의 정신은 신체의 반응이 없다면 존재할 수 없다는 점에서 정신은 항상 '신체의 정신'이고, 거꾸로 정신작용으로 파악되지 못하는 신체적 경험은 의미가 없다는 점에서 신체는 항상 '정신의 신체'다.

마찬가지로, 글의 내용 역시 항상 특정한 '형식의 내용'이다. 즉 어떤 의미나 내용은 글 쓰는 자가 창조해낸 고유한 형식 속에서만 그 의미를 발한다. 그러므로 내용에서 형식을 제거한다는 것은, 이를테면 붕어빵을 만드는 데 붕어 모양의 틀도 없이 밀가루와 팥만 범벅하는 것과 다를 바 없다. 붕어 모양 틀과 밀가루, 팥, 적당한 따끈함, 그 중에 하나라도 없으면 붕어빵은 붕어빵이 아니라는 사실. 다음 예문을 보자.

예문① 채만식,『치숙』
우리 아저씨 말이지요, 아따 저 거시기, 한참 당년에 무엇이냐 그놈의 것, 사회주의라더냐, 막걸리라더냐, 그걸 하다 징역 살고 나와서 폐병으로 시방 앓고 누웠는 우리 오촌 고모부 그 양반…….
머, 말도 마시오. 대체 사람이 어쩌면 글쎄……. 내 원!
신세 간 데 없지요.
자, 십 년 적공, 대학교까지 공부한 것 풀어먹지도 못했지요. 좋은 청춘 어영부영 다 보냈지요, 신분에는 전과자라는 붉은 도장 찍혔지요, 몸에는 몹쓸 병까지 들었지요, 이 신세를 해가지굴랑은 굴속 같은 오두막집 단칸 셋방 구석에서 사시장철 밤이나 낮이나 눈 따악 감고 드러누웠군요.

…… 그 양반이 한시바삐 죽기나 했으면 우리 아주머니는 차라리 신세 편하리다. 심덕 좋겠다, 솜씨 얌전하겠다 하니 어디 가선들 제 가 일신 몸 가누고 편히 못 지내요? 가만 있자, 열여섯 살에 아저씨 네 집으로 시집을 갔다니깐 그게 내가 세 살 적이니 꼬박 열여덟 해 로군. 열여덟 해면 이십 년 아니오.
그때 우리 아저씨 양반은 나이 어리기도 했지만 공부를 한답시고 서울로, 동경으로 십여 년이나 돌아다녔고, 조금 자라서 색시 재미 를 알 만하니까 누가 예쁘달까봐 이혼하자고 아주머니를 친정으로 쫓고는 통히 불고를 하고…….

채만식의 소설은 그 시점이나 서술 방식 때문에 매우 독특한 효 과를 만들어낸다. 『치숙』의 시점은 여러분도 알다시피 1인칭시점으 로, 대개의 경우 1인칭시점에서는 독자가 자신을 '나'와 동일시한다. 여기서도 서술자는 '나'라는 화자를 통해서 독자에게 직접 말하는 방 식을 취하기 때문에, 독자는 그에게 보다 친근한 감정을 느끼게 된 다. 그러나 그러면서도 결코 독자는 이 인물과 동일시되지 못하고 일 정한 거리를 유지하게 되는데, 그것은 바로 '나'의 냉소적인 말투 때 문이다. '나'와 '아저씨'에게 느끼는 이중의 감정은 작가가 만들어놓 은 이 같은 형식적 장치에 기인한다.
이 소설의 내용은 이러한 형식 속에 '담겨' 있기 때문에 이러저 러한 식으로 파악이 가능해지는 것이다. 즉 이러한 형식 때문에 이 소설의 내용은 단순히 '아저씨'를 비판하는 것으로도 환원될 수 없고,

그렇다고 '아저씨'를 옹호하는 것으로도 환원될 수 없다. 여기서 주인공과 아저씨 모두를 삐딱하게 보도록 만드는 것은 다름 아닌 작품의 '형식'이다. 다음 예문을 보면 아마 그 이유를 쉽게 이해할 수 있을 것이다.

그의 아저씨는 사회주의자였다. 그는 그런 아저씨가 늘 못마땅했다. 그의 아저씨는 대학교까지 공부를 한 후에 사회주의 운동을 하다가 전과자 신세가 되었고, 급기야 병까지 나게 되어 가난한 단칸 셋방 구석에서 끙끙 앓고 있었던 것이다. 그는 자기보다도 더 많이 배운 아저씨가 그렇게 가난하게 살면서 아주머니를 고생시키는 것을 이해할 수 없었다.

위의 예문을 예문 ①과 비교해보자. 채만식 특유의 풍자적인 스타일은 몽땅 사라져버리고, 정말 '딸랑' 하나의 '내용'만 남게 되었다. 형태 없는 붕어빵처럼, 형식 없는 내용이란 이 얼마나 무미건조한가?

내용은 그것이 머물러 있는 표현의 형식으로 인해 살아 있게 된다. 멜로 영화와 공포 영화를 놓고 카메라의 움직임이나 전체 화면의 구성을 비교해 보라. 멜로 영화를 보다 슬프게 하고, 공포 영화를 보다 무섭게 느끼도록 하는 것은, 우리가 의식하지 못하는 표현의 형식들이다.

문체, 언어의 리듬과 색채

형식이란 음악에 부여되는 리듬과 같다. 어떤 말의 억양이나 말투만으로도 그가 누구인지를 알아낼 수 있는 건 그 사람이 말하는 스타일, 그의 말이 가지는 독특한 리듬 때문이다. 「저수지의 개들」이나 「재키 브라운」 같은 쿠엔틴 타란티노의 영화를 보라. 그의 영화에 등장하는 인물들은 시종일관 무엇인가를 중얼거린다. 그런데 그 인물들이 하는 말을 그저 '듣고' 있노라면, 우리는 곧 그 인물들을 살아 꿈틀거리게 하는 것이 바로 그들만의 독특한 말-리듬이라는 것을 알게 된다.

같은 내용을 표현하더라도 그 형식의 차이에 따라 글은 다른 리듬을 갖게 된다. 이때 한 문장에서 어떤 단어를 어떻게 배치할 것인가, 이 문장의 앞과 뒤에 어떤 문장을 연결시킬 것인가, 문장의 길이는 어느 정도로 할 것이며 문장의 끝맺음은 어떻게 할 것인가 등이 부분적 리듬의 문제라면, 글 전체의 리듬을 형성하는 문제는 다음과 같은 것들이다. 이 이야기를 어떤 구조에 담아낼 것인가? 글의 시작과 끝을 어떻게 구성할 것인가? 단락의 배치와 구성은 어떤 방식으로 할 것인가?

김승옥의 단편소설 「누이를 이해하기 위하여」를 보자. 이 소설은 전체가 여섯 장으로 나누어져 있다. "황혼과 해풍을 벗어나 도시의 삶을 꿈꾸며 떠난 누이는 왜 침묵만을 가지고 돌아온 것일까? 누이의 침묵은 무엇을 의미하는가?"가 이 소설의 처음 질문이다. 그 질문을 던진 주인공이 마침내 도시로 떠난다. 그리고 거기서 비로소 누이의 침묵을 이해한다.

황혼과 해풍 속에서 도시를 그리워하던 누이와 도시에서 침묵을 배우고 다시 황혼과 해풍이 있는 곳으로 돌아온 누이. 누이를 이해하기 위하여 도시로 떠난 주인공과 도시에서 침묵의 의미를 알고 고향의 누이에게 편지를 부치는 주인공. 이 소설은 그렇게 '도시'와 '고향'이라는 두 공간을 돌고 돌면서 처음의 질문을 끈질기게 붙들고 늘어진다. 황혼과 해풍, 떠남과 돌아옴이 만들어내는 전체적인 리듬.

이에 비해 부분을 흐르는 리듬은 다음과 같은 것이다.

"교장선생님께서 한 신입생과 함께 들어오셨을 때 우리는 수업 중이었다."

이 문장을 보고 우리는 즉시 머릿속에 하나의 장면을 떠올리게 된다. 우리가 알고 있는 전형적인 모습(이를테면 머리가 희끗희끗하고, 배가 나왔으며, 근엄한 표정을 짓는)의 교장 선생님과 우리에게 익숙한 수업 시간의 풍경.

그런데 같은 장면을 누군가가 이렇게 표현했다고 하자.

"정적, 회색빛, 누군가가 왔을지도 모른다."

이 문장을 읽었을 때는 어떤 장면이 떠오르는가? 앞의 경우에서처럼 구체적인 장면이 떠오른다기보다는 어떤 막연한 느낌이 안개처럼 휘감는다. 앞의 문장이 딱딱 끊어지는 리듬을 가지고 있다면, 뒤의 문장은 가장 약한 세기로 끊어질 듯 이어지는 리듬을 가지고 있다고 할 수 있다.

이처럼 어떤 문장을 어떤 길이로, 어떤 단어를 사용해서, 어떻게 표현하는가에 따라 글은 전혀 다른 것이 된다. 소설이든, 시든, 논설문이든, 수필이든, 살아 있는 글쓰기는 음악과도 같은 리듬이 느껴지는 글쓰기다. 독후감 한 편을 쓰더라도 편지의 형식을 취할 것인가 대화체의 형식을 취할 것인가에 따라 글의 빛깔이 달라질 터. 자신만의 색채를 표현하기 위해 고심하는 화가처럼, 여러분 자신만의 리듬과 색을 갖는 문체를 창조해보시길!

리듬과 속도, 그리고 스타일

예문 ① 「기미독립선언문」

아아, 新天地(신천지)가 眼前(안전)에 展開(전개)되도다. 威力(위력)의 時代(시대)가 去(거)하고 道義(도의)의 時代(시대)가 來(내)하도다. 過去(과거) 全世紀(전세기)에 鍊磨長養(연마장양)된 人道的(인도적) 精神(정신)이 바야흐로 新文明(신문명)의 曙光(서광)을 人類(인류)의 歷史(역사)에 投射(투사)하기 始(시)하도다. 新春(신춘)이 世界(세계)에 來(내)하야 萬物(만물)의 回蘇(회소)를 催促(최촉)하는도다. 凍氷寒雪(동빙한설)에 呼吸(호흡)을 閉蟄(폐칩)한 것이 彼一時(피일시)의 勢(세)라 하면, 和風暖陽(화풍난양)에 氣脈(기맥)을 振舒(진서)함은 此一時(차일시)의 勢(세)니, 天地(천지)의 復運(복운)에 際(제)하고 世界(세계)의 變潮(변조)를 乘(승)한 吾人(오인)은 아모 躊躇(주저)할 것

업스며, 아모 忌憚(기탄)할 것 업도다. 我(아)의 固有(고유)한 自由權(자유권)을 護全(호전)하야 生旺(생왕)의 樂(낙)을 飽享(포향)할 것이며, 我(아)의 自足(자족)한 獨創力(독창력)을 發揮(발휘)하야 春滿(춘만)한 大界(대계)에 民族的(민족적) 精華(정화)를 結紐(결뉴)할지로다.

끼약~ 어휴~ 악~!! 예전 내가 배우던 교과서에 실린 이 글은 그 자체로 공포였다. 한자를 열심히 그려야 했고, 독음을 일일이 베껴야 했으며, 마지막으로 현대어로 꼼꼼하게 해석해야만 비로소 이 글을 이해할 수 있었다. 이 선언문을 쓰고 읽었을 독립운동가들의 심정 따위가 공감될 리 없었다. 하지만 지금부터 이 글의 진짜 얼굴을 볼 수 있는 방법이 있다.

하나. 먼저, 참고서나 교과서에 실린 현대어 해석을 보라. 그러면 이 '외국말' 같은 글의 의미를 알 수 있을 것이다.

둘. 그런 다음에 다시 원문으로 돌아와서, 이번 기회에 한자 공부나 한번 해보는 셈치고 한자어에 독음을 달도록 하라. (여기까지는 준비운동이었다.)

셋. 목소리를 가다듬고, 처음부터 큰 소리로 읽기 시작하라. 읽을 때는 자신이 마치 무슨 독립운동가라도 되는 양 감정을 잡고 읽을수록 효과가 크다.

넷. 다시 한 번 읽어라. 이번에는 한 번 읽은 경험을 살려 문장의 강약과 단어의 길이까지도 고려하면서 읽는 것이 좋다.

여기까지 했다면 이제 내 질문에 대답해보기 바란다. 「기미독립선언문」은 어떤 스타일을 가진 글인가?

이 글은 우리가 생각하는 것처럼 앞뒤 꽉 막힌 딱딱한 연설문이 아니다. 이 글의 참 맛은 그야말로 '낭송'할 때 살아난다. 문장이 크레센도로 흐르는가 하면(독립의 필요성을 말하는 부분), 갑자기 디미누엔도가 되면서(우리의 피해를 열거하면서 일본을 점잖게 타이르는 부분) 끊어질 듯 이어진다. 또 때론 격한 감정의 파도가 만들어지는가 하면(특히, 예문), 냉정한 논리의 잔잔한 수면(독립의 의의를 얘기하는 부분)이 만들어지기도 한다.

음악에 비유하자면, 장중한 교향곡이라고 할 수 있을까? 작은 것과 큰 것, 약한 것과 센 것이 뒤섞이면서 거대한 물살을 만들어가는 교향곡처럼, 이 선언문은 시적인 것과 논리적인 것이 다양한 리듬을 형성하면서 '독립선언'이라는 거대한 바다를 향해 흘러가고 있다. 「기미독립선언문」의 리듬이 만들어내는 스타일이란 바로 이런 것이며, 이 스타일을 '감 잡는' 순간 글을 읽는 재미가 느껴진다.

만약 그래도 느끼지 못하겠거든, 다음 예문과 비교해보기 바란다. 그러면 글에서 리듬이라는 게 얼마나 중요한 역할을 하는지, 글의 스타일이 왜 필요한 것인지를 알게 될 것이다.

예문 ② 「국민교육헌장」
우리는 민족 중흥의 역사적 사명을 띠고 이 땅에 태어났다. 조상의 빛난 얼을 오늘에 되살려, 안으로 자주 독립의 자세를 확립하고, 밖으로 인류 공영에 이바지할 때다. 이에, 우리의 나아갈 바를 밝혀

교육의 지표로 삼는다. 성실한 마음과 튼튼한 몸으로, 학문과 기술을 배우고 익히며, 타고난 저마다의 소질을 계발하고, 우리의 처지를 약진의 발판으로 삼아, 창조의 힘과 개척의 정신을 기른다. ……반공 민주 정신에 투철한 애국 애족이 우리의 삶의 길이며, 자유 세계의 이상을 실현하는 기반이다. 길이 후손에 물려줄 영광된 통일 조국의 앞날을 내다보며, 신념과 긍지를 지닌 근면한 국민으로서, 민족의 슬기를 모아 줄기찬 노력으로, 새 역사를 창조하자.

물론 자신의 주장을 관철시키는 데 있어 이보다 명료할 수는 없다. 그러나 이 선언문이 자신의 주장을 말하는 방법을 한마디로 말하면 '윽박지르기'와 '강요하기'이다. 하나의 속도, 하나의 목소리, 하나의 얼굴, 하나의 의미.

무조건 소리 지르고 강요한다고 해서 주장이 주장다워지는 건 아니다. 어떤 가수가 아무리 가창력이 뛰어나다고 해도 그저 빽빽 소리만 질러댄다면 호소력을 가질 수 없는 법. 노래를 보다 효과적으로 표현하는 자신만의 스타일이 없다면 그 어떤 명곡도 소용없듯이, 같은 주장이라도 그걸 어떤 리듬에 싣는가에 따라 글의 효과는 천지차이가 날 수 있다.

그럼 다음 선언문(그림 31)은 어떤가?

언어도 무게와 크기와 울림을 갖는다. 밋밋한 배경 속에서 누군가가 손을 흔들면 도드라져 보이듯이, 글의 흐름 속에서 어떤 언어는 앞으로 달려오고, 어떤 언어는 진동하며, 어떤 언어는 잠들어 있다.

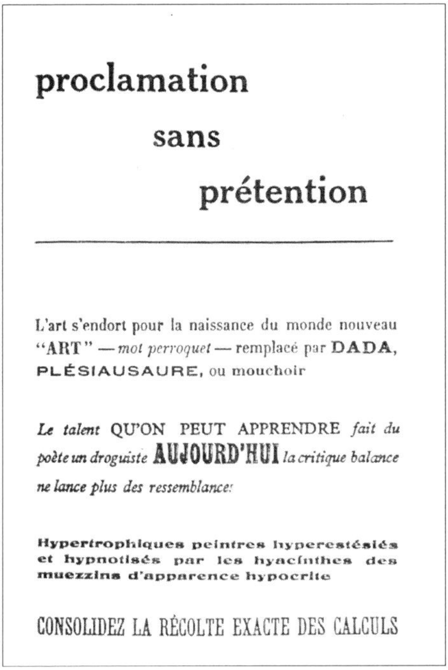

proclamation
sans
prétention

L'art s'endort pour la naissance du monde nouveau
"ART" — *mot perroquet* — remplacé par DADA,
PLÉSIAUSAURE, ou mouchoir

Le talent QU'ON PEUT APPRENDRE *fait du
poète un droguiste* AUJOURD'HUI *la critique balance
ne lance plus des ressemblance:*

Hypertrophiques peintres hyperestésiés
et hypnotisés par les hyacinthes des
muezzins d'apparence hypocrite

CONSOLIDEZ LA RÉCOLTE EXACTE DES CALCULS

〈그림 31〉 다다이스트 선언문
선언문 자체가 하나의 그림이고, 한 편의 음악이다.

색을 칠하듯이, 음표를 찍듯이, 자신만의 언어 리듬을 살려라! 아니, 글 쓰는 자신이 먼저 하나의 리듬이 되어도 좋다. 어떻게? 많이 읽고, 많이 생각하고, 많이 접속하기! 글 쓰는 데 그 이상의 왕도는 없다.

글쓰기와 변신

천의 얼굴로 천의 삶 살기

내가 가장 싫어하는 배우는 사생활이 복잡한 배우도, 예쁜 배우도, 얄미운 배우도 아니다. 난 '연기 못하는 배우'가 가장 싫다. 연기를 잘하고 못하는 데 대한 내 기준은 딱 하나, 어떤 상황에서 얼마나 다양한 표정을 연기하는가다. 얼굴이 아무리 예뻐도 주어진 상황에서 예상되는 한 가지 표정밖에 지을 줄 모르는 배우들이 나오는 영화는 절대로 돈 내고 보지 않는다는 게 내 '개똥소신'이다.

 예컨대 잭 니콜슨이라는 배우는 악인을 연기할 때도 악의 경계가 모호한 악을 표현하고, 어떤 상황에서든 내가 기대한 표정을 배반한다. 화를 내거나 기뻐하는 상황은 연기하기 쉽지만, '나쁜데 꼭 나쁜 사람이라고만은 할 수 없는 사람'을 연기하는 거나 '봄날의 아지랑이 같은 표정'을 연기하기란, 연기의 고수가 아니고서는 불가능한 법. 그래서일까? 좋은 배우는 나이를 먹으면 먹을수록 한 얼굴에 더 많은 얼굴을 담는 듯하다.

 우리가 '열린 텍스트'와 '닫힌 텍스트'를 얘기했던 것과 같은 방식으로, 시종일관 '선 아니면 악'이라는 하나의 캐릭터밖에는 표현하지 못하는 연기를 '닫힌 연기'라고 할 수 있다면, 잭 니콜슨이 보여주는 '경계 위'의 연기는 '열린 연기'라고 할 수 있을 것이다. '열린 연기'의 대가들은 서로 대립되는 모순을 안에 담아두었다가 특정한 상황 속에서 경험하는 삶의 역설을 표정 하나만으로도 충분히 표현해낸다.

경지가 그 정도에 이르고 보면, 그 배우는 더이상 다른 사람의 삶을 '간접적으로' 경험하는 차원에 머무르지 않을 것이다. 연기를 잘 한다는 것은 연기를 하는 그 순간, 자신이 연기하는 바로 그 인물이 '되는' 게 아닐까? 「해피 투게더」의 장국영은 '보영'이라는 인물을 연기하는 그 순간 '보영'으로 사는 것이고, 「길버트 그레이프」의 레오나르도 디카프리오는 '어니'를 연기하는 그 순간 정말 '어니'로 사는 것이 아닐까? 그렇게 말할 수 있다면, 연기자가 연기를 통해 다른 인물이 되듯이, 우리는 글쓰기를 통해 다른 사람이 되는 거라고 할 수 있다. 다른 사람의 삶을 흉내 내는 것이 아니라 정말 그 사람의 삶을 살기. 다른 존재인 '척'하는 게 아니라 정말 그 존재가 되어 느끼기. 글쓰기는 변신이다.

글, 그 무한 변신의 공간

신화에 나오는 영웅적 인물들의 공통 특징은 뭘까? 외모와 학식? 그도 그렇다. 외모나 머리가 딸리는 영웅은 좀 '깰' 테니까. 하지만 그보다 더 중요한 공통점이 있으니, 그건 바로 그들의 '변신 능력'이다. 강을 만나면 물고기가 되고, 숲에서는 사자가 되고, 벼랑에서는 새가 되는 무한 변신 복합체! 신화 속 영웅들처럼 형상을 자유자재로 변형시킬 수만 있다면, 장애물이 가로놓인 곳에서 출구가 열릴 것이다.

예문 ① 카프카, 「학술원에 드리는 보고」
제가 함부르크에서 첫번째 조련사에게 넘겨졌을 때, 저는 곧 제게 열려 있는 두 가지 가능성을 알아차렸습니다. 동물원 아니면 버라이어티 쇼 극장이었습니다. 저는 주저하지 않았습니다. 스스로에게 이렇게 말했습니다. '버라이어티 쇼 극장에 가도록 있는 힘을 다하자. 그것이 출구다. 동물원은 새로운 우리일 뿐, 그 안에 들어가게 되면, 너는 끝장이다'라고 말입니다.
그리고 저는 배웠습니다. 여러분, 반드시 배워야 한다면, 배우게 됩니다. 출구를 원한다면, 배우는 법입니다. 앞뒤 가리지 않고 배우게 됩니다. 회초리로 스스로를 감시하고, 아주 사소한 반감에도 살을 짓찧게 됩니다. 원숭이의 본성은 저로부터 미친 듯이, 전도되면서 빠져나와 사라져버렸습니다.

예문 ② 이덕무, 「이목구심서」
내 마음을 한 가지 경계에 깃들어 형상과 접촉하여 만약 하는 바가 있게 되면, 갑자기 눈동자가 돌아가고 팔뚝이 움직이며 손가락이 덩달아 붓을 잡는다. 벼루는 먹을 기다리고, 먹은 붓을 기다리며, 붓은 종이를 기다리니, 종이가 가로로 비스듬히 놓이고 좌우로 붓이 내달리게 되어, 잠깐 사이에 날고 뛰고 들고 나는 변화가 일어나 기운을 얻고 뜻이 가득 차게 되면 안 될 것이 없다. 마음은 눈을 잊고, 눈은 팔뚝을 잊고, 팔뚝은 종이를 잊고, 종이는 먹을 잊고, 먹은 벼루를 잊고, 벼루는 붓을 잊고, 붓은 종이를 잊게 되니, 이러한 때에는 팔뚝과 손가락을 마음과 눈이라고 불러도 괜찮고, 종이와 붓, 먹과 벼루를 마음과 눈, 팔뚝과 손가락이라고 불러도 괜찮을 것이며, 먹과 벼루를 붓과 종이라고 불러도 괜찮을 것이다. 고요히 마음을 거두고 맑은 눈을 안정시키며, 팔뚝과 손가락을 소매 속에 마주 쥐고, 먹을 닦고 벼루를 씻고, 붓을 거두어 종이를 말면, 잠깐 사이에 붓과 종이, 먹과 벼루, 마음과 눈, 팔뚝과 손가락은 서로를 도모하지 않고, 또 앞서 하던 일을 까맣게 잊게 된다.

예문 ③ 박지원, 「어떤 사람에게 보낸 편지」

벗을 잃는다면 행여 내게 눈이 있다 하나 내가 보는 것을 뉘와 함께 볼 것이며, 행여 내게 귀가 있다 하나 내가 듣는 것을 뉘와 함께 들을 것이며, 행여 내게 입이 있다 하나 내가 맛보는 것을 뉘와 함께 맛볼 것이며, 행여 내게 코가 있다 하나 내가 맡는 향기를 뉘와 함께 맡을 것이며, 행여 내게 마음이 있다 하나 장차 나의 지혜와 깨달음을 뉘와 함께 하겠나?

종자기가 세상을 뜨매 백아는 자신의 거문고를 끌어안고 장차 뉘를 향해 연주하며 뉘로 하여금 감상케 하겠나? 그러니 허리춤에 찼던 칼을 뽑아 단번에 그 다섯 줄을 끊어버려 쨍 하는 소리가 날밖에. 그러고 나서 자르고, 끊고, 냅다 치고, 박살내고, 깨부수고, 발로 밟아, 몽땅 아궁이에 쓸어넣고선 불살라버린 후에야 겨우 성에 찼다네. 그리고는 스스로 물었다네.

"속이 시원하냐?"

"그래 시원하다."

"엉엉 울고 싶겠지?"

"그래, 엉엉 울고 싶다."

그러자 울음소리가 천지를 가득 메워 마치 종소리와 경쇠 소리가 울리는 것 같고, 흐르는 눈물은 앞섶에 뚝뚝 떨어져 큰 구슬 같은데, 눈물을 드리운 채 눈을 들어 바라보면 빈산엔 사람 하나 없고 물은 흐르고 꽃은 절로 피어 있었다네.

내가 백아를 보고서 하는 말이냐구? 그럼, 보다마다!

첫번째 예문은 카프카의 「학술원에 드리는 보고」다. 그런데 글을 읽어보니, 보고하는 주체가 사람이 아니라 원숭이다. 동물원 우리로 들어가지 않기 위해 이 원숭이가 택한 방법은 원숭이의 본성을 버리는 것이었다. 아니, 원숭이가 원숭이의 본성을 버린다고? 그럼 그건 원숭이도 아니고, 원숭이가 아닌 것도 아니고…… 뭘까? 자신이 놓인 자리를 벗어나는 가장 확실한 길은 '변신'이라는 사실. 이게 이 훌륭한 원숭이가 보고하는 핵심적 내용이다. 원숭이가 원숭이의 본성을 버리고 출구를 찾았듯이 카프카는 인간의 본성을 버리고 벌레로, 원숭이로, 쥐로, 수도 없이 변신한다. 어떻게? 글쓰기를 통해!

두번째 이덕무의 글에는 나와 세계의 접속으로부터 발생하는 사건이 아주 아름답게 묘사되어 있다. 내 마음이 형상과 '탁'하고 마주치는 순간, 글은 그 순간 발생되는 알 수 없는 힘에 이끌려 저절로 쓰여진다. 어떤 의도도 어떤 목적도 없이, 글이 주인이 되어 나를 끌고 간다. 눈과 귀와 입과 손과 종이와 먹과 벼루가 서로서로 조응하면서 글을 이뤄내는 무아(無我)의 경지! 글은 이처럼 내가 내가 아니게 되는 X차원의 세계로 우리를 이끈다.

한편, 연암의 편지는 친구 종자기를 잃은 백아의 심정을 묘사하고 있다. 연암 박지원은 친구가 많기로도 유명하지만, 친구에 관한 글이 많을뿐더러 그 글 하나하나가 모두 심금을 울리는 명문이라고 평가된다. 이 글 역시 친구를 잃은 슬픔을 아주 강도 높고 다이내믹하게 보여준다. 벗을 잃는 건 나를 잃는 것이고 세상을 잃는 것이다. 종자기를 잃은 백아는 절망감에 악기를 부수고 불태운다. 그런 다음, 눈물을 뚝뚝 흘리는 백아와 함께 우리도 울고, 한바탕 울고 난 다음 고개를 들어 텅 빈 산을 보는 백아와 함께 우리도 가슴 한구석에서 진한 고독감을 느끼게 된다. 아하! 백아를 보았다는 연암의 말은 거짓이 아니었구나. 연암은 종자기를 잃은 백아가 되어 분노하고 슬퍼하고 쓸쓸해한다.

자신의 본성을 뛰어넘어 다른 종족으로 변신하고, 사물과 나의 경계가 사라진 '무아'의 상태를 체험하고, 어떤 상황에서 인간이 겪을 수 있는 다양한 정서의 속도와 결을 한 번에 주파하는, 이 불가능한 모든 것을 가능하게 하는 것이 글쓰기다.

그러므로 글을 쓴다는 건 언어라는 '도구'로 자신의 생각을 '전달'하는 단순한 행위가 아니다. 글쓰기는 자신을 뛰어넘는 실험이자, 다른 세계로 진입하는 모험이며, 다른 이들과 공감하기 위한 공명통이다. 자신의 신체가 공명할 수 있는 만큼 글은 풍요로워지고 자유로워지고 다채로워질 것이다. 그러니 글을 바꾸고 싶은 독자들이여, 먼저 자신의 신체를 바꾸시라! 자신의 신체가 바뀌고 리듬이 바뀌고 삶이 바뀌면, 글은 꼭 그만큼 바뀐다. 글은 삶이다!

선적인 글과 회화적인 글

잠시 쉬어갈 겸, 두 조각 작품을 비교해보자(그림 32와 33). 〈그림 32〉의 '몸짱' 청년은 '다비드'고, 야릇한 표정과 포즈를 취한 저 성녀는 '성 테레사'다. 둘 다 조각이지만 이 두 조각에는 큰 차이가 있다. 다비드상이 똑 부러지는 선으로 된 명료한 형태를 갖는 데 비해, 성 테레사의 조각상은 애매모호한 윤곽을 갖는, 좀더 회화적인 조각이라고 할까? 그림으로 그리기도 어려울 듯한, 저 풍성하게 넘실거리는 옷 주름을 보라.

여기서도 열린 것과 닫힌 것을 얘기한다면, 다비드보다는 성 테레사 상이 많은 운동과 공간(옷 주름 속에 감춰진)을 함축하고 있다는 점에서 더 열려 있다고 할 수 있을 것이다. 뵐플린이라는 미술사가의 말을 빌리자면, '닫힌 것'은 보다 '선(線)적인 것'이고, '열린 것'은 보다 '회화적인 것'이다. 글에서도 선적인 것과 회화적인 것을 말

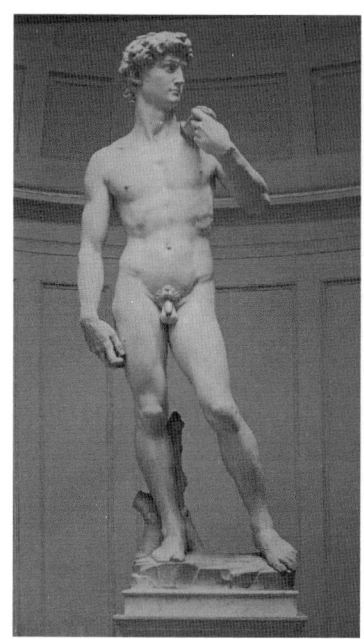 

〈그림 32〉 미켈란젤로, 「다비드」(1504년/왼쪽)
〈그림 33〉 베르니니, 「성 테레사의 법열」(1647~52년/오른쪽)
명료하고 단단한 다비드의 형상과 접히고 요동치는 테레사의 형상. 완전하게 닫힌 텍스트와 밖을 향해 열린 텍스트.

할 수 있지 않을까?

예문 ① 이광수, 『무정』

영채는 그 말과 형식의 말에 공통한 점이 있는 듯이 생각하였다. 그리고 한 번 더 형식을 보았다. 형식은,

"옳습니다. 교육으로, 실행으로 저들을 가르쳐야지요, 인도해야지요. 그러나 그것은 누가 하나요?" 하고 형식은 입을 꼭 다문다.

세 처녀는 아직도 경험하여 보지 못한 듯 말할 수 없는 정신의 감동을 깨달았다. 그리고 일시에 소름이 쭉 끼쳤다.

형식은 한 번 더,

"그것을 누가 하나요?" 하였다.

"우리가 하지요." 하는 대답이 기약하지 아니하고 세 처녀의 입에서 떨어진다.

네 사람의 눈앞에는 불길이 번쩍이는 듯하였다. 마치 큰 지진이 있어서 온 땅이 떨리는 듯하였다. 형식은 한참 고개를 숙이고 앉았더니,

"옳습니다. 우리가 해야지요! 우리가 공부하러 가는 뜻이 여기 있습니다. 우리가 지금 차를 타고 가는 돈이며 가서 공부할 학비를 누가 주나요? 조선이 주는 것입니다. 왜? 가서 힘을 얻어 오라고, 지식을 얻어 오라고, 문명을 얻어 오라고. 그리해서 새로운 문명 위에 튼튼한 생활의 기초를 세워 달라고. 이러한 뜻이 아닙니까."

예문 ② 연암, 「정석치 제문」

살아 있는 석치(石癡)라면 함께 모여 곡도 하고, 함께 모여 조문도 하고, 함께 모여 욕지거리도 하고, 함께 모여 웃기도 하고, 몇 섬이나 되는 술을 마시기도 하고, 맨몸으로 서로 치고받고 하며 고주망태가 되도록 잔뜩 취해 서로 친한 사이라는 것도 잊어버린 채 인사불성이 되어, 마구 토해서 머리가 지끈거리고 속이 뒤집혀 어질어질하여 거의 죽을 지경이 되어서야 그만둘 터인데, 지금 석치는 진짜 죽었구나! …… 한편 석치에게 원한이 있던 자들은 평소 석치더러 병들어 죽으라고 저주를 퍼붓곤 했거늘 이제 석치가 죽었으니 그 원한을 갚은 셈이다. 죽음보다 더한 벌은 없는 법이니까. 세상에는 참으로 삶을 한낱 꿈으로 여기며 이 세상에 노니는 사람이 있거늘 그런 사람이 석치가 죽었다는 말을 듣는다면 껄껄 웃으며 '진(眞)으로 돌아갔구먼!'이라고 말할 텐데, 하도 크게 웃어 입안에 머금은 밥알이 벌처럼 날고 갓끈은 썩은 새끼줄처럼 끊어질 테지. 석치는 진짜 죽었구나. 귓바퀴는 이미 문드러지고 눈알도 이미 썩었으니, 이젠 진짜 듣지도 보지도 못하겠지. 잔에 술을 따라 강신(降神)해도 진짜 마시지도 못하고 취하지도 못할 테지. 평소 석치와 함께 술을 마시던 무리를 진짜로 놔두고 떠나가 돌아보지도 않는단 말인가. 정말 우리를 놔두고 떠나가 돌아보지도 않는다면 우리끼리 모여 큼직한 술잔에다 술을 따라 마시지 뭐.

첫번째 예문은 여러분이 잘 아는 이광수의 『무정』 중 결말 부분이다. 형식, 선형, 영채, 그리고 병욱의 대사를 주의 깊게 살펴보라. 이들의 계몽주의적인 대화는 너무도 분명한 '하나의 주제'를 전달하며, 그들의 '의도'는 한 치의 미끄러짐도 없이 정확하고 동일하게 서로에게 전달된다. 그들의 언어가 갖는 윤곽은 너무도 뚜렷해서 다른 표정이 스며들 여지가 없으며, 어느 방향에서 보든 같은 의미를 갖는다. 선적인 텍스트.

이에 비해 연암의 「정석치 제문」은 어떠한가. 이 제문을 읽고서 가슴이 울컥했던 일이 지금도 생생하다. 이 짧은 글에 어쩌면 이렇게도 풍부한 감정들을 담아낼 수 있는지!

제문(祭文)은 죽은 사람을 애도하는 글로, 언제 누가 쓰고, 죽은 이가 누구고, 글 쓰는 이와의 관계가 어떤지를 밝힌 후에 추모의 내용을 기록하는 것이 일반적이다. 그러니까 일반적인 제문이라면, "유세차 모년 모월 모일, 나 연암이 친구 정석치를 위해 제문을 짓는다. 내 친구 정석치는 모년 모월 모일에 태어나 어떤 벼슬을 지내고, 무슨무슨 책을 썼고, 자손으로는 누구누구가 있다. 그런 친구가 죽었으니 참으로 슬프다. 상향" 식이었을 거다.

그런데 연암의 이 제문은 슬픈가 싶으면 웃음이 나고, 웃음이 날수록 더 슬프고, 눈물을 줄줄 쏟다가도 우하하 웃게 되는가 하면, 가슴이 미어질 듯이 안타깝기도 하고 못 견디게 그리워지기도 한다. 한 번에 포착되지 않는 열린 텍스트, 여러 가지 형상을 동시에 드러내는 회화적인 글.

실제로 우리가 하루 동안 사용하는 말 중에서 '뚜렷한 윤곽'을 가진 말이 얼마나 될까? 명확한 방향을 갖는 의미들은 또 얼마나 될까? 생각이 그리는 선들을 눈으로 확인할 수 있다면, 아주 모호한 윤곽과 애매한 형상이 아닐까?

물론 그렇다고 해서 명확한 의미가 드러나는 글을 써서는 안 된다고 말하는 게 아니다. 글에 대한 고정관념, 예컨대 제문은 슬퍼야 한다든지, 주장하는 글은 함축적이어선 안 된다든지 하는 틀에 박힌 사고를 벗어던지고, 자신만의 문체를 창조해야 한다는 것. 즉 자신만의 새로운 글쓰기 공간을 창조해야 한다는 것! 이게 핵심이다.

시든 소설이든 논설문이든 설명문이든 자신이 길어낸 언어를 자신이 구워낸 그릇에 담아낼 수 있게 된다면, 노래를 부르고 그림을 그리듯이 자유롭게 글을 쓸 수 있게 된다면, 그때 나는 여러분을 '작가'라고 부르기를 주저하지 않으리라.

춤추는 논리, 술 취한 스토리

다음 글의 종류를 알아맞혀 보시길. 여러분들 전공이니 어렵지 않을 거다.

① 어둠 속의 아이가 있다. 그는 공포에 사로잡히지만 노래하면서 안정을 되찾는다. 그는 노래에 따라 걷다가 멈추어 선다. 그는 길을 잃었지만, 그가 할 수 있는 한 피신하거나 그의 조그마한 노래로 그럭저럭 방향을 잡는다. 이는 마치 카오스의 와중에서 안정시키고

차분하게 하는, 안정된 차분한 중심의 스케치 같다. 아이는 노래하는 동시에 뜀뛰고 있다고 할 수 있다. 그는 발걸음을 빨리하기도 하고 늦추기도 한다. 하지만 노래 그 자체가 하나의 비약이다. 그것은 카오스로부터 비약하여 카오스 안에서 형성되는 질서의 시초를 이루며 그 각각의 순간마다 와해의 위험을 무릅쓴다. 아리아드네의 실 안에는 언제나 하나의 반향이 있다. 혹은 오르페우스의 노래가 있다.

② 틀뢴의 고전 문화가 단지 한 학문, 그러니까 심리학만으로 구성되어 있다고 말한다 할지라도 그것은 과장이 아니다. 그 외의 학문들은 모두 그것, 심리학에 종속되어 있다. 나는 이 혹성의 사람들이 우주를 공간이 아닌 연속적인 시간 속에서 발전하게 되는 정신적 과정으로 이해하고 있다고 말했었다. 스피노자는 소진되지 않는 우주의 신성을 연장과 사유의 성질에서 찾았다. 그러나 틀뢴에서는 그 누구도 연장이라는 공간성(단지 어떤 상태에서만 특별히 존재하는)과 사유(우주와 완벽한 동의어인)가 공존할 수 있다는 것을 이해하지 못했다. 다른 말로 말해, 그들은 시간 속에서 공간이 유지될 거라는 생각은 전혀 하지 못할 거라는 말이다. …… 이러한 일원론 또는 절대관념론은 모든 과학을 무효화시킨다.

이 물음에 대한 철수의 대답을 들어보자. "예문 ②는 '틀뢴'이라는 혹성에 관한 과학자의 글인 것 같으니까 설명문 아니면 논설문일 텐데……. 그런데 별로 객관적이지가 않아. 그렇다면 정답은 논설문이겠군. 이건 됐는데, 문제는 예문 ①이란 말이야. 글이 그다지 논리적이지 않은 것으로 보아 논설문은 아닌 것 같고, 시나 소설은 분명히 아니고……, 이상하다, 설명문도 아닌데……. 그럼 또 뭐가 있지? …… 맞아. 선생님이 애매한 건 무조건 수필이라고 그러랬지. 수필치고는 좀 괴상하지만, 그래 결심했어. 수필!"

그러나 미안하게도, 둘 다 틀렸다. 궁금해할 독자들을 위해 답부터 말하자면, 예문 ①은 들뢰즈라는 철학자의 글이고, 예문 ②는 보르헤스라는 소설가의 글이다. 완전히 빗나갔군!

먼저, 학교에서 배운 대로 글의 종류를 나열해보자. 주장하는 글은 논설문, 설명하는 글은 설명문, 스토리가 있는 글은 소설, 운문으로 된 것은 시, 대화와 지문으로 구성된 것은 희곡, 기타는 수필. 그러니 억지로 저자의 직업에 맞추자면 예문 ①은 논설문이고(철학은 그 철학자의 주장일 테니까!), 예문 ②는 당연히 소설일 것이다.

그런데 모든 글들이 그렇게 분명한 경계를 가지고 있을까? 논설문은 논설문'다워야' 하고, 설명문은 설명문'다워야'만 하는 걸까? 그러면 자신들의 본분을 벗어나는 이런 글들은 나쁜 글쓰기일까? 그러나 눈을 크게 뜨고, 마음을 활짝 열고, 다시 생각해보자.

예문 ①은 비약적인 구절들(이를테면, '아리아드네의 실'이라든지 '오르페우스의 노래' 같은 신화적 모티프)을 통해 우리의 사유에 어떤 강한 파장을 만들어낸다. 그런가 하면 예문 ②는 보고서 같은 형식을 취함으로써 픽션과 논픽션의 경계를 애매하게 흐려버리고 있다. 이 '열린' 글들이 우리에게 주는 즐거움은 바로 거기에서 온다. 한쪽으로 규정되지 않는 경계 위의 글쓰기, 저자들의 사유를 실은 독특한 리듬과 스타일.

예를 들어 보르헤스의 소설에는 항상 '진짜 같은' 사실이나 사건이 등장한다. 이를테면, "『영미백과사전』은 『브리태니커 백과사전』 1902년판의 해적판으로~"와 같은 문구들. 그러면 독자는 그것이 실재하는 것이라고 착각하게 되지만, 실제로는 사실과 사실 아닌 것을 교묘하게 섞어놓은 작가의 '트릭'이다. 이런 독특한 글쓰기를 통해 그는 사실과 허구를 넘나들면서 우리에게 질문을 던진다. "현실과 허구의 경계는 무엇인가?"

글쓰기에서 '글의 종류', 즉 '미리 정해진 형식'이라는 건 없다. 우리가 지금까지 백지 앞에서 느껴왔던 공포는 글의 경계 안에 머물러야 했던 데서 오는 일종의 '폐소공포증'이다. 문예백일장에서는 반드시 '문학적으로'(즉 비유나 묘사 등을 사용해서) 글을 써야 한다는 공포, 논술에서는 반드시 '논리적으로'(확실한 어휘와 정당한 근거를 사용해서) 글을 써야 한다는 공포. 그러나 '쓰고 싶은 대로'가 아니라 '써야 하는 대로' 쓰는 글은 나의 글이 아니다. 중요한 건, 글을 쓸 때의 진심과 글쓰기를 통한 변신, 그리고 글을 통해 나누는 공감이다.

멋을 부린 글과 멋이 나는 글

예전에 학생들에게 '가장 좋아하는 글'을 주제로 발표를 시킨 적이 있었다. 그 중에는 의외로 시가 많았는데, 그 '감동적인' 시라는 게 대체로 이러한 종류의 시들이었다.

> 사랑하게 될 연인이라면 / 처음 본 눈빛에서 / 이미 예정되는 운명
> 숨길 수도 없지만/숨긴다 해도 들켜버릴/우연처럼 이어지는 만남
> 느끼는 사랑을 확인하며 / 맘에도 없는 타인을 안아버리는 / 가슴에 이는 질투
> 진정 사랑하기에 / 떠날 수밖에 없는 이별
> 멀리 있기에 더욱 간절한 사랑
> 다시 보지 않으면 미칠 것 같은 / 사랑 앞에 달려가
> 무릎 꿇고 하는 / 영원한 사랑의 고백
> 다시는 당신을 떠나지 않겠어

예쁜 책표지 안에 잔뜩 치장한 채로 진열되어 있는, 어디선가 들어본 듯한, 광고카피 같기도 하고 유행가 가사 같기도 한 시구들. 물론 어떤 시를 좋아하든 '나쁘다'고 말할 순 없다. 느낌이란 사람마다 다를 수밖에 없고, 접속되는 상황에 따라선 어이없는 뽕짝 가사도 절절히 와닿는 법이니까. 다만, 자신의 감각과 느낌을 과신하지는 말자.

위에서 예로 든 시는 물론 달콤하다. 혹시 사랑을 하고 있다면 가슴에 품고 싶어질 수도 있다. 하지만 그 달콤함을 빼고 나면 뭐가 남을까? 단지 감각적인 즐거움만 가져다주는 글은 너무 쉽게 잊혀진다. 내 감각을 자극하다가, 이어 내 심장을 때리고, 마침내 그것이 나

로 하여금 무엇인가를 다시 쓰고 싶게 만드는 글, 그런 글에는 늘 어떤 새로움이 배어 있게 마련이고, 그 새로움을 통해 나를 다른 곳으로 나아가게 한다. 또 그런 글은 익숙한 문구나 어휘를 뒤틀고 전복시킴으로써 나를 당황하게 만들고 내 익숙함들을 일시에 흩뜨려버린다. 똑같이 '사랑'을 얘기하면서도 아래 시는 얼마나 다른가?

> 욕망이여 입을 열어라 그 속에서
> 사랑을 발견하겠다 도시의 끝에
> 사그러져가는 라디오의 재갈거리는 소리가
> 사랑처럼 들리고 그 소리가 지워지는
> 강이 흐르고 그 강건너에 사랑하는
> 암흑이 있고 삼월을 바라보는 마른나무들이
> 사랑의 봉오리를 준비하고 그 봉오리의
> 속삭임이 안개처럼 이는 저쪽에 쪽빛
> 산이
>
> 사랑의 기차가 지나갈 때마다 우리들의
> 슬픔처럼 자라나고 도야지우리의 밥찌끼
> 같은 서울의 등불을 무시한다
> 이제 가시밭 덩쿨장미의 기나긴 가시가지
> 까지도 사랑이다
> ─김수영, 「사랑의 변주곡」에서

아무런 감흥이 없다고? 그럴 수도 있다. 첫번째 시를 읽을 때처럼 금세 와닿는 감각이 없기 때문이다. 하지만 한 구절 한 구절 곱씹어 음미하다 보면, 시구 하나에서 배어 나오는 언어의 리듬과 언어 하나에 담겨 있는 삶의 무게가 느껴질지도 모른다.

붓자국 하나에 온 심혈을 기울이는 화가처럼, 음표 하나를 가지고 몇 번을 지우고 넣기를 반복하는 음악가처럼, 글쓰기에서 어떤 단어 하나를 고르는 일은 언어게임을 '비약적으로' 재미있게 만드는 '묘수'를 고안해내는 것과도 같다. 무언가를 창조하기 위해선, 먼저 버려야 하고 파괴해야 할 것들이 있다.

새로운 글쓰기를 위해 버려야 할 것이 있다면? 익숙한 언어들, 기존의 형식들, 그리고 나의 낡은 사유들.

여러 겹의 세계가 펼쳐지는 공간

구로사와 아키라 감독의 「라쇼몽」이라는 영화가 있다. 이 영화의 사건 자체는 아주 단순하다. 숲 속에서 살인 사건이 벌어진다. 이 영화는 이 사건에 개입된 네 사람이 차례로 돌아가면서 자신의 '진실'을 말하는 형식을 취하고 있다. 그러나 어찌 된 일인지 동일한 사건에 대한 네 사람의 진술이 모두 다르다. 우리는 누구를 믿어야 하는 것일까? 이 네 개의 진실 중에서 무엇이 진실이고, 무엇이 거짓일까? 이 영화가 관객을 향해 던지는 질문은 바로 이것이다. "하나의 진실이라는 것이 존재하는가?"

글을 쓸 때 우리가 쉽게 빠져드는 함정 중 하나는 '객관성'과 '주관성'을 무 자르듯이 구분하려는 태도다. 그러나 주관을 배제한 '순수하게' 객관적인 글이란 존재할 수 없다. 어떤 객관적인 글일지라도 쓰여지는 그 순간의 조건들로부터 자유로울 수 없기 때문이다. 우리가 객관적이라고 믿어 의심치 않는 글들, 이를테면 역사서나 신문이나 르포 등의 글도 예외는 아니다.

청소년 문제를 다루는 상이한 방식들을 보라. 〈추적 60분〉은 다큐멘터리 형식을 갖추고 있지만, 그것은 어른들의 눈으로 바라본 청소년들의 '현실'일 뿐이다. 그렇기 때문에 언제나 결론은 동일할 수밖에 없다. "청소년들에게 올바른 인성 교육을! 더 많은 학교교육을!" 그러나 10대의 현실을 10대가 직접 취재해서 다큐멘터리를 만든다면, 그런 계몽적인 결론 대신 다른 비전과 치유책이 제시될지도 모른다.

하나의 현실, 하나의 진실이란 없다. 표현된 다양한 현실이 있을 뿐이다. 즉, 여러 가지 사건들이 그저 거기에 놓여 있을 뿐이고 '그것을 누가, 어디서, 어떤 눈으로 포착하는가'가 문제다. 현실은 그렇게 '포착된' 어떤 것이지 '객관적인' 어떤 것으로 존재하면서 누군가가 참모습을 찾아주기를 기다리고 있는 것이 아니다. 때문에 『구운몽』에서 성진의 꿈, 즉 '양소유'로서의 삶이 현실일 수도 있고, 우리가 경험하는 가상현실이 '가상'이 아닌 진짜 현실일 수도 있다.

핵심은 '어떤 눈으로 이 세계를 나만의 스타일로 그려낼 것인가, 어떤 형식에 그 세계를 담아낼 것인가'다. 내가 본 세계를 표현하는 하나의 무기가, 노래가, 시가, 그림이 되는 글쓰기.

    그런 글을 쓰기 위해선 먼저, 우리들의 눈과 귀가 좀더 크게 열려야 하고, 손은 좀더 날렵해야 하며, 사고는 좀더 다채로워질 필요가 있다. 살인 사건 하나를 네 개의 시선으로 바라볼 수 있었던 구로사와 아키라 감독처럼, 눈과 귀를 사방으로 열고 보면 여러 겹의 세계가 펼쳐질 터. 그 과정에서 우리의 언어도 보다 풍요롭고 다채로워지리라.

글쓰기와 예술가 되기

글쓰기를 아무리 싫어하더라도 하루에 적어도 몇 개의 글은 쓰게 된다. 친구와 주고받는 쪽지들, 일기, 편지, 낙서 등등. 그렇게 알게 모르게 써내려 간 우리의 글들은 분명 그 글을 쓰는 순간의 내 표정과 몸짓을 담고 있을 테니, 여러분이 쓴 글들을 모으면 그게 바로 여러분 자신이다! 거울은 고작 겉모습밖에는 비춰주지 않지만, 글은 우리의 슬픔, 우리의 분노, 우리의 웃음, 우리의 몸을 관통한 다른 존재들의 흔적, 우리의 운동과 정지, 빠름과 느림, 이 모든 것들을 고스란히 보여준다. 우리는 글쓰기를 통해서 자신을 볼 수 있고, 자신을 바로 볼 수 있는 자라야 비로소 자신을 떠날 수 있다.

    이런 점에서, 글쓰기는 무언가를 드러내고 싶은 하나의 욕망이지만 더 나아가서 나를 바꾸는 힘이기도 하다. 창조하는 힘! 어디에도 종속되지 않는 자신의 형식, 자신의 글을 위한 스스로의 규칙들을 창조하고, 만들면서 동시에 파괴하는 이중의 놀이를 즐기는 사람들. '예술가'라는 이름은 이런 사람들에게 어울리는 이름이다.

글쓰기, 그것은 완성된 세계를 이미 만들어진 상태로 받아들이는 것이 아니라 세계의 창조에 참여하는 것이고, 세계 속에서 또 다른 세계를 창조하는 것이며, 자신을, 자신의 삶을 창조하는 것이다. 창조를 위한 무기라면 뭐든 상관없다. 세상의 모든 기호들이 읽을 수 있는 텍스트라면 그림, 영화, 노래, 춤 등의 모든 표현 행위들 역시 넓은 의미에서 글쓰기라고 할 수 있다. 표현의 매체가 무엇인가에 따라 세계가 드러나는 방식이 달라질 뿐이다.

자, 여러분 앞에 하나의 세계가 있다. 여러분은 무엇을 표현의 무기로 삼아 세계 속으로 뛰어들 것인가? 무엇을 가지고 이 세계에 질문을 던질 것이며, 어떻게 아직 알려지지 않은 길로 나아갈 것인가? 어떻게 자신을 변화시키고, 나아가 세계를 변화시킬 것인가?

예수도 참다운 자유는 변화시키고자 하는 욕망을 가져오는 것이라고 하지 않았던가. 책을 통해, 글쓰기를 통해 진정으로 자유로워지기를!

천의 글쓰기의 달인, 카프카

외국어로 글쓰기

프란츠 카프카(1883~1924)는 체코에서 태어나 독일어로 글을 쓴 유대인 작가다. 당시 프라하에서 유대인이 사는 지역은 일종의 게토였고, 독일어는 10퍼센트의 상류층만이 구사할 줄 아는 언어였다. 카프카의 글은 이 세 언어의 이상한 조합, 아니 세 언어 모두를 가로지르는 일종의 '외국어'로 쓰였다고 할 수 있다. 예컨대, 뉴욕에서 일본어로 글을 쓰는 재일교포 출신 한국인의 언어를 상상해보라. 영어와 일본어와 한국어가 뒤섞인, 그러나 그 중 어느 언어도 아닌 완벽한 '잡종언어'를.

글을 쓴다는 것은 기존의 언어를 화려하게 버무리는 것이 아니라 새로운 언어를 창안함으로써 기존의 언어를 더듬거리게 하는 것이다. 이런 의미에서 프루스트는 "걸작은 일종의 외국어로 쓰인다"고 했다. 그렇다면 카프카의 소설이야말로 프루스트의 정의에 딱 들어맞는 '걸작'인 셈이다. 그런데 그런 걸작을 남긴 카프카가 소위 '전업작가'가 아니었다는 사실을 아시는지.

카프카는 프라하의 법학도였고, 박사학위를 받은 후 14년간 국영 보험회사 직원으로 근무했다. 생각만 해도 머리가 지끈거리는 보험회사 책상에 앉아 낮엔 일하고 밤엔 소설을 썼으니, 말 그대로 주경야독했던 셈이다. 이 시절에 카프카는 이렇게 썼다. "나는 80크로네라는 쥐꼬리만 한 봉급과 8~9시간의 엄청난 작업 시간이 따르는 자리 하나를 차지하고 있다. 그렇지만 사무실 밖에서의 시간을 나는 야수처럼 탐식한다."

지금도 부모들은 자식에게 법대나 의대를 은근히 강요하지만, 당시 카프카의 아버지도 그랬던 모양이다. 글을 쓰는 순간 빼고는 단 한순간도 행복한 적이 없었다던 카프카는 아버지로부터 독립하기 위해 어쩔 수 없이 취업을 선택한다. 그도 그럴 것이, 카프카의 아버지는 "완력과 큰 소리와 격분으로" 자식을 다루는 폭군 스타일이었다고 한다.

아버지는 아이에게 사랑스러운 점만을 보고 또 그 사랑스러운 점에만 매달려, 자신을 아이의 노예로 격하시키고 사랑 때문에 아이를 망쳐버린다. 이는 이기심에서 태어난 두 가지 교육 방법, 즉 온갖 등급의 폭군 행위와 노예 행위다. 폭군 행위는 여기서 매우 부드럽게 나타날 수 있으며(넌 내 말을 믿어야 한다. 난 네 엄마니까!), 그리고 노예 행위는 매우 자랑스럽게 나타난다(넌 내 아들이다. 그러니 나는 너를 나의 구원자로 만들 테다). 그러나 이 두 가지는, 아이가 뚫고 나온 바닥으로 아이를 되밟아 넣는 데나 적합한 끔찍한 교육

방법, 아니 반교육 방법이다.(카프카의 일기)

'사랑'의 이름으로 행해지는 아버지의 폭력 앞에서 카프카는 출구를 모색한다. 그것이 바로 직장이었고 글쓰기였다. 카프카에게 문학은 '아버지', 즉 법과 명령으로 이루어진 세계로부터의 탈주였으며, 저항이고 해방이었다.

변신, 다른 것-되기

카프카의 소설 「변신」은 이렇게 시작된다.

> 어느 날 아침 그레고르 잠자가 불안한 꿈에서 깨어났을 때, 그는 자신이 침대 속에 한 마리의 커다란 해충으로 변해 있는 것을 발견했다. 그는 갑옷처럼 딱딱한 등을 대고 누워 있었는데, 머리를 약간 쳐들면 반원으로 된 갈색의 배가 활 모양의 단단한 마디들로 나누어져 있는 것이 보였고, 배 위의 이불은 그대로 덮여 있지 못하고 금방이라도 미끄러져 내릴 것만 같았다. 나머지 몸뚱이 크기에 비해 비참할 정도로 가느다란 다리가 눈앞에서 힘없이 흔들거리고 있었다.

맙소사! 사람이 벌레로 변신을? 「변신」을 읽는 이들은 벌레가 가족들로부터 소외된 주인공을 비유한 사물이라고 생각한다. 하지만 카프카의 소설을 읽을 때 가장 주의해야 할 점은, 카프카의 소설에 비유 같은 건 없다는 사실이다.

우리는 유일무이한 '나 자신'으로서가 아니라 매 순간 다른 무엇으로서 세계를 경험한다. 아니, 세계를 경험한다는 것 자체가 우리가 매 순간 다른 것으로 산다는 걸 의미한다. 예컨대, 아침에 눈을 뜨니 꼼짝할 수 없을 만큼 몸이 찌뿌둥하다. 그럴 때 우리는 '몸이 돌 같다'고 말한다. 이 순간 우리는 '돌'로 내 몸을 경험하게 된다. 즉, 그 때의 내 몸은 가뿐하게 뛰어다니던 어제의 내 몸보다는 돌에 더 가깝다(돌-되기). 그런가 하면, 누군가에게 심한 무안을 당했을 때는 바람 빠진 고무풍선처럼 오그라드는 걸 느낀다. 그 순간 우리는 예전의 당당한 내가 아니라 고무풍선의 상태로 세계를 경험하는 것이다(고무풍선-되기).

벌레로의 변신이란 그런 의미다. 가족들을 먹여 살리던 그레고르 잠자는 자신이 '벌레 같다'고 느끼는 게 아니라 진짜로 벌레가 된다. 어제까지는 인간에 가까웠던 그레고르는 이제 벌레로서 세상을 경험하고 느끼게 된 것이다. 수영 영웅 펠프스를 보라. 그의 신체는 평범한 인간보다는 유선형의 물고기를 닮지 않았는가. 펠프스의 물고기-되기! 운동선수들이야말로 되기의 달인들이다. 빙판 위에서 김연아의 팽이-되기, 트랙 위에서 우사인 볼트의 치타-되기, 역도장에서 장미란의 코끼리-되기 등등. 여기 어디에 '비유'가 있단 말인가. 그들은 실재로 인간과 다른 무엇이 된다. "저것 좀 봐, 저건 인간이 아니야!"

계절에 따라, 날씨에 따라, 상황에 따라 우리는 매 순간 나 아닌 다른 것이 된다. 카프카의 소설에는 인간뿐 아니라 개, 쥐, 벌레, 원숭이, 다리 등의 비인간이 주인공으로 등장한다. 하지만 그들은 의인화된 인간으로서가 아니라 그들 각자가 처한 상황에서 자신의 목소리로 말한다. 카프카의 글쓰기는 그러한 수많은 '되기'들의 결과다.

글쓰기란 이처럼 끊임없는 변신의 과정이다. 타인이 되어 세계를 보기 전에는 타인의 목소리로 말할 수 없다. 사물이 되어 그 사물의 눈으로 세계를 보기 전에는 또 다른 세계의 형상을 묘사할 수 없다. 인간의 변신은 무죄다. 아니, 변신하지 않고 한 자리에 머무르기를 고집하는 인간이야말로 유죄다.

부정의 힘을 믿습니다

카프카는 이 끊임없는 '되기'의 글쓰기를 통해 법과 명령의 세계로부터, 개인에게 강요되는 '사회적 미덕'으로부터 탈출한다. 귀찮은데 그냥 살면 안 되느냐고? 법과 명령을 왜 굳이 벗어나야 하느냐고? 카프카의 답은 인간에게는 세 가지 자유의지가 있다는 것.

첫째 그는 이 삶을 원했을 때 자유로웠다. 둘째 그는 이 삶을 걸을 수 있고 길을 선택할 수 있음으로 해서 자유롭다. 셋째, 그는 언젠가는 가능해질 그의 모습으로, 어떤 조건하에서든 인생을 헤치고 살아가며, 이런 식으로 삶의 구석구석을 샅샅이 건드려 보면서 미로와도 같은 길을 걸어서 자기에게로 이르려는 의지가 있어 자유롭다.(카프카 유고)

자유란 '완벽한 조건' 속에서 누리는 사치가 아니다. 프로그래밍된 삶이 아니라 미로와도 같이 불확실한 삶을 원하는 것, 그 불확실성을 기꺼이 긍정하며 자신의 길을 만드는 것. 자유란 그런 것이다. 이런 의미의 자유로운 삶을 살기 위해 '인간-되기'를 감행한 원숭이가 있었으니, 그의 이름은 피터.

인간들을 모방하고 싶다는 유혹은 없었습니다. 저는 출구를 찾으려고 했기 때문에 모방했을 뿐입니다.…… 저는 배웠습니다. 여러분, 반드시 배워야 한다면, 배우게 됩니다. 출구를 원한다면, 배우는 법입니다. 앞뒤 가리지 않고 배우게 됩니다. 회초리로 스스로를 감시하고, 아주 사소한 반감에도 살을 짓찢게 됩니다. 원숭이의

> 본성은 저로부터 미친 듯이, 전도(顚倒)되면서 빠져 나와 버렸습니다. (「학술원에 드리는 보고」)

아무리 호화로운 감옥이라 해도 감옥은 감옥일 뿐이다. 원숭이 피터는 '더 넓은 감옥'이 아니라 감옥 바깥을 원했기에 원숭이의 본성을 버리고 다른 것 되기를 감행한다. 카프카의 원숭이는 출구를 찾기 위해, 자신의 삶을 살기 위해, 인간이 되기 위한 지옥훈련을 시작한다.

"긍정의 힘을 믿습니다"라는 광고 카피가 있다. 좋은 얘기다. 하지만 무작정 긍정하는 건 패배주의와 다를 바 없다. 삶을 진정으로 긍정하기 위해 필요한 것은 부정하는 용기다. 무엇을? 예전의 나를, 변하지 않는 나를, 반복되는 명령을, 날 가두는 감옥을, 획일적으로 프로그래밍된 꿈을! 어떤 작가가 예전의 명성에 갇혀 변화하려 들지 않는다면 어찌 되겠는가? 예술가들이 당대의 예술적 관습을 충실히 따르기만 했다면 새로운 예술이 탄생할 수 있었을까? 옛사랑의 추억 속에서 허우적거리는 사람이 새로운 사랑을 시작할 수 있을까?

부정하지 않고서는 한 걸음도 나아갈 수 없다. 부정 없는 긍정은 대단히 무력하다. 카프카 소설의 힘은 '되기'를 통한 부정의 힘이다. 이것이 또한 카프카의 소설이 갖는 '긍정의 힘'이며, 그가 "아주 가슴 깊은 곳으로 흥거운 웃음을 웃는 작가"(들뢰즈)인 이유다. 출구를 찾는 자들은 아무리 힘들어도 웃는다. 스스로 그것을 원했기 때문이다. 변신-출구-웃음의 삼각형! 카프카의 소설을 펼치시려거든 웃을 준비를 하시라. 언제 어느 구절에서 빵 터질지 모른다.

달리는 방향을 바꾸기만 하면 돼

"어휴-" 하고 쥐가 말했다. "세상은 매일같이 좁아지고 있어. 처음에는 너무나 넓어서 두려웠지. 한없이 달리며, 좌우로 멀리까지 담장이 펼쳐져 행복해했었지. 그러나 그 긴 담장들이 어찌나 빠른 속도로 마주 달려오는지, 어느덧 나는 막다른 방에 와 있고, 저기 저 구석에는 내가 달려들 덫이 놓여 있어."

"너는 달리는 방향을 바꾸기만 하면 돼." 하고 말하며 고양이는 쥐를 잡아먹었다.

카프카의 장편(掌篇, 아주 짧은 소설)「작은 우화」전문(全文)이다. 만화 '톰과 제리'에 나오는 제리는 미련한 톰을 따돌리며 잘도 도망쳤건만, 이 소설 속의 쥐는 요령 없이 앞만 보고 달리다가 결국 고양이의 먹이가 되고 말았다. 흑. 그런데 가만. 저 불쌍한 쥐의 모습이 어째 좀 낯익은 듯하다. 난 열심히 달리는데 사방이 벽이네, 하고 싶은 건 많은데 조건이 안 따라주네 하며 하소연하는 이들이 꼭 저 쥐와 같지 않던가. 그들도 소설 속의 쥐처럼, 문제는 세상이 아니라 미련한 자신이었다는 사실을 몰랐던 것.

　도망칠 때 필요한 건 스피드만이 아니다. 스피드보다 더 중요한 게 있으니, 바로 적절한 방향전환이다. 제리를 보라. 제리는 빠르기만 한 게 아니라 톰의 예상을 깨고 상하좌우로 정신없이 방향을 비튼다. 그러니 멋모르고 직진하는 톰이 매번 당할 수밖에. 출구를 찾기 위해 너무 멀리까지 갈 필요는 없다. 출구는 저 높은 곳, 저 먼 곳에 있는 게 아니라 지금 그 자리에 있다. 방향을 틀면 보이는 바로 그곳에!

　사람들은 불행이 닥치면 자신의 운명을 탓한다. 하지만 태어났다는 그 자체가 내가 태어남을 욕망한 결과다. 그런 이상 세상에 좋은 운명, 나쁜 운명 같은 건 없다. 각자의 운명에 대처하는 다른 방식들이 있을 뿐이다. 체코 유대인의 운명을 타고난 카프카는 바로 그 경계 위에서 글쓰기를 시작한다. 비호감에다 가난하고 병약한 운명을 타고난 반 고흐는 그 가난 속에서 그림을 그린다. 둘 모두 그렇게 끊임없이 방향을 바꿔가면서 그들을 가두려는 세계로부터 달아난다. 카프카가 새로운 글쓰기를, 반 고흐가 새로운 색채를 발명할 수 있었던 것은 그 때문이다.

　"세상으로부터 도망칠 때를 제외하면, 어떻게 세상에 대해 기뻐할 수 있을까?"라고 카프카는 말한다. 그는 쓰고 또 쓴다. 그것이 그가 도망치는 유일한 방법이었으므로. 오해하지는 말자. 도망치는 건 도피가 아니다. 인간-되기를 통해 동물우리를 탈출한 원숭이처럼, 그건 다른 것이 됨으로써 자신의 운명을 주도함을 의미한다. 절묘한 방향전환을 통해 톰의 발톱을 피할 수 있었던 제리처럼 사방을 출구로 만드시라!

단, 도망칠 때 주의할 점 한 가지. 글쓰기를 통해 숨막히는 관료사회로부터 도망쳤던 카프카처럼 반드시 자신의 무기를 하나씩 손에 쥘 것! 참고사항 ①자신의 마음과 몸을 잘 관찰할 것. 그러면 내 마음과 몸이 어떤 무기를 쥘 때 힘이 나는지를 알 수 있다. ②함께 도망칠 친구를 만들 것. 혼자서는 아무것도 할 수 없을뿐더러, 재미도 없다. 이것이 카프카를 읽는 지혜다.

에필로그

언어를 통해
세상 속으로

언어로 소통하는 사람들에 한해서 말하자면, 말과 글만큼 그 사람의 '사람됨'을 잘 보여주는 건 없지 싶다. 옛사람들이 사람을 볼 때 '신언서판'(身言書判)을 본다고 했던 이유를 알 것도 같다. 그 사람의 기운과 성격이 신체적인 증후나 특징들로 드러나듯이, 말과 글에는 그 사람의 사상뿐 아니라 성격과 리듬, 속도 등이 고스란히 표현되어 있다.

최근에 『신의 물방울』이라는 만화책을 읽었는데, 와인에는 별 관심이 없는 나로서는 와인보다도 와인을 평가하는 그 현란한 수사들에 혀를 내두르게 된다. 그 책에 따르면, 같은 해에 수확한 포도로 만들어진 와인일지라도 미세한 토양의 차이라든가 주위에 있는 식물들에 따라 수천 가지의 다른 맛과 향을 풍길 뿐 아니라, 뚜껑을 딴 후에 따르는 방법에 따라서도 전혀 다른 맛이 난다고 한다. 어디 와인뿐이겠는가. 사람의 향과 풍미 또한 마찬가지 아닐까. 그가 살아온 역사, 그가 자라난 환경, 그의 성격 등이 그의 말과 글에서 고스란히 풍겨 나온다.

예컨대, 천성이 겸손하고 매사에 언행이 신중한 내 친구는 글도 꼭 그렇게 쓰고, 말을 할 때도 언제나 '나는 잘 모르지만'이라는 단서를 붙인 후에야 자신의 의견을 말한다. 그런가 하면, 성격이 단호하고 대범한 친구는 말과 글도 대나무처럼 시원시원하고 똑 부러진다. 간혹, 자신을 위장하기 위한 가면으로 언어를 쓰는 사람도 있지만, 그럴 때조차 말과 글은 가면 아래의 '쌩얼'을 언뜻언뜻 비춰준다. 그럴진대 언어는 단순히 의사소통의 수단이 아니다. 언어가 곧 그 사람이고, 그 사람이 사는 세계다.

추상적이고 객관적인 차원에서 말해질 수 있는 언어는 없다. 언어는 신체와 정신의 구체적인 활동이기 때문이다. 언어활동에서 중요한 건 언어의 체계나 규칙이 아니라 언어를 작동시키는 실제적인 맥락, 그리고 의미를 생성시키는 비언어적 요소들이다. 우리가 미리 규정된 언어와 의미가 있는 게 아니라, 우리가 언어를 사용할 때 비로소 의미가 작동하기 시작한다. 그러므로 언어는 구체적인 삶을 떠나 존재할 수 없다. 아니, 언어 자체가 다이나믹한 삶을 산다.

언어가 추상적이든 구체적이든, 과학적이든 말든 그게 무슨 상관이냐고? 천만에! 상관이 아주 많다. 언어의 객관성과 보편성을 강조하게 되면 법칙을 벗어나는 소수적 언어들은 모두 부정된다. 헉슬리가 『멋진 신세계』에서 끔찍하게 묘사했던 대로, 소수적 언어표현들에 대한 억압은 곧 사고에 대한 억압을 의미한다. 세계를 지배하려는 자, 언어를 지배하라!

거꾸로, 지배적인 의미나 법칙에서 미끄러지는 소수적인 언어표현들(침묵을 포함하는)은 가난하고 빈약하지만 유머러스하다. 카프카의 소설에 등장하는 쥐의 노래 찍찍찍, 혹은 개그맨들의 불분명하고 과장된 언어와 예상을 깨는 언어의 조합들, 아니면 『멋지다 마사루』의 마사루와 아이들의 생뚱맞은 접속사와 비문들을 보라!

지배적인 언어가 언어의 '원뜻'을 찾아헤맬 때, 소수적인 언어를 사용하는 자들은 '원뜻'을 구부리고 쪼개고 버림으로써 새로운 의미의 영역을 만든다. 그럴 수 있다면, 문학과 비문학, 시와 소설 등의 경계가 뭐 그리 중요하겠는가. 나아가, 언어와 비언어의 경계마저도 중요치 않다. 중요한 건, 자신의 언어(혹은 언어를 대체할 자신만의 표현 무기)를 가지고 세상 속으로 뛰어드는 것이고, 세상의 모든 존재들과 공감하면서 자신의 언어를 길어내는 것이다.

언어는 세상과 나를 이어주는 다리다. 언어를 통해 더 많은 존재들과 공감하고, 더 많은 언어를 내 안에 담자. 미물들의 몸짓도, 바람의 결도, 색의 질감도 모두 내 안에 담아두자. 그렇게 만물과 교감하는 사람들은 세상의 모든 언어를 품을 수 있게 된다. 더 많이 귀기울이고 더 많이 느끼면서 우리의 언어를 흘러넘치게 하자! 음악처럼, 물처럼, 바람처럼 '틈' 사이로 흐르게 하자! 아무도 죽이지 않지만 가장 예리한 무기가 되게 하고, 유쾌한 저항이 되게 하고, 친구를 만드는 웃음이 되게 하자!

보통 책을 가지고 있으면 아무리 아끼는 것이라도 남에게 빌려주지 않으면 안 된다. 예전에 동춘 송준길 선생은 남에게 책을 빌려주었는데 그 사람이 되돌려줄 때 종이에 보푸라기가 생기지 않았으면, 반드시 책을 읽지 않았음을 나무라고 다시 빌려주었다.
—이덕무, 「이목구심서」에서

모름지기 책이란 누군가 읽어줘야 작동하기 시작하는 법. 종이에 보푸라기가 일어도 좋고, 얼룩이 생겨도 좋고, 접힌 자국이 나도 좋으니, 모쪼록 많이 읽고 '건드려' 주시길. 이 책에 나오는 많은 사람들의 텍스트와 활발하게 접속해주시길. 그리고, 여러분의 언어로 세상에 말 걸어 주시길!

인물 찾아보기

고골(Nikolai Vasilievich Gogol, 1930~1992) 46

러시아의 소설가·극작가. 러시아의 비판적 리얼리즘 문학의 창시자로서, 보잘것없는 인물들을 주인공으로 형상화해서 현실의 부조리한 단면을 훌륭하게 보여주는 작품들을 썼다. 주요 저서로 희곡 『검찰관』(1836), 소설 『외투』(1842), 『죽은 넋』(1842) 등이 있다.

구로사와 아키라(黒澤明, 1910~1998) 338

일본의 영화감독. 다이내믹한 액션 표현과 휴머니즘을 지향하는 영화로 세계적인 명성을 얻었다. 주요 작품으로 「스가타 산시로」(1943), 「라쇼몽」(1950), 「7인의 사무라이」(1954), 「카게무샤」(1979) 등이 있다.

김병연(金炳淵, 속칭 김삿갓, 1807~1863) 129, 171

조선 후기의 방랑시인. 조부 익순(益淳)이 홍경래에게 항복한 죄로 폐족이 되었다. 뒤에 사면을 받고 고향에 돌아왔으나 폐족자에 대한 천대가 심하고 벼슬길도 막히자 20세 무렵부터 전국을 방랑하면서 도처에 즉흥시를 남겼다.

김수영(金洙暎, 1921~1968) 337

시인. 초기에는 모더니스트로서 현대문명과 도시생활을 비판했으나, 4·19혁명을 기점으로 현실비판의식과 저항정신을 바탕으로 한 참여시를 발표했다. 그의 시는 독설과 요설이 뒤섞인 직설법, 그리고 언어를 통해 세상을 조롱하고 뒤틀기를 특징으로 한다. 주요 작품으로 『달나라의 장난』(1959), 사후에 발표된 『거대한 뿌리』(1974) 등의 시집이 있다.

김승옥(金承鈺, 1941~) 313

소설가. 감각적인 문체, 언어 조응력, 배경과 인물의 적절한 배치, 소설적 완결성 등 소설의 구성 원리 면에서 새로운 기원을 연 작품들을 발표한, 1960년대의 대표 작가로 평가받는다. 주요 작품으로는 단편소설 「누이를 이해하기 위하여」(1963), 「무진기행」(1964), 「서울, 1964년 겨울」(1965) 등이 있다.

김유탁(金有鐸, ?~?) 200

동양화가. 구체적인 인적사항은 남아있지 않다. 평양에서 살았다고 하며, 사군자를 잘 그렸다고 한다. 1920년대 활약이 큰 화가라고 알려져 있다. 1906년 조직된 애국계몽단체 '서우학회'의 발기인이기도 하다. 본문의 글 「신문광포 의견서」는 서우학회의 기관지 『서우』에 기고된 글이다.

네루다(Pablo Neruda, 1904~1973) 58~59

칠레의 시인. 초현실주의적인 경향의 시를 쓰다가, 스페인 내란 이후 점차 정치적인 자세를 취했다. 1971년에 노벨문학상을 받았다. 주요 저서로 『스무 편의 사랑의 시와 한 편의 절망의 노래』(1924), 『지상의 주소』(1931), 『제3의 주소』(1945) 등의 시집이 있다.

니체(Friedrich Wilhelm Nietzsche, 1844~1900) 255, 262, 307~308

독일의 철학자. 고전문헌학에 조예가 깊었으며 2천 년 동안의 유럽 문명을 비판하고 그것을 극복하고자 했다. 그의 사상은 20세기 문학과 사상에 지대한 영향을 끼쳤다. 주요 저서로 『비극의 탄생』(1872), 『인간적인, 너무나 인간적인』(1878~80), 『아침놀』(1881), 『차라투스트라는 이렇게 말했다』(1883~85), 『선악의 저편』(1886), 『도덕의 계보』(1887) 등이 있다.

도미에(Honoré Daumier, 1808~1879) 93~94

프랑스의 화가·판화가. 정치 풍자 석판화를 발표하여 명성을 얻었으며 명암을 기조로 한 유채화를 많이 그렸다. 대표작으로 「입법부의 배」(1843), 「빨래하는 아낙네」(1860~62), 「3등 열차」(1862) 등이 있다.

뒤샹(Marcel Duchamp, 1887~1968) 68~71

프랑스의 화가·조각가. 1913년부터 다다이즘의 선구라 할 수 있는 반(反) 예술적 작품을 발표하기 시작했고, 뉴욕에 독립미술협회를 결성하여 반예술 운동을 일으켰다. 제1차 세계대전 뒤 파리에 돌아와 초현실주의 운동에 참여했다. 주요 작품으로 「계단을 내려오는 누드」(1912), 「샘」(1913) 등이 있다.

들뢰즈(Gilles Deleuze, 1925~1995) 119, 332~334

프랑스의 철학자. 근대 이성의 재검토라는 흐름 속에서 경험론과 관념론을 새롭게 종합했고, 현대 학문과 예술에 철학적 깊이를 더하는 작업을 통해 철학의 울타리를 넘어 광범위한 영향력을 획득했다. 주요 저서로 『차이와 반복』

(1968), 『안티 오이디푸스』(1972), 『천 개의 고원』(1980) 등이 있다.

딜런(Bob Dylan, 1941~)   239~240

미국의 대중음악 가수·작사가·작곡가. 대학을 중퇴하고 포크송운동에 참여하면서 음악 생활을 시작했다. 그의 노래들이 공민권운동에서 널리 불리면서 이 운동의 상징적 존재가 되었다. 1965년부터 로큰롤의 요소를 대폭 도입해 음악적인 방향을 전환했다. 주요 작품으로 『바람에 날려서』(1962), 『다시 찾은 61번 고속도로』(1965) 등의 앨범이 있다.

라블레(François Rabelais, 494~1553)   164~165

르네상스 시기의 프랑스 작가. 프란체스코 수도회 소속으로 수도사 생활을 하다가 성직을 포기한 이후 작품 활동을 했다. 주요 저서로 『팡타그뤼엘』(1532), 『가르강튀아』(1954) 연작 등이 있다.

마그리트(René Magritte, 1898~1967)   62~63

벨기에의 화가. 입체파의 영향을 받았고, 초현실주의운동에 참가했다. 사물의 일상성을 배제하고, 상징적 화면으로 조화되지 않은 사물을 화면에 병치함으로써 기괴한 효과를 나타내었다. 주요 작품으로 「이미지의 배반」(1928~29), 「여름의 계단」(1937), 「두 가지 신비」(1966) 등이 있다.

마르코스(Subcomandante Marcos, 1957?~)   59~60, 238

1994년 멕시코 치아파스에서 봉기한 사파티스타 민족해방군(EZLN) 부사령관. 콜럼버스의 아메리카 대륙 발견 이래의 원주민 수탈사와 그들의 저항을 빗대, 자신이 오백

살이 넘었다고 한다. 우리의 무기는 오로지 진실의 언어뿐이라며 인터넷을 통해 전세계에 민주주의, 정의, 자유, 평화를 외치고 있다.

말라르메(Stéphane Mallarmé, 1842~1898) 218~219

19세기 프랑스의 상징파 시인. 지극히 난해한 시를 썼지만, 프랑스 근대시의 최고봉으로 인정받는다. 그의 살롱인 '화요회'에서 20세기 초 활약한 지드, 발레리 등이 배출되었다. 주요 작품으로『목신의 오후』(1876),『던져진 주사위』(1897) 등이 있다.

바흐친(Mikhail Mikhailovich Bakhtin, 1895~1975) 51, 166

러시아의 문학이론가·비평가·철학자. 형식주의 이론을 발전시킨 독자적인 대화 이론과 우발성 개념으로 유명하다. 주요 저서로『프로이트주의』(1927),『도스토예프스키 시학』(1929) 등이 있다.

박지원(朴趾源, 1737~1805) 80, 143, 208, 291, 300, 324~326, 330~331

호는 연암(燕巖). 조선 정조 때의 학자. 과거시험에 뜻을 두지 않고 학문과 저술에만 전념한 일생을 보냈다. 기발한 문체를 구사하였으며,「허생전」(許生傳)을 비롯하여 여러 편의 한문소설을 발표했다. 정조 4년(1780)에 삼종형이었던 진하사(進賀使) 박명원(朴明源)의 수행원으로 청나라에 다녀와서『열하일기』를 저술했다. 문집으로『연암집』이 있다.

베르니니(Giovanni Lorenzo Bernini, 1598~1680) 328
이탈리아의 조각가·건축가. 이탈리아 바로크 조각의 거장으로, 인체의 격렬

한 운동과 극적 순간을 조각에 표현했다. 또 산피에트로 대성당의 건축주임으로서 활동하기도 했다. 주요 작품으로 「아폴론과 다프네」(1622년 전후), 「성 테레사의 법열」(1647~52), 「지복자 알베르티나」(1675) 등이 있다.

베케트(Samuel Beckett, 1906~1989) 135, 206

아일랜드 태생의 프랑스 극작가·소설가. 세계의 부조리와 그 속에서 아무 의미도 없이 죽음을 기다리고 있는 절망적인 인간의 조건을 일상적인 언어로 허무하게 묘사했다. 1969년에 노벨문학상을 받았다. 대표적인 작품으로는 희곡 『고도를 기다리며』(1952)가 있고, 그밖에 소설 『몰로이』(1951), 『말론은 죽다』(1951) 등이 있다.

보르헤스(Jorge Luis Borges, 1899~1986) 333~335

아르헨티나의 시인·소설가. 20세기 가장 중요한 문학가 중 한 사람으로 꼽힌다. 평생 한편의 장편소설도 남기지 않고 단편소설만 썼는데, 형이상학과 우의, 상징으로 가득 찬 환상적인 내용을 담고 있다. 주요 작품으로 시집 『부에노스아이레스의 열정』(1923), 『전방의 달』(1925), 소설집 『픽션들』(1944), 『알렙』(1949) 등이 있다.

슈톡하우젠(Karlheinz Stockhausen, 1928~) 231~232

독일의 작곡가·이론가. 쾰른의 서부독일방송국에서 전자음악의 실험적 제작에 성공했고 부정기 음악 잡지 『라이에』의 공동편집인으로서 현대 음악에 대한 계몽 활동도 추진했다. 「10악기를 위한 대위법」(1953), 「전자음향, 피

아노와 타악기를 위한 접촉』(1960) 등 독자적이고 급진적인 작품을 남겼다.

신경림(申庚林, 1936~) 227

시인. 농촌 현실을 바탕으로 농민의 한과 울분을 노래했다. 우리 민족의 정서가 짙게 깔려 있는 농촌 현실을 바탕으로 민중들과 공감대를 이루려는 시도를 하였다. 주요 저서로 시집 『농무』(1973)가 있다.

아르토(Antonin Artaud, 1896~1948) 96~97, 99

프랑스의 극작가·시인·배우. 『잔혹극 선언』(1932)과 『연극과 그 분신』(1938)이라는 글을 통해 배우와 관객이 마술적 의식 속에서 일체가 되는 물질적 연극을 주장하여 현대 연극에 큰 영향을 끼쳤다.

아폴리네르(Guillaume Apollinaire, 1880~1918) 66~67

프랑스의 시인·소설가. 전위 예술의 기수로서 초현실주의의 길을 열었다. 대표 시집으로 『동물시집』(1911), 『알콜』(1913), 『칼리그램』(1918)이 있으며, 그의 평론집 『입체파 화가』(1913), 『신정신』(1918)은 모더니즘 예술을 발족시키는 데 큰 영향을 끼쳤다.

에셔(Maurits Cornelis Escher, 1898~1972) 77, 80, 103~104

네덜란드의 화가·판화가. 기하학적 원리와 수학적 개념을 토대로 자신의 상상에서 비롯된 여러 내적 이미지들을 표현했다. 공간착시와 현실세계에서는 불가능한 장면을 사실적으로 묘사하거나, 정다면체를 소재로 한 작품을 만

들었다. 주요 작품으로 「하늘과 물」(1938), 「그리는 손」(1948), 「프린트 갤러리」(1956) 등이 있다.

왕자웨이(王家衛, 1958~) 230, 303

홍콩의 현실을 담아낸 작품을 만든 영화감독. 독특한 영상미로 감각적이고 획기적인 작품들을 선보인 작가로 평가받는다. 주요 작품으로 「아비정전」(1990), 「동사서독」(1994), 「중경삼림」(1994), 「화양연화」(2000) 등이 있다.

울프슨(Louis Wolfson, 1931~1984) 40, 135

『분열증과 언어』(1970)로 잘 알려진 그는 모국어인 영어를 듣고 쓰는 걸 견디지 못해서 언어상실증에 걸린 듯이 행동했지만, 영어 단어들을 해체하고 조합하여 여러 외국어 문장들로 읽히는 괴물적 언어를 만들어냈다.

원굉도(袁宏道, 1568~1610) 260

중국 명나라 말기의 학자. 형제인 원중도, 원종도와 함께 이지(이탁오)의 문하에서 수학하여 반전통·반권위 사상의 감화를 받았고, 고문사파(古文辭派)의 의고운동(擬古運動)에 반대해 시의 진수는 개성의 자유로운 발로이며 격조에 얽매여서는 안 된다고 주장했다. 저서로 『원중랑집』(袁中郞集)이 있다.

이덕무(李德懋, 1741~1793) 185, 203, 205, 323, 326, 355

조선 후기의 학자. 박학다식하였으며 개성이 뚜렷한 문장으로 이름을 떨쳤으나, 서출(庶出)이라 크게 등용되지 못하였다. 청나라에 건너가 학문을 닦고 돌아와 북학 발전의 기초를 마련하였다. 주요 저서로 「이목구심서」 등이 담긴 『청장관전서』를 남겼다.

이오덕(李五德, 1925~2003) 134

교육자·아동문학가·우리말 연구가. 한국글쓰기교육연구회, 우리말연구소를 만들어 글쓰기 교육 운동과 우리말 연구 활동을 했다. 번역말투, 일본말투를 걸러내고 우리말과 글을 다듬기 위해 힘썼다. 주요 저서로 『우리문장 바로쓰기』(1992), 『우리글 바로쓰기』(1995) 등이 있다.

이옥(李鈺, 1760~1815) 157, 173
조선 후기의 문인. 소품체의 일인자. '순정한 (고)문체'를 지키고자 했던 정조의 문체반정으로 인해 벼슬길이 막힌 후 낙향하여 토하듯 글을 썼다. 고문(古文)의 격식과 허례에서 탈피한 글쓰기로 천리와 도덕이 아닌 인심과 세태를 세세하게 그려냈다. 시화집인 『예림잡패』와 친구 김려(金鑢)가 교정한 『담정총서』에 글이 남아 있다.

이탁오(李卓吾, 1527~1602) 261~262, 290, 298

중국 명대의 유학자. 전통적인 권위에 맹종하지 않고 마음[心] 중심의 혁신사상을 제창하였다. 왕양명 학파의 분파인 급진적인 태주학파(泰州學派) 내에서도 극좌파에 속하는 사상가로 반(反)유교적인 내용을 설교하여 정부의 박해를 받았다. 주요 저서로 『분서』, 『장서』 등이 있다.

조수삼(趙秀三, 1762~1849) 199
조선 후기의 시인. 문장과 시에 천재적 재질이 있어 중국을 드나들면서 시로 이름을 떨쳤다. 주요 작품으로 장편시 「고려궁사」, 「추재기이」와 시문집 『추재집』이 있다.

채만식(蔡萬植, 1902~1950) 310~312

소설가. 당시 지식인 사회의 고민과 약점을 풍자하고, 사회 부조리와 갈등을 사실적으로 묘사했다. 주요 저서로 단편소설 「치숙」(1938), 「레디메이드 인생」(1934), 장편소설 『탁류』(1937~38), 『태평천하』(1938) 등이 있다.

채플린(Charles Spencer Chaplin, 1889~1977) 78~79, 216

영국의 희극배우·영화감독·제작자. 할리우드 초기에는 웃음과 눈물, 유머와 페이소스가 뒤섞인 영화들을 만들었으며, 후기로 가면서 사회 풍자적 요소가 강한 영화들을 만들었다. 주요 작품으로 「황금광시대」(1925), 「시티라이트」(1931), 「모던 타임즈」(1936), 「위대한 독재자」(1940), 「라임라이트」(1952) 등이 있다.

카프카(Franz Kafka, 1883~1924) 135, 248~249, 262, 323, 325, 342

유태계 독일인 작가. 인간 운명의 부조리, 인간 존재의 불안을 통찰하여, 현대 인간의 실존적 체험을 극한에 이르기까지 표현하였다. 주요 작품으로 「변신」(1912), 『실종자』(1914), 『성』(1917) 등이 있다.

칸딘스키(Wassily Kandinsky, 1866~1944) 44~46, 48, 225~226

러시아의 화가. 선명한 색채로 교향악적이고도 역동적인 추상 표현을 관철한 뒤 점차 기하학적 형태에 의한 구성적 양식을 추구하여 독자적인 발자취를 남겼다. 주요 작품으로 「푸른 산」(1908~09), 「즉흥 19」(1911), 「구성 VII」(1913) 등이 있다.

캐럴(Luwis Carroll, 1832~1898) 76

동화작가이자 수학자. 옥스퍼드대학에서 수학을 가르치던 그는 친구의 딸인 앨리스 리델에게 들려주었던 이야기를 바탕으로 하여 『이상한 나라의 앨리스』(1865)와 그 속편 『거울 나라의 앨리스』(1871)를 펴냈다. 이 책으로 그는 세계적인 동화작가가 되었다. 부조리와 난센스, 철학적 질문들로 가득 찬 소설과 시를 썼다. 다른 작품으로 『스나크 사냥』(1876), 『실비와 브루노』 (1889~93) 등이 있다.

코신스키(Jerzy Kosinski, 1933~1991) 81

폴란드 태생의 작가. 돈이 많거나 권력이 상당한 사람들을 대상으로 하여 기상천외한 거짓말을 하고 다녔다고 한다. 그의 작품은 주로 개인과 집단행위의 관계를 다루고 있으며, 본문에 언급된 『거기 있음에』는 1971년 미국 망명 뒤 쓴 소설이다.

클라스트르(Pierre Clastres, 1934~1977) 49, 259

프랑스의 정치인류학자. 국가가 형성되기 이전의 원시사회에 대한 현장 연구로 명성을 얻었다. 엄격한 과학적 방법을 통해 넓은 의미의 무정부주의에 도달한 인물로 평가된다. 주요 저서로 『구아야키 인디언 연대기』(1972), 『국가에 대항하는 사회』(1974)와 유고집 『폭력의 고고학』(1980)이 있다.

키아로스타미(Abbas Kiarostami, 1940~) 202
이란의 대표적 영화감독으로 현실과 영화의 벽을 허문 것으로 유명하다. 「내 친구의 집은 어디인가」(1987)로 세계적으로 알려졌다. 이후 「그리고 삶은 계속된다」(1992), 「체리향기」(1996) 등의 작품으로 칸영화제에서 수상하는 등 유럽에서 절정의 인기를 누리고 있다. 그 밖의 작품으로 「클로즈업」(1990), 「올리브 나무 사이로」(1994) 등이 있다.

키튼(Buster Keaton, 1895~1966)　216

미국의 영화감독·배우. 무성영화 시대에 탁월하고 극단적인 곡예와 주변 사물을 활용한 정교한 슬랩스틱 코미디로 인기를 끌었다. 주요 작품으로 「셜록 주니어」(1924), 「제너럴」(1927) 등이 있다.

트뤼포(François Truffaut, 1932~1984)　266

프랑스의 영화감독이자 평론가로서, 1960년대 전반에 유행한 누벨바그를 대표한다. 「400번의 구타」(1959)로 주목을 받았으며, 「쥘과 짐」(1961)에서는 원숙한 기법과 새로운 연출 수법을 보여주었다.